东盟研究通讯

第一辑

赵长林　马应心　主编

山东大学出版社
SHANDONG UNIVERSITY PRESS
·济南·

图书在版编目(CIP)数据

东盟研究通讯. 第一辑 / 赵长林,马应心主编.—
济南:山东大学出版社,2023.7
ISBN 978-7-5607-7889-1

Ⅰ.①东… Ⅱ.①赵… ②马… Ⅲ.①东南亚国家联盟—研究 Ⅳ.①D814.1

中国国家版本馆 CIP 数据核字(2023)第 140269 号

责任编辑 孙艳凤
封面设计 王秋忆

东盟研究通讯
DONGMENG YANJIU TONGXUN
第一辑

出版发行 山东大学出版社
社　　址 山东省济南市山大南路 20 号
邮政编码 250100
发行热线 (0531)88363008
经　　销 新华书店
印　　刷 济南乾丰云印刷科技有限公司
规　　格 720 毫米×1000 毫米 1/16
　　　　 13.75 印张 2 插页 278 千字
版　　次 2023 年 7 月第 1 版
印　　次 2023 年 7 月第 1 次印刷
定　　价 55.00 元

德州学院校长赵长林在“黄河—湄公河流域地方合作讲堂——两河文明互鉴”会议上发言

德州学院东盟研究中心专职研究员聘任仪式

德州学院校领导与东盟研究中心专职、兼职研究员在聘任仪式后合影留念

印度尼西亚驻华大使周浩黎、中国—东盟中心秘书长史忠俊一行参观东盟研究中心

前　言

2013年10月，习近平主席在印度尼西亚国会发表重要演讲，提出了“携手建设更为紧密的中国—东盟命运共同体”的倡议，强调要坚持讲信修睦、合作共赢、守望相助、心心相印、开放包容，使双方成为兴衰相伴、安危与共、同舟共济的好邻居、好朋友、好伙伴。此后，中国与东盟国家的互联互通不断加速，经贸合作日益扩大，人文交流更加密切，中国—东盟关系成为亚太区域合作中最为成功和最具活力的典范，成为推动构建人类命运共同体的生动例证。

东南亚地区自古以来就是“海上丝绸之路”的重要枢纽，中国人民与东南亚人民的友好交往拥有几千年的历史。近代以来，在共同反抗殖民主义和帝国主义侵略的斗争中，中国与东南亚国家形成了休戚相关、患难与共、求同存异、互学互鉴、命运相连的良好国际关系。东盟是中国周边外交优先方向和高质量共建“一带一路”重点地区。中国对外开放正发展成为沿海、内陆、沿边等多元开放体系，对外合作正发展成为包括区域、双边、多边等在内的多元合作体系。《区域全面经济伙伴关系协定》(RCEP)对15个签署国的全面生效，标志着中国与东盟十国的双边和多边经贸合作将步入一个新的历史时期；随着中国—东盟经贸关系的繁荣稳定，以及大湄公河次区域经济合作持续深化，双边或多边人文教育交流也将步入一个新的历史发展阶段。

德州学院东盟研究中心成立于2019年9月，是山东省首批外事研究与发展智库，2022年5月获批教育部高校国别和区域研究备案中心。东盟研究中心遵循习近平主席关于新时代中国特色新型智库的重要论述，秉持“立足山东，辐射周边，连接东盟，放眼全球”的发展定位，扎实推进智库建设。中心聚焦服务中国(山东)—东盟命运共同体建设，深入开展理论研究、对策研究，努力为政府决策贡献更多高质量的研究成果，多提出具有战略性、前瞻性、引领性、可操作性的对策建议。中心注重发挥高校智库人才聚焦、易于多学科交叉融合的优势，综合多学科知识应用，提升研究成果对现实问题的解释力和解决力。中心坚持“人无我有、人有我优、人优我专”的特色发展道路，努力形成某个重点领域或重大问题的研究特色，更好地服务国家、山东省和德州市经济社会发展大局；同时，注重东盟研究的国际化特征，在坚持中国本土研究特色的前提下，走出国门、沟通世界，在问题研究、学术规则、成果表达等领域能够接轨国际。中心成立了黄河—湄公河流域地方合作研究专家委员会秘书处，开放吸纳知名专家指导业务，为山东省与东盟交流合作的决策咨询发挥智囊参谋作用。中心还举办了黄河—湄公河流域地方合作讲堂、中国（山东）—东盟中小企业合作发展大会学术交流会等品牌学术活动，为促进国别和区域研究理论及实践创新、服务国家“一带一路”建设和山东省、德州市经济社会发展提供强有力的智力支撑。

2023 年 3 月 24 日，印度尼西亚驻华大使周浩黎、中国—东盟中心秘书长史忠俊一行到德州学院访问，参观了东盟研究中心，他们希望在学术研究、教育交流等方面加强同东盟研究中心的联系和合作，共同促进双方学术交流、人才培养的可持续发展。缘于此，东盟研究中心策划出版了《东盟研究通讯》集刊，主要刊载有关东盟国别与区域，东南亚政治、经济、文化以及中国—东盟关系等领域的学术研究成果，围绕中国—东盟研究核心，重点关注政治、经济、文化、社会等方面的重大理论和现实问题，致力于中国—东盟理论研究与政策分析的有机融合。《东盟研究通讯》（第一辑）共收录中心研究员撰写的 24 篇有关印度尼西亚研究的专题论文，主要研究印度尼西亚的教育、能源、生态、经济、贸易和文化，以及中国与印度尼西亚的经济合作和文化交流，使读者能够对印度尼西亚国情有一个比较全面的了解和认识，此后还要陆续出版该系列集刊，开展国别研究。

祈望《东盟研究通讯》的出版能够为东盟研究学者提供一个学术交流的平台，能够助力我校东盟研究中心提高科研能力、学术水平和智库服务功能，不断提高中心的对外学术影响力。

本书虽然邀请有关专家审阅了文稿，但是囿于论文作者的学识阅历，疏漏之处在所难免，敬请广大读者批评指正。

德州学院校长、东盟研究中心主任

赵长林

2023 年 7 月

目　录

教育发展探究篇

经贸人文合作篇

文化艺术交流篇

可持续发展篇

教育发展探究篇

印度尼西亚提升高等教育全球竞争力的战略述评

赵长林　张锦辉*

【摘要】 印度尼西亚政府高度重视提高本国高等教育的全球竞争力。2012年，印度尼西亚通过了首部《高等教育法》，用法律保障本国高等教育全球竞争力的提升；同时实施世界一流大学发展计划、国际化发展战略、深化产教融合策略等多种举措，集成推进本国高等教育能够成为东南亚国家留学教育的首选。印度尼西亚高等教育全球竞争力提升战略和若干举措对我国高等教育改革发展具有一定的借鉴意义。

【关键词】 印度尼西亚；高等教育；全球竞争力；发展战略

【基金项目】 全国教育科学规划教育部重点项目“教科书的意识形态功能对‘立德树人’根本任务的实践价值研究”（DHA170340）；山东省高等教育教学改革重大项目“山东省本科高校创新创业教育内容标准体系构建”（2015D003）。

美国学者菲利浦·阿特巴赫（Philip G. Altbach）认为，在经济、政治和社会等力量的推动下，高校走向更多的国际参与是21世纪全球化带来的结果。20世纪80年代，印度尼西亚（以下简称“印尼”）政府意识到，与邻国相比，本国的高等教育

* 赵长林，德州学院校长、东盟研究中心主任，教授，主要研究方向为课程与教学基本理论、大学课程与教学论、东盟教育研究。

张锦辉，德州学院东盟研究中心研究员，教授，主要研究方向为高等教育、教育评价。

国际竞争力在逐年下降。2007 年，印尼众议院通过法律确保将 20％的国家预算用于教育，2010 年达到 260 亿美元，教育水平整体取得了巨大进步。为了促进高等教育入学机会平等，印尼高水平的州立大学为来自全国各地的有学术潜力的高中毕业生预留出一半以上的招生名额。印尼政府要求偏远地区的教师根据学业成绩确定有望深造的学生名单，并提供奖学金为这些来自低收入家庭但有学习潜力的学生提供接受高等教育的机会。印尼教育部实施的比迪克米西(Bidikmisi)奖学金项目，在 2010 年为 2 万名学生提供了 2000 亿印尼盾(约合 9500 万元)的奖学金。但印尼政府仍认为奖学金资助的学生人数偏少，因为高等教育适龄人口占 2.5 亿国家总人口的 27％左右。尽管印尼政府将 20％的支出用于教育，但实际上只有 1.2％的国内生产总值用于高等教育，而马来西亚为 2.1％(2007 年)，印尼政府认为用于高等教育的国家支出偏低。[①] 另外，印尼政府认为本国的高等教育覆盖率仍然很低，提高高等教育的入学率和质量是该国面临的一大挑战。印尼教育部决心通过中长期目标提高教育水平，颁布《印度尼西亚国民教育发展战略》，强调要提高印尼高校的教育质量，增强高等教育国际竞争力，并启动世界一流大学发展计划。

一、印尼实施世界一流大学发展计划，提高全球竞争力

印尼政府认为本国虽然拥有许多优秀的大学，但印度尼西亚的高等教育机构仍然面临着在地区和全球范围内获得认可的挑战。2009 年，印度尼西亚大学(University of Indonesia，简称 UI)世界排名第 201 位，但在 2010 年回落至第 236 位。从亚洲排名来看，首都雅加达的加查马达大学(印尼语：Universitas Gadjah Mada，简称 UGM)在亚洲的 QS(Quacquarelli Symonds)世界大学排名为第 85 位，万隆理工学院(Bandung Institute of Technology，简称 ITB)的排名为第 113 位，排名亚洲前 200 名高校数量远低于新加坡、中国和马来西亚。随着经济增长和政治稳定，印尼希望本国的高等教育能够进入世界前列。

国际化被认为是提升该国大学世界排名的重要策略。印度尼西亚的大学一直积极以谅解备忘录的形式签署国际合作和伙伴关系协议。印度尼西亚大学和万隆理工学院与约 80 所国外大学建立了合作伙伴关系，其中大多数位于亚洲，例如日本、马来西亚和韩国。另外，澳大利亚和荷兰也是有较多合作交流的国家。

---

① See Creating World Class Universities[EB/OL]. (2011-08-12)[2023-02-07]. http://www.gbgindonesia.com/en/education/article/2011/creating world class universities.php.

印尼政府认为，印度尼西亚大学目前缺乏与全球顶级西方大学的合作，未能充分吸收世界一流大学的发展经验，考虑到亚洲国家与印度尼西亚地理位置毗邻、文化相似，因此对印度尼西亚大学以亚洲高校为中心的国际化战略给予支持。印度尼西亚的大学均面临着寻找与其发展阶段和专业领域相适应的合作伙伴的挑战。为了提高印尼大学的国际形象，印尼政府认为大学必须在办学视野和课程设置上具有全球性。目前，在印度尼西亚，国际化愿景已成为热点话题，许多大学都将其作为发展前景的重要部分，但国际化的重点还是要聚焦于有助于提高教学和科研水平以及优化国内校园的学习环境。①

二、印尼通过高等教育立法保障全球竞争力

2012 年 7 月，印尼众议院通过了《高等教育法》，该法案的通过意味着印度尼西亚高等教育体系正在发生根本性变化。该法案的目的是赋予大学在学校管理、课程建设和资源使用方面更大的自主权，以促进教育国际化，并鼓励外国大学到印尼办学。该法案旨在激励高校对学生的学业成绩更加负责，从而建立更具竞争力的教育体系。

《高等教育法》强调毕业生的资格和能力更为重要，而不仅是获得一纸文凭。例如，该法案第 59 条规定在全国所有地区或直辖市引入社区学院，以扩大印度尼西亚公民接受高等教育的机会，同时提高教育标准，以提高当地人力资源的质量。该法案还授权一些公立大学在遵守国家法规的前提下在社会上募集资金。这些措施也给印尼政府和社会带来担忧，即有可能会导致大学为提高学费标准而招收更多国际学生，从而使本国贫困学生无缘高等教育，这在一定程度上违背了该法案增加本国高中毕业生入学机会的初衷。

该法案的另一个重要方面是它为外国高校和学生到印度尼西亚创办学校和留学开辟了道路。该法案颁布之前，国外大学来印尼办学被视为对国家教育主权的威胁，受到严格限制。《高等教育法》第 50 条规定，允许外国大学在印度尼西亚设立分支机构、研究分中心和独立的研究中心。《高等教育法》第 90 条规定，外国大学经原籍国认可，可以在印度尼西亚运营，不以营利为目的，与当地大学合作，

① See Indonesia's Higher Education Sector: Aiming to Become a Top Destination in Southeast Asia [EB/OL]. (2019-09-13)[2023-02-07]. http://www.gbgindonesia.com/en/education/article/2019/indonesia's higher education sector aiming to become a top destination in southeast asia 11892.php.

并优先考虑雇用印度尼西亚当地教职工。在印度尼西亚开设分校的外国大学有义务遵守印尼宪法并维护当地的公民和宗教价值观。该法案还规定，尽管外国大学可以自行设置课程，但印尼政府对外国大学运营和开设的课程拥有管辖权。印尼教育部长穆罕默德·努赫（Muhammad Nuh）表示要支持外国大学进入印度尼西亚，前提是它们与当地机构合作，推动高等教育蓬勃发展，允许外国大学提供印尼高校无法开设或需要高投入的科目，希望外国大学的引入能够提高当地教育行业水平，使该国的拔尖人才能够留在本土。

该法案在印尼引起不小争议，争论的核心问题是由此产生的私有化和所谓的“教育商业化”，这违背了印尼宪法的核心价值观，并在公立大学和私立大学之间造成了冲突。该法案第 74 条要求所有大学确保将 20％的升学名额留给经济弱势群体，而不是仅凭学业成绩录取。因此，国家资助的高校面临这样一种可能性，即由于它们的所有费用都由国家承担，因此 20％的配额可能会被公立大学完全吸收，而不给私立大学。民众还担心外国大学会以高薪从当地高校挖走优秀教师。印尼教育部门也表示担心，引入外国大学自治将意味着国家丧失对高等教育的责任。基于这些问题，印尼政府表示通过完善实施细则来平衡各利益相关者的诉求。

三、通过高等教育国际化战略建成东南亚留学首选目的地

印尼政府一直专注于高等教育改革，以应对来自马来西亚和泰国等邻国的全球竞争，其中包括为本国青年提供更好的教育水平，并吸引更多国际学生来印尼学习。政府的支持对印尼大学提升国际竞争力发挥了至关重要的作用。在过去的几年中，亚洲的多所大学重视改善其设施和课程，以应对将国际学生数量作为世界大学排名和认证的关键标准，印度尼西亚政府对此也十分重视。近年来，就读于印度尼西亚大学的国际学生人数显著增加。未来，在印度尼西亚政府允许外国大学在本国开设分校后，预计这一趋势将长期持续。

自印尼首部《高等教育法》颁布以来，其高等教育国际化已成为重中之重。印度尼西亚目前有 4498 所大学，提供了 25548 个面向国际教育的专业，但该国的高等教育机构在全球排名仍然不高。2013 年，印度尼西亚只有三所公立大学进入世界 500 强大学名单，即印度尼西亚大学（第 277 位）、万隆理工学院（第 331 位）和加查马达大学（第 402 位），只有印度尼西亚大学进入亚洲排名前 200 名。2013 年印度尼西亚国际学生最多的前 5 所大学如表 1 所示。

表1　2013年印度尼西亚国际学生最多的前5所大学

	大学名称	国外留学生数量(人)
1	加查马达大学	494
2	印度尼西亚大学	349
3	北苏门答腊大学	335
4	巴克蒂·威亚塔·克迪里医学科学学院	295
5	哈萨努丁大学	256

资料来源:印尼教育部。

印尼启动了高等学校等级评估,评估指标包括人力资源质量、制度标准、学生活动质量、科学研究和出版质量。2017年,印尼政府又增加了专业数量、学生数量和社区服务三个新的评估指标。在创建世界一流大学理念下,国际学生的数量以及与海外大学的合作伙伴关系已成为评估大学表现的关键指标。如要成为世界一流大学,要求至少有10%的大学生来自国外,其中这一部分占总排名分数的2.5%—5%。截至2017年年底,只有65所大学得到A级认证。

印尼政府认为,高等教育国际化可以让外国学生帮助本地学生和教师接触国际环境,而无须出国。从经济角度来看,本地大学和社区可以从国际学生的学费和生活费中获取经济利益。此外,外国学生回国后可以促进印尼的大学和旅游业发展,最终将吸引更多的国际学生和游客来到印尼。印尼政府鼓励高校通过教师和学生交流计划、助学金和奖学金、双学位计划、联合研究、培训和图书出版等措施,寻求与国际大学建立合作伙伴关系。2017年,来印度尼西亚高校留学的国际学生来源国排名如表2所示。

表2　2017年印尼高校留学生前10名来源国排名情况

	留学生来源国	留学生数量(人)
1	东帝汶	2107
2	马来西亚	1217
3	泰国	659
4	韩国	524
5	中国	456

续表

	留学生来源国	留学生数量(人)
6	日本	217
7	德国	156
8	荷兰	139
9	法国	136
10	澳大利亚	135

资料来源：印尼教育部。

印尼政府认为本国在国际化发展战略上存在挑战与机遇。与亚洲其他国家相比，本国在提升国际教育目的地吸引力方面较为落后。例如，2017 年中国的留学生人数世界排名第三，仅次于美国和英国，而且中国设定了到 2049 年成为世界上最受欢迎的高等教育目的地的发展目标。马来西亚在发展高等教育方面也领先于印度尼西亚，2014 年马来西亚有 10.8 万名外国学生，预计到 2025 年将达到 25 万人。菲律宾和越南等其他邻国也加强了与全球大学建立伙伴关系，以吸引更多的国际学生。当然，印度尼西亚在吸引国际学生方面仍然有较大的优势，如该国具有极具竞争力的学费、生活费用和奖学金，地理位置优越，是东盟集团内领先的经济强国，在可再生能源等行业拥有大量发展机会。

印尼政府在提升印尼大学国际竞争力方面发挥了至关重要的作用。印尼政府推出了讲座奖学金计划，以提高教职工的综合素质，提供基础设施资金支持和在线课程等，通过教育和文化部定期向外国学生提供非学位奖学金(Darmasiswa)，让他们在当地大学学习印度尼西亚语言。印尼政府还推出了各种资助项目，以提高当地大学的教育质量和竞争力。有些项目早在 1974 年就开始实施，已为来自 117 个国家的 7852 名外国学生提供了奖学金。2018 年，印尼政府向来自 94 个国家的 697 名外国学生颁发了奖学金，让他们在 70 所公立大学学习。目前，印尼国际学生选修学科专业排名情况见表 3。①

① See Indonesia's Banking and Finance Higher Education Sector: Adapt or Be Left Behind[EB/OL]. (2018-11-12)[2023-02-07]. http://www.gbgindonesia.com/en/education/article/2018/indonesia's banking and finance higher education sector adapt or be left behind 11861.php.

表 3　印尼国际学生选修学科专业排名

	学科专业	国际学生数量(人)
1	印度尼西亚语	1717
2	机械	628
3	工商管理	335
4	土木工程	277
5	管理科学	207

资料来源:印尼教育部。

四、深化产教融合提高高等教育全球竞争力

印度尼西亚的大学和商学院的一个显著特点是与产业行业关系密切。一些企业家创设私立大学,以此回馈国家并努力在教育中发挥重要作用。这种密切联系转化为可操作性强的课程,让学生通过实习积累真正的工作经验,从而在毕业时保有就业优势。

在印尼,大学数量的激增主要是私立大学发展迅速的结果(从 1990 年的约 900 所增加到 2018 年的 3000 多所),其中普莱斯蒂亚·穆理亚大学(Universitas Prasetiya Mulya)和印尼商业学院(IBII)等商学院都是由企业家创办,他们力求解决“合格的、有职业准备”的毕业生紧缺问题。如希望大学是力宝集团的一部分,而力宝集团是印度尼西亚资产最大的房地产公司。利用校企一体的优势,该学校设计的课程给学生提供零售和房地产管理等方面的专业知识。再比如,总统大学于 2001 年由印度尼西亚第一家上市房地产开发商甲霸贝卡(Jababeka)的总裁达尔莫诺(S. D. Darmono)和前国防部长尤沃诺·苏达索诺(Juwono Sudarsono)联合创立。该大学位于甲霸贝卡工业区内,该工业区是 1500 家本地和国际公司的所在地。校长伊尔玛雅·努桑塔拉(Ermaya Suradinata)教授注重培养毕业生的商业实践技能,他说:“我们的课程是根据公司需求定制的……所有学生都进行两个学期的实习,我们接受全职工作的学生比例很高。”

在印度尼西亚,必修性实习是高等教育的一部分,以确保毕业生在完成学业后能够就业,并确保行业拥有合格的人力资源。过去,教育与行业之间缺乏联系,导致青年失业率居高不下。世界银行指出,印尼的青年失业率是地区平均水平的

5倍。2010年1月，官方数字显示，每年35万名新毕业生中有6.8万名失业。印尼大学正在接受这一挑战，通过加强与行业的联系来实现毕业生高就业率。

尽管毕业生的行业能力对接了企业的需求，但在科研方面还有待建立有效机制。在印度尼西亚，校企科技合作研发仍处于萌芽阶段，行业本身还未将科技研发作为公司长期投资和发展战略，同时，行业未对大学的科技研究质量形成信赖。为了克服校企合作科技研发中的问题，印度尼西亚大学成立了 Makara Mas 有限公司，作为开发商业研究项目的机构。自2008年成立以来，该公司开发和营销的产品，包括折叠式自行车和学费支付系统等，力争通过盈利来实现项目的长期发展。但该公司的负责人塔扬托·布迪萨特里奥(Tahjanto Budisatrio)认为："私营企业不信任我们，尽管我们的软件更便宜，但它们更愿意使用熟悉的外国技术。它们不想投资我们的项目，认为这些项目风险很高，而且没有任何已有经验的支持，但如果没有资金支持试点这些项目，我们就无法提供科技成果。"因此，发展大学的科技研发能力是整个教育系统内各学校校长们的共同愿景。①

五、印尼高等教育发展战略的争论与愿景

在竞争日益激烈的全球高等教育市场，印度尼西亚要成为东南亚首屈一指的高等教育留学目的地，需要切实提高教育质量。越来越多的大学能够提供国际认可的英语授课课程，吸引了众多国际学生来印度尼西亚学习。此外，印尼政府允许外国大学在印尼开设分校或与当地大学合作的政策将有望进一步增加国际学生人数。② 印尼高等教育部于2018年9月宣布，两所澳大利亚大学已获准在印度尼西亚开设分校。国际高水平大学在印尼设立分校，可以为印尼本国学生提供以较低学费和生活成本在全球大学学习的机会，这对东南亚国家的学生来说也将是一个有吸引力的举措。2018年年初，印尼政府宣布，有五到十所外国大学表示有兴趣在印尼开设分校，其中有英国的剑桥大学(University of Cambridge)和澳大利亚的墨尔本大学(The University of Melbourne)与昆士兰大学(The University of Queensland)。此外，还与美国麻省理工学院(Massachusetts Institute of

① See Indonesia's Tertiary Education Sector: Aiming Higher[EB/OL].(2018-10-11)[2023-02-07]. http://www.gbgindonesia.com/en/education/article/2018/indonesia's tertiary education sector aiming higher 11849.php.

② See Education in Indonesia: Overview[EB/OL].(2011-02-18)[2023-02-07]. http://www.gbgindonesia.com/en/education/article/2011/ education in indonesia overview.php.

Technology)和北卡罗来纳州立大学(North Carolina State University)以及西班牙阿利坎特大学(The University of Alicante)等高校举行了会谈。另一项政策允许400所国立和私立大学提供在线课程,也将有利于吸引海外学生到印度尼西亚。该政策意味着50%的课程将可以在线进行,这可以消除许多本地和国际学生面临的经济顾虑。

此外,《印度尼西亚—澳大利亚全面经济伙伴关系协定》(IA-CEPA)中提到,澳大利亚的大学将被优先考虑在印尼开设分校。该协议还将为200名印度尼西亚学生提供机会参加澳大利亚的实习计划。实习计划面向九个行业开放,包括教育、旅游、电信、基础设施、卫生、能源、采矿、金融和信息技术。印度尼西亚政府预计该计划将来会扩展到其他英联邦国家。

印尼的高等教育全球发展战略也受到本国不同利益群体的挑战与质疑。印尼本土大学担心,外国大学的入驻将使它们更难吸引优秀教师和学生而无法立足。还有质疑来自社区团体和宗教组织,他们担心外国大学可能会在教育中篡改民族主义原则和宗教价值观。① 为了解决这些问题,印度尼西亚政府正在采取措施限制外国大学将高等教育商业化,其中包括根据当地规则和文化调整方案,使用印度尼西亚名称、语言等法律规定。另外,政府只允许外国大学创办一些特定的专业,如科学、技术、工程、数学、商业和管理,外籍教师的比例需超过40%,且在专门设定区域内以非营利方式运作。随之而来的是这些限制降低了印尼高等教育办学的吸引力,许多外国大学推迟了开办驻印尼分校的计划。尽管遇到不少挑战,但印尼政府仍然对其高等教育全球化竞争力充满乐观。2018年有200余万高中毕业生上大学,高等教育毛入学率达到31.5%。与此同时,印尼拥有可支配收入的中上阶层家庭数量正在增长,这些家庭可以为孩子的教育提供足够的资金支持。外国知名大学印尼分校将成为对这些家庭有吸引力的选择,而无须送孩子出国留学。②

印尼政府加强了高等教育职能部门的改革。2014年,佐科·维多多(Joko Widodo)就任总统后的第一个举措就是将教育部分为两个独立的部委:文化、初等与中等教育部和研究、技术与高等教育部。研究、技术与高等教育部承担了旧研究和技术部的职责,负责高等教育机构的发展。这个新部门的成立初衷是总统希

---

① 参见方展画,王胜.印尼高等教育的发展分析[J].比较教育研究,2013,35(01):42-46.

② 参见SURYAWATI.印度尼西亚高等教育服务贸易国际竞争力的研究[D].镇江:江苏大学硕士学位论文,2019.

望加强该国的研究和技术。他不仅提高研究预算的成本效益，还使研究更加透明和可信。穆罕默德·纳西尔(Muhammad Nasir)部长强调允许外国大学在印度尼西亚设立分校，招聘外国校长并将英语作为大学必修课程。2016 年年初，为提高本国高等教育质量，印尼政府制定部级法规，以规范外国大学在印尼的建设，旨在补充和强调关于高等教育的第 12/2012 号法律。研究、技术和高等教育部表示，出台的部级法规将明确围绕第 12/2012 号法律展开，该条例的审议涉及包括法律和人权部以及外交部在内的若干部委，讨论移民和外国入境者身份等各个方面。①

东盟经济共同体(AEC)作为区域经济一体化的平台，为东盟成员国之间的资本、贸易和劳动力的自由流动打开了大门，东盟国家间的高等教育质量与毕业生质量竞争也随之加剧。为了提高印度尼西亚高等教育质量竞争力，能够培养出与区域同行竞争的大学毕业生，研究、技术与高等教育部建议任命有经验的外国专家担任国立大学校长，在一个以民族主义精神为荣的国家，这一想法遭到民众的强烈反对。然而，研究、技术与高等教育部坚持认为，只有采取这种改革性举措才有可能将印度尼西亚大学提升成世界一流大学。②

研究、技术与高等教育部实施的另一计划是要求大学生用英语互动，希望印尼学生在参加 AEC 比赛中获得好成绩。该计划要求学生和教师在校园环境中使用印度尼西亚语和英语双语交流。为确保高等教育的质量，研究、技术与高等教育部推行本科教学质量认证，以降低低水平大学数量和培养条件欠佳的专业毕业生数量。印度尼西亚高等教育国家认证机构(Badan Akreditasi Nasional Perguruan Tinggi)于 2008 年和 2009 年开始推广新的本科课程认证体系，认证标准以欧洲质量管理基金会的模型为蓝本，包括教师的研究工作量、出版物的质量和毕业生获得就业所需的时间长度，并以 5 年为间隔进行严格评估，目的在于消除教育系统中未经认证的课程以及大学重利润轻教学质量的现象。③ 评估专家要覆盖全国，包括偏远地区，并准确衡量大学本科课程质量。印度尼西亚采取的一系列高等教育改革政策，对提升国家高等教育全球竞争力产生了显著成效。

---

① 参见杨超有，刘荣愉.印尼高等教育的发展与改革历程[J].东南亚纵横，2013，No.244(02)：54-58.

② 参见杨素萍，林慧圆，赵婉.印度尼西亚高等教育国际化分析及其启示[J].高教论坛，2022(08)：114-119.

③ 参见朱欣.印度尼西亚高等教育国际化分析及启示：以印尼排名前 50 名高校为研究对象[J].福建论坛(社科教育版)，2009(12)：116-118.

印度尼西亚语言教育政策与民族整合

张国强*

【摘要】 印度尼西亚是世界上最大的群岛国家，民族、宗教、语言种类众多，是个拥有多元文化的国家。印度尼西亚的官方语言是印度尼西亚语(以下简称“印尼语”)。印尼在不同历史阶段对语言教育的重视程度和政策方向都有所不同。从荷兰殖民时期到独立运动时期，印尼人开始逐渐重视本土语言的地位；到了苏加诺总统时期，印尼语得到了进一步推广和规范；在苏哈托总统时期，印尼渐渐转变成文化多元的“单语国家”，印尼语成为印尼最主要的教学语言。印尼政府通过实施对印尼语推广和普及的种种渐进式或强制性措施，来实现民族整合，达到国家统一、民族团结这一目的。

【关键词】 印度尼西亚；语言教育政策；民族整合

【基金项目】 本文系教育部人文社会科学研究青年基金项目“语言经济学视域下 RCEP 国家的语言政策及语言规划比较研究”(21YJCZH068)资助阶段性研究成果。

作为多元文化载体的语言，既是民族精神的集中外在表现，也是对民族优秀文化历史传承、民族与国家认同进行整体构建的重要载体。① 任何国家和政府都会制定涉及官方语言的确定、语言规范的标准、语言教育的政策等相关的语言政策来管理其辖域的语言使用，通过立法来实行，从而使国家、政府和社会对其使用

* 张国强，德州学院东盟研究中心兼职研究员，德州学院外国语学院教授，主要研究方向为英语语言文学、英汉翻译、教育学研究。

① 参见文峰.语言政策与国家利益：以印尼华文政策的演变为例[J].东南亚研究，2008(06)：80-84.

的语言赋予特定的价值，借此达成政治上的统一。在一个国家，起着主导作用的主流语言往往引导着各民族的融合、保证民族团结、促进经济共同繁荣与发展。[①]拥有多种语言、多种文化的民族国家经常有意识地运用语言教育政策来建立一种民族精神，强化公民对国家的认同，确保公民对国家的忠诚，使拥有不同文化传统的各民族形成一个统一的整体，这个过程就是民族一体化过程，也就是民族整合过程。[②]

一、印尼单语政策的语言现状

印度尼西亚人口超过2.7亿，有数百个民族，有些民族还分成不同的部族，全国共有300多个部族，其各民族使用的语言及方言超过400种，分布在17508个岛屿上，是东南亚人口和语言种类最多的国家。1945年宪法规定印度尼西亚语是印尼的官方语言。1950年，印尼的临时宪法再次把印尼语确立为印尼共和国的官方语言。目前，印度尼西亚是世界上最大的群岛国家，民族、宗教、语言种类众多，是一个拥有多元文化的国家。印度尼西亚的官方语言是印尼语，英语为该国通用语。

印度尼西亚的印尼语与马来西亚、新加坡和文莱使用的马来语是“一种语言，两个称谓”。我们可以把印尼语看成是带有浓厚政治和文化色彩的马来语。印尼占人口最多的民族是爪哇族，在最初确立印尼的官方语言时，爪哇语和印尼语都有可能成为国家的官方语言。由于一战后，日渐高涨的民族意识在印尼国内觉醒，来自不同民族、信仰不同宗教、使用不同语言的印尼青年，在1928年召开了印尼青年大会，会上提出了“一个国家（印度尼西亚）、一个民族（印度尼西亚民族）、一种语言（印度尼西亚语）”的口号，并建议将官方语言定为马来语（印尼语），取消荷兰语的法定地位。1938年，第一届印尼语言大会（Kongres Bahasa Indonesia）召开，在这次会议上印尼语学会成立，并决定改变荷兰语拼法，将印尼语定为各办学机构的官方语言，开启了印尼单语政策的先河。

虽然印尼占人口最多的民族是爪哇族，其人口占印尼总口的47%左右[③]，爪哇人所使用的语言爪哇语也是印尼使用人口最多的语言，按使用人口数量和社会

---

① 参见戴曼纯，刘润清.波罗的海国家的语言政策与民族整合[J].俄罗斯中亚东欧研究，2010，175(04)：17-24+95.

② 参见李艳红.民族整合进程中的秘鲁土著语言政策研究[J].民族教育研究，2013，24(05)：131-135.

③ 参见杨绪明，宁家静.印度尼西亚的语言教育和政策[J].北部湾大学学报，2019，34(08)：37-42+64.

流通程度，爪哇语成为印度尼西亚的国语顺理成章，但是，由于爪哇语主要在人口最密集的爪哇岛和周边小岛集中使用，历史上受佛教影响较深，与印尼语所属的马来语分支有很大差别，语言存在层级现象，例如敬语的使用致使不同等级的人用语不同，给学习者带来诸多麻烦。特别是爪哇语在现代思想和先进知识的交流传播方面存在语言固有的局限性，以及爪哇语在习俗和文化上对民主思想的抵制和消解，都可能会对现代社会生活的顺利展开造成阻碍。印尼民族解放运动领导层在当时的历史条件下，一是为了维护民族国家的完整统一，二是为了预防因语言问题而造成国家分裂，毅然决然地选择了在当时还不被大多数印尼人所熟悉的印尼语作为官方语言，既避免了矛盾的激化，也便于通过“新语言”进行整合。自此之后，在印尼国内，印尼语既是印尼的国语，也是各级各类教育的教学语言。但是，印尼语只是印尼国内 10%—20%人口的母语，在印尼还有 70%以上的人仅仅将其作为第二语言。① 另外，印尼华人的数量有 1000 多万，占印尼总人口数量的 5%，印尼已成为东南亚华人华侨最多的国家。不过华语在印尼还只是外语，华语教学在印尼也只是按照外语教学来定位的。分析印尼语从爪哇语、华语等语言中脱颖而出成为国语，可以清晰地看出印尼语的地位是在逐渐提升的，同时这也促使印尼逐渐成为多元文化的“单语国家”。②

语言问题是政治问题，也是教育问题。根据联合国《世界人权宣言》的规定，人人都有权以母语接受教育。当然，印尼的宪法也明确规定了使用母语是公民的权利，但在印尼的相关法律中，少数族裔语言的保护和传承并没有受到重视，各省的教育局可以根据本省的实际情况决定是否教授少数族裔语言，而不是被确定为国家义务来保护和教授这些少数族裔语言，这就导致在印度尼西亚各地语言教育政策并不相同。另外，印尼政府对于语言的教育政策也在进行调整，2003 年的第 20 号法令中就有规定，允许使用印尼语之外的语言在教育的早期阶段进行语言教育，这可以看作是对单语国家语言政策的一种有益补充。从此法令的实施来看，实施的结果是对各地普遍采用印尼语进行教学的影响并不大。当然，这也可以被认为是印尼语作为教学语言在教育系统中不可撼动的地位已然确立。这种尊崇印尼语一语独大的语言教育政策，尽管极大地促进了印尼语在全国的普及和传播，但也带来了不容忽视的印尼学生普遍阅读能力低的问题。这种情况在印尼参

① 参见屈书杰，刘海燕.东南亚国家基于母语的多语言教育：现状与困境[J].河北大学学报(哲学社会科学版)，2019，44(05)：45-52.

② 参见[印尼]卓宥佑，吴应辉.印尼华语的法律地位对华语教学的影响[J].南洋问题研究，2018，176(04)：72-83.

加的历次国际学生评估(PISA)测验成绩中得到验证,在国际学生评估测验的学生阅读成绩中,印尼学生排在倒数第几名,以2015年的成绩为例,印尼学生阅读成绩位列72个国家和地区的第66名。[①]

二、印尼语言教育政策演变过程

(一)荷兰殖民统治时期(17世纪至20世纪初)

自1596年荷兰殖民者入侵印度尼西亚,建立荷属东印度公司对印度尼西亚进行殖民统治,一直到1942年印度尼西亚被日本侵占,荷兰统治印度尼西亚长达三个半世纪。在此之前,马来语是东印度群岛各族之间的交际语,当时还没有"印尼"这一地理概念。在荷兰殖民统治时期,印尼的教育系统受到了荷兰的影响。荷兰政府主张以荷兰语为基础的教育,马来语并不被重视。19世纪前期,荷兰殖民者担心当地人掌握荷兰语后,会学习西方先进的文化和科学,便开始限制荷兰语作为当地民族学校的教学媒介语和课程,但又为了凸显殖民统治的权威,荷兰语却被定为第一官方语言。[②] 直到1845年,荷兰殖民当局才开始为印尼当地人提供受教育机会。1864年,殖民当局开设供贵族和富家子弟用荷兰语学习西方文化的学校,以及用地方民族语言作为教学用语来教育土著居民的学校。同时,荷兰殖民政府为了维护殖民统治,还推行了分裂教育政策,即分别给印尼人和欧洲人提供不同的教育体系。荷兰殖民者采取既不积极推广荷兰语也不任由马来语自由发展,反而通过限制印尼人讲马来语和荷兰语,极力发展地方民族语言,借以煽动民族主义或地方主义的语言教育政策,以达到"分而治之"的政治目的。[③]

马来语成为印尼各民族统一共同语,并非荷兰殖民者最为担心的事情。相反,他们认为最危险的事情是这些民族主义者学习荷兰语。因为选择马来语作为民族统一共同语的民族主义者平时学习、交流、思考用的是荷兰语,他们用荷兰语学习西方的先进知识和科学技术,这也为他们带来了新的观察自身社会的新视角,他们大胆憧憬突破"传统"的现代社会,用他们从西方学来的先进思想对殖民地社会进行尖锐批评。正是因为他们学习了荷兰语才有可能去大胆规划一个现

---

① 参见屈书杰,刘海燕.东南亚国家基于母语的多语言教育:现状与困境[J].河北大学学报(哲学社会科学版),2019,44(05):45-52.

② 参见杨绪明,宁家静.印度尼西亚的语言教育和政策[J].北部湾大学学报,2019,34(08):37-42,64.

③ 参见唐慧.试论印尼语国语地位的确立与巩固[J].世界民族,2010(05):37-43.

代的后殖民社会，提出自己对民族国家未来的发展愿景。从某种意义上说，正是荷兰殖民当局的语言教育政策创造了选择马来语成为印尼全民族共同语言的条件。[①] 日本侵占印尼后，完全废除了荷兰语，在大规模推广日语的同时，仍然处于合法地位的印尼语得以快速发展、广泛传播，印尼语在印尼群岛的地位得到进一步提升。

为了分而治之，荷兰殖民者还破坏华侨与当地人之间的友好关系，在印尼实行民族隔离和分化政策。其华文教育政策经历了从分化、同化、管制到取缔的过程。自17世纪末，华人开始办私塾教授四书五经。到1690年，经荷印当局的华人官员倡议，印尼华人创办明诚书院被当局批准，是为印尼华人兴办华校的滥觞。[②] 1900年3月第一所华文学校"中华学堂"创办，到1914年印尼多地仿效"中华学堂"创办的华文学校达到148所。[③] 1908年，荷兰殖民者建立华文教育学校——荷华学校(HCS)，其目的是有利于殖民管制。这类学校的教学语言是荷兰语，提供类似欧洲小学的西式教育，同时允许教授华语。到1928年，此类学校达到100多所。此后，荷印政府开始对华校采取严格的管制措施，最好的证据就是他们颁布的以下条例：1929年颁布《华侨学校注册条例》，1932年颁布《荷印限制私立学校条例》和《取缔私立学校条例》。[④] 日本殖民统治时期，华语的地位堪忧，日本殖民当局禁止华语在华校之外的地方使用，更是将华语的使用置于非法地位。

(二)独立运动时期(20世纪40年代至50年代)

20世纪40年代至50年代，是印尼独立运动时期，印尼人开始重视印尼语的地位，并开始推动印尼语成为教育的主要语言。在1945年发表的《独立宣言》中，印尼宣布印尼语为官方语言。但由于荷兰殖民政府长期的教育政策，印尼语在教育中的地位并没有得到很大改善。印尼刚刚独立，国家的首要任务就是要维持经济社会的稳定和促进民族国家的认同，消除民族分歧，实现民族团结。[⑤]

印尼是本土语言战胜殖民地宗主国语言的典范，独立后的印尼于1945年以

① 参见唐慧.试论印尼语国语地位的确立与巩固[J].世界民族，2010(05)：37-43.

② 参见杨绪明，宁家静.印度尼西亚的语言教育和政策[J].北部湾大学学报，2019，34(08)：37-42+64.

③ 参见[印尼]卓宥佑，吴应辉.印尼华语的法律地位对华语教学的影响[J].南洋问题研究，2018，176(04)：72-83.

④ 参见[印尼]卓宥佑，吴应辉.印尼华语的法律地位对华语教学的影响[J].南洋问题研究，2018，176(04)：72-83.

⑤ 参见陈兵.新加坡和印度尼西亚语言政策的对比研究及其启示[J].东南亚研究，2009(06)：92-96.

宪法的形式规定印尼语是印尼的国语和官方语言。殖民地宗主国语言(荷兰语)在独立后的印尼被完全废除,主要是由于荷兰殖民者在印度尼西亚推广荷兰语不积极,甚至可以说态度消极。从殖民统治的角度看,荷兰的语言教育政策在印尼是不成功的。直到印尼独立时,荷兰殖民统治当局才开始意识到长期以来他们在印尼所实施的语言教育政策是失败的,从其殖民统治的角度来看收效甚微。有荷兰学者指出,"殖民统治结束后,印尼只有不到2%的人能用荷兰语交流"①。当时印尼政府允许小学低年级使用地方语言或本地方言,然而同时也要求应尽可能早地把教学用语改为国语,也就是使用印尼语开展教学。这样做的目的就是要尽一切可能使用印尼语以形成印度尼西亚文化。②

摆脱荷兰殖民统治后,印尼的首要任务就是去除语言教育政策中浓重的殖民化色彩。首先是确立维护国家利益的语言政策方针。国家语言政策是实施民族整合方案的措施之一,实施过程中语言教育成为整合的重点。语言与教育在任何一个社会中都是高度政治化的问题。印尼独立后,进一步把本族语作为强化独立的基本象征和国家利益,优先发展国语以取代外语,摒弃殖民体制。其次是通过制定宪法确立本国国语在法律上的官方语言地位。1945年独立后,印尼便以法令的形式确定印尼马来语为官方语;这一时期,印尼采取排斥宗主国语言的政策,推行国语优先的语言教育政策,将印尼语作为政府、教育和商业的基本语言。印尼通过颁布的宪法和五项原则逐步使印尼语成为科技、商务、国际关系中的重要语言。③ 1928年,青年代表大会就以决议的形式提出用马来语作为官方语言,1945年又在宪法中确定印尼语的国语地位。与其他国家相比,印尼语能够在如此短的时间内迅速崛起,在世界范围内实属罕见。

当然,印尼在大力推进全民族共同语言的同时,也没有忽视地方民族语言存在的重要意义。例如,1945年宪法中对于各省区语言有这样的规定:语言的差异,通过保留有差别的省区语言来实现。这样的规定对于保留语言的多样性还是起到了一定的作用。另外,历届印尼政府在推广标准印尼语的同时,都没有完全禁止地方民族语或方言的使用,在印尼双语现象普遍存在也是事实。

(三)苏加诺时期(20世纪50年代至60年代)

苏加诺总统上台后,大力推进印尼语在教育中的应用。1952年,苏加诺总统

---

① 李怀.印度尼西亚语言教育政策探析[J].世界教育信息,2016,405(21):9-13,19.

② 参见李冰.东盟国家的语言政策对英语变体影响探析[J].东南亚纵横,2011(10):74-76.

③ 参见江健.东南亚国家语言教育政策的发展特征及趋势[J].比较教育研究,2011(09):73-76.

颁布了一项政策，规定在初等教育阶段必须使用印尼语教学。此后，苏加诺总统还推行了双语教育政策，即在初等和中等教育阶段把印尼语和荷兰语两种语言作为教学语言。启动印尼语作为国家官方语言的规范工作是在 1954 年召开的第二届印尼语言大会之后开始的。印尼语作为国家官方语言和教学用语的国语地位在被确立之后，印尼语无论是从法律地位上还是从语言实践上都成了维系印尼全国各民族整合的纽带，同时也成为印尼民族区别于以往其他民族的根本标志，随后，如何推广和普及印尼语就成为执政当局首要考虑的核心问题。① 同时，为了促进印尼语的推广和普及，印尼政府改变了荷印联邦时期的放任政策，开始采取积极打压甚至排斥其他语言源流学校的教育政策，严格要求这些学校教育必须包括印尼语教育以及印尼文化教育。② 从 1950 年到 1957 年，印尼政府相继制定一系列外侨教育政策限制非印尼语的发展，如 1950 年颁布的《关于学校申请津贴金的条例》、1952 年颁布的《外侨私立学校条例》、1956 年颁布的《外侨教育监督通告》和 1957 年颁布的《文教部外侨教育局通告》等。

这一时期印尼政府尽管对华文也采取了相对的限制措施，但是并未完全禁止华文教育，华文教育在印尼的发展和推进仍然取得了一定的成绩，在 1957 年达到鼎盛，有数据显示，届时印尼共有华侨学校 1861 间，华侨学生 301401 人。③

(四)苏哈托时期(20 世纪 60 年代至 90 年代)

1966 年苏哈托上台后，继续强化印尼语，推行了单一语言政策，即在所有教育阶段都使用印尼语作为主要教学语言。在此期间，印尼语得到了全面发展，印尼语词汇量和语法体系得到了扩充和规范。苏哈托时期，先后 5 次组织修改印尼语的拼音规则，现行的印尼语拼写法也是在 1972 年完成并制定的。认识到语言对于民族国家的重要意义，印尼政府开始在全国范围内竭尽全力地大力推广统一的国语——印尼语，号召印尼全体人民学习印尼语，使用标准规范的印尼语。另外，政府对语言的推广采取渐进的方式，规定在通信和交通不便的边远地区，学生尚未能掌握好印尼语，当地语言可以作为过渡性教学语言在小学的前三年学习使用。除了这种特例以外，印尼语成为从小学、中学到大学的唯一合法教学语言，地方民族语言则被作为选修课程列入各级各类教育。除外语教科书外，图书出版、

① 参见唐慧.试论印尼语国语地位的确立与巩固[J].世界民族，2010(05)：37-43.

② 参见杨绪明，宁家静.印度尼西亚的语言教育和政策[J].北部湾大学学报，2019，34(08)：37-42＋64.

③ 参见文峰.语言政策与国家利益：以印尼华文政策的演变为例[J].东南亚研究，2008(06)：80-84.

广播、电视的节目语言都必须用印尼语出版、播放或录制。印尼教育电视台建立于1991年，为了大力推广印尼语，印尼政府采取了通过教育电视台播放印尼语教学讲课录像，邀请语言学专家举办推广印尼语的专题讲座等方式。除此之外，印尼政府还组织专门机构——“语言建设和发展中心”，负责维护和发展印尼语的工作。这个中心是由1969年成立的“国家语言所”于1975年改建而成的，主要职责就是对印尼语进行专门研究，以及开展地方民族语及其文字的研究、编写与之相关的词典和收集整理术语等。印尼于1954年召开第二届语言大会之后，又于1978年、1983年和1988年分别召开了三届语言大会。其中，1988年的第五届语言大会规模空前，印尼语言学者700多人参加会议，十多个外国代表团出席大会。会议提出“印尼语是稳定地开展建设和民族防御的工具；运用印尼语的能力是谋求公正、平等的福利生活的途径”。① 印尼语被看作维护民族团结的语言，这进一步提升和巩固了印尼语的国语地位。

21世纪初，印尼开始实行九年义务教育，印尼语成为基础教育的主要教学语言。此外，在全球化的影响下，英语在印尼的地位也逐渐提高，许多学校也开始开设英语课程。同时，印尼政府也开始鼓励学生学习其他国家的语言和文化，以促进印尼的多元化和国际化。

三、结语

印尼语作为由政府主导并制定语言政策和教育政策进行推广普及的国家语言，是国家规定的教学语言、政府工作语言和商业交流用语。印尼语的发展和传播，在推动印尼国家经济和社会发展、提高印尼公民素质和工作效率方面发挥了重要的作用。更为重要的是，印尼语在激发印尼人热爱印尼和热爱印尼民族团结方面起到了不可估量的重要作用。其所形成的民族团结精神和民族自豪感，进一步巩固和强化了印尼民族的凝聚力和向心力，使拥有不同文化传统的各民族形成一个统一的整体，完成民族整合任务，这反过来又使得印尼语的国语地位日益稳定和牢固。目前，在印尼国内，印尼语已成为进步和现代化的代名词。

---

① 唐慧.试论印尼语国语地位的确立与巩固[J].世界民族，2010(05)：37-43.

印度尼西亚英语教育政策和教育实践的启示

宋霁*

【摘要】 印度尼西亚国家独立后，出于对跟踪国外先进科学技术的需求以及国际交流合作的考虑，将英语设定为第一外语。印度尼西亚的英语教育政策推动了本国语言教育事业的发展，加速了国家融入世界发展格局的速度，特别是国际标准化学校的英语教育对国家英语水平的整体提升作用明显。本文通过对印度尼西亚英语教育政策的分析研究，旨在促进我国英语教育政策水平的提升，服务国家发展战略。

【关键词】 印度尼西亚；语言教育政策；通用语；英语教育

外语教育是一个国家走向国际化、全球化，满足各种外语需求，提升国家语言能力的必由路径，外语教育的发展离不开国家教育主管部门的顶层设计，这使得外语教育政策的研究异常重要。① 外语教育政策是外语教育学的重要组成部分，包括学科、教材、教学、管理体系等方面。外语教育学为外语教育政策研究提供理论指导，而国别外语教育政策研究为外语教育学提供实践经验。长期以来，在我国的外语教育中英语在各语种中占据主导地位，我国东部地区和西部地区、南方和北方的英语教育发展水平参差不齐，差异较大，对照国外英语教育政策的经验和做法，可以对我国英语教育事业的健康发展起到借鉴和警示作用。印度尼西亚总人口超过2.7亿人，是世界第四人口大国，有数百个民族，各民族使用的语言及

* 宋霁，德州学院东盟研究中心执行副主任，德州学院外国语学院副教授，主要研究方向为区域国别学研究（东盟方向）、外语教学研究、教师教育研究。

① 参见张天伟.国外外语教育政策及其启示[J].中国外语，2021(04)：19-25.

方言超过400种，官方语言为印尼语。英语是印尼的第一外语，普及率很高。本文将对印尼的英语教育政策进行分析研究，旨在促进我国英语教育政策水平的提升，服务国家发展战略。

一、印尼的英语教育政策

全球化时代，世界各国相互依赖，英语在国际交往中发挥着越来越重要的作用。掌握先进科学技术成为在日益激烈的国际竞争中获胜的关键，在这一过程中，英语同样发挥着重要的工具效能。同时，英语在经济、政治、文化、教育等领域也扮演着非常重要的角色。今天，英语成为许多亚洲国家各类学校的必修课程，掌握英语能够帮助学生更好地了解世界和获取国际科学技术前沿信息。目前，印尼从小学到大学都开设英语课，许多教育培训机构将英语当作教学用语。印尼大多数家庭都希望孩子学好英语，家长的这一愿望对印尼学校的语言教育产生了重要影响。英语在印尼所有学校的语言课程中地位突出，成为印尼学校的必修科目。

印尼独立后逐渐意识到，英语是掌握现代科学技术的“金钥匙”。1955年，英语取代荷兰语成为印尼各类学校教学的第一外语。但是，在很长一段时间内，印尼只有中学和大学开设英语课程，老师仍然使用传统的英语教学方法，重视语法教学，忽视学生语言交际能力的培养。在课堂上，以教师讲授英语知识为主，学生鲜有口语交流表达的机会。1967年，印尼颁布了第96号法令，规定英语为印尼学校教学的第一外语。1984年，颁布了新的英语课程标准，鼓励学生积极参与课堂互动讨论，英语教学的重点从语法知识的传授转为语言交际能力的培养，教学理念从以教师为中心转变为以学生为中心。1988年，印尼实施新的语言政策，明确要求加强学校英语教学，确定英语为高校课堂教学语言和国家对外交流的主要语言。为应对全球化的浪潮，1989年印尼出台新的国家教育法，规定从小学四年级开始学习英语，进一步巩固英语的第一外语重要地位。该政策受到大部分家长的支持，父母们也鼓励孩子学习英语，各类学校纷纷出台措施加强英语教育教学。1993年制定的国家语言政策指导方针中再次强调英语的使用和教学，这充分表明了印尼政府对全球化时代英语重要性的高度重视。印尼很多幼儿园都开设英语课程，英语不仅是学校的必修课程，也常见于各类新闻媒体和广告。除了继续和以英语为母语的国家合作开展英语师资培训和共同办学以外，2004年印尼颁布新的英语教学大纲，确立了培养学生英语综合应用能力和提高语言交际能力的人才培养目标。印尼高校也会根据不同的院系和不同专业的需求分别开设英语课程，通常开设1—6个学期。[①] 高校开设的英语课程主要是专门用途英语，也有一些院校重视学生英语听、说、读、写技能的培养。此外，还有专门设置的短期的外语培训课程，比如酒店英语等。在大城市，这类英语课程数量较多，主要是满足旅游、商务等需要。

二、印尼国际标准化学校的英语教育实践

（一）国际标准化学校的发展

为应对全球化带来的挑战，以及英语在国际竞争特别是在科技领域竞争中不可替代的作用，印尼政府大力倡导优质公办学校向国际标准化学校（International Standard School，简称ISS）转型。为此，印尼英语教育政策积极支持国际标准化学校的发展，开设了许多国际标准化学校，学生学习英语的兴趣大增，促进了印尼英语教育事业的发展，英语发展成为印尼正规教育体系中的重要外语。

国际标准化学校的一个重要指标就是使用英语作为教学语言，特别是数学和科学等课程。印尼积极鼓励国际标准化学校发展，倡导培养国际化人才，以使全球化时代印尼在科学技术和人才储备方面更加具有竞争优势。2000年出台的印尼第20号法令规定，每个省每个级别的学校要开办一所国际标准化学校。2003年颁布的印尼教育法提倡各省创办国际标准化学校。国际标准化学校重视英语教学，鼓励使用情景教学法开展教学，使用双语进行课堂教学。2008—2009年，印尼的国际标准化学校从100所增加到124所。

国际标准化学校的教育，有利于开发学生的才能和学习潜力，为社会培养具有国际竞争力的人才。国际标准化学校倡导的教育理念是学会认知、学会做事、学会共同生活、学会生存，该理念成为国际标准化学校的课程教学、教师录用和教学评估的基础。印尼的国际标准化学校必须是国家A级学校，达到国家教育标准，学校得到国家和地方政府的财政支持，一些有经济实力的家长也为学校捐款，因此国际标准化学校的办学条件和办学质量较为突出。学校采用世界经合组织国家的课程与教学大纲，借鉴法国、德国、日本、加拿大、澳大利亚、希腊和匈牙利等国家的办学经验，在课程和测试标准上与剑桥大学、联合国教科文组织等世界

① 参见李怀.印度尼西亚语言教育政策探析[J].世界教育信息，2016(21)：9-19.

一流大学和国际组织对接。学校要求录取的学生具有较好的英语基础，达到学校要求的英语水平，在校学生的英语成绩要达到学校标准。学校的数学、物理、生物、信息与通信技术等课程使用英语授课，许多学校会选派教师到国内外学校进修英语。帕卢市第二中学是印尼最大的英语学校之一，为国际标准化学校培养了大量的英语师资，一些教师也会被派往澳大利亚、新加坡、马来西亚等国家学习，提高英语教学水平。

（二）国际标准化学校存在的问题

印尼政府大力加强国际标准化学校的基础设施建设和师资队伍发展，从而推动英语教育在印尼的发展达到空前水平。但是，国际标准化学校以英语为教学用语的特色在印尼也引发了很大争议，因为这样会挑战印尼语作为官方语言的统治地位。持反对意见者认为，以英语作为教学用语的做法会削弱印尼人的国民身份认同，导致当地语言和文化的消亡；国际标准化学校倡导精英教育，会扩大不同社会阶层的差距；此类学校收费昂贵，普通民众难以入学就读。

虽然国际标准化学校受到家长们的欢迎，但是学校数量有限，学位比较紧张，很多家长不得不耐心等待学位空缺，才能将孩子送去读书。以中苏拉威西省为例，该省开始只有两所国际标准化学校，后来又成立了五所，很多家长认识到英语学习的重要性，纷纷把孩子送到此类学校就读，主要是考虑到普通学校对英语教育重视不够。中苏拉威西省部分学校与澳大利亚教育机构合作办学，规模较大，尽管扩大了招生规模，但仍然面临英语师资缺乏、教学设备不足等突出问题，这些学校很少能够聘请到母语为英语的语言教师授课。此外，国际标准化学校使用英语授课的目的是让学生能够熟练、准确地使用英语，但是实际教学效果并不理想，学生练习英语口语时仍然缺乏自信心，存在不少语言学习的问题。该省的大部分国际标准化学校只开设普通英语课程，而公务员和私企员工需要学习的是与自己工作相关的专门用途的英语课程。

2013 年年初，印尼政府宣布废除国际标准化学校，实施新的课程标准。提出将初中和高中的英语课时减少为每周 4 小时和每周 2 小时。[①] 印尼国际标准化学校的建立符合国家语言教育政策，有利于全球化时代印尼科技、教育、文化等领域的发展，对该国英语教育事业的发展做出了重要贡献，受到普通大众的欢迎。但是，这些学校也面临教育资源紧缺、合格师资匮乏的严峻挑战。

---

① 参见李怀.印度尼西亚语言教育政策探析[J].世界教育信息，2016(21)：9-19.

三、印尼英语教育政策存在的问题

印尼实施国家语言政策，加强语言管理，制定语言标准和语言教育大纲，对英语及其他外语的教学做出详细的规定，加快英语教学改革的步伐，但是印尼的语言政策缺乏政策的系统性、战略性和可持续性，存在一定的问题。印尼政府担心英语威胁印尼语的地位，因而在制定语言政策时，从地位和功能方面对英语进行限制，将英语仅当作第一外语而非第二语言，注重英语作为国际通用语和科技用语的工具性功能[①]；印尼政府对学校的放权导致部分学校英语课程资源不足，课程设置不合理，学生数量多教师少，班级过大[②]；英语教学从教授标准英语向教授英语地方变体转变[③]。尽管部分印尼精英能够流利地使用英语，但整体英语能力不高。研究表明，印尼高中毕业生普遍无法正确、清晰地用英语交流。[④] 在一项针对73名印尼非语言专业研究生的外语能力调查中，大部分研究生的外语为英语，英语能力中以阅读和听力能力较好，但总体外语能力不高。[⑤]

作为一个多民族的国家，印尼学校教学语言的选择会涉及不同民族的切身利益，语言课程种类或者课时的增加都会导致学校减少甚至压缩其他课程的学时。印尼努力在学校课程设置上注重国家语言、地方语言和外语的教学，并逐渐将基础教育和高等教育需要教授的语言课程纳入教师教育大纲，但是印尼的外语教师师资短缺问题亟待解决，特别是中小学英语教师较为匮乏。印尼需要制订英语教师培养计划，壮大合格英语教师队伍，只有这样才能更好地促进英语教育健康发展。而且，一些地方政府不愿意从国外招聘英语教师，因为这样会减少当地教师的工作机会。印尼应当加强国内英语教师的在职培训教育，提高其英语教学能力。不得不说，印尼的单一国家语言政策在全球化时代的今天受到英语的极大挑

---

① Lauder, A. The Status and Function of English in Indonesia: A Review of Key Factors[J]. Makara, Sosial Humaniora, 2008(01): 9-20.

② Panggabean, H. Problematic Approach to English Learning and Teaching: A Case in Indonesia[J]. English Language Teaching, 2015(03): 35-48.

③ Andriyanti, E. Multilingualism of High School Students in Yogyakarta, Indonesia: The Language Shift and Maintenance[D]. Sydney: Macquarie University, 2016.

④ Sahiruddin, A. The Implementation of the 2013 Curriculum and the Issues of English Language Teaching and Learning in Indonesia[R]. Paper Presented at the Asian Conference on Language Learning, Osaka, Japan, 2013.

⑤ Setiadi, R. & Piyakun, A. Foreign Language Proficiency and Study Skills among Indonesian and Thai Graduate Students of Education Studies[J]. International Journal of Education, 2015(02): 129-137.

战，如何做好国际通用语言的推广和民族语言的保护成为摆在印尼政府面前亟待解决的问题。

四、印尼英语教育政策的经验与启示

通过对印尼英语教育政策与实践的分析，可以发现重视英语成为印尼国家语言教育的重要方向。[①] 一方面，英语是国际交往的通用语言，是现代科学技术的语言载体。掌握英语就意味着能更加迅捷地把握世界科技信息，而科学技术的发展才是决定国家发展动力的根源。因此，掌握英语是及时跟踪世界科技发展的先决语言条件。如果仅仅依靠翻译来解决信息传播问题，必定处于落后状态。另一方面，实施英语教育整体性地提升了本国教育水平和人才培养质量。印尼语作为印尼的官方语言，基本上局限在印尼国内使用，国际交往中使用不多，再加上印尼国家语言规划比较滞后，语言成熟度不够，凭借印尼语的语言教育难以培养参与国际竞争的人才。因此，最便捷有效的方法就是培养掌握英语的人才，缩短与西方发达国家的差距，从而为国家发展提供充足的人才储备和发展动力。

语言教育作为一种公共产品，具有公共属性。政府是服务公民的国家机关，有责任提供充足的公共产品，创造有利的学习环境与条件，满足学生对语言教育的需求。[②] 因此，从国家层面来说，提高英语教育办学质量要着眼于以下几点：

第一，改善学校办学条件。学校教育需要基本的办学条件，包括校舍、教室等硬件设施，还应有语言学习的人文环境等软件条件。印尼学校办学条件城乡差异较大，对英语教育的实施产生了一定的影响。有限的办学条件制约着农村地区和偏僻地区学校教育质量的提高，因此政府有责任改善薄弱学校的办学条件，减少办学条件差距带来的教育不公平问题。

第二，更新课堂教学设施。应该广泛使用多媒体教室辅助英语语言教学，多模态环境下的语言学习可以实现有效师生互动和生生互动；也可以借助虚拟环境，使语言学习具有情境性、真实性、交互性，提高英语教学效果，提高学生学习英语的兴趣。政府需要加大投入力度，保障及时增加和更新教学设施。

第三，建立相对稳定的英语师资队伍。在英语教育中，最关键的要素是需要有一支能够胜任教学的高质量的教师队伍。国家要建立完善的教师培养机制，做

---

① 参见刘泽海.东南亚国家语言教育政策发展研究[M].北京：社会科学文献出版社，2018：279.

② 参见刘科.越南外语教育政策的历时演变发展研究探析[J].浙江教育科学，2019(03)：29-33.

好教师发展规划。建立教师职前专业培养、职后培训的专门化培养体系，强化教师业务能力培训，不断提高英语教学水平。建立一支稳定的教师队伍是落实教育实践的关键，特别需要加强对落后地区和少数民族地区英语教师的培养，实施定向培养教师，确保师资能够落地。同时，英语教师国外进修培养也是提高教师语言能力的有效途径，可以开办英语教师国外进修工作坊。

五、结语

语言是民族性的基本表现，语言教育政策是国家为实现语言教育目的而颁布的相关法令、法规及政策等指导性文件，对国家稳定、民族融合、经济发展和现代化进程都有着重大作用。① 印尼独立后，出于跟踪国外先进科学技术的需求以及国际交流合作的考虑，将英语设定为第一外语。对印尼政府来说，以英语为主的外语教育政策在全球化时代的今天显得弥足珍贵。英语是东盟的区域组织工作语言，也是国际社会交往中最重要的通用语。在处理重大国际事务以及跨国民间交流中，制定符合国家自身利益的英语教育政策是非常必要的，印尼政府审时度势，实施切实有效的英语教育政策，采取卓有成效的措施提高英语教学水平，对我国英语教育政策的制定和实施有一定的借鉴与启示意义。

---

① 参见江健.东南亚国家语言教育政策的发展特征及趋势[J].比较教育研究，2011(09)：73-76.

中印尼教育文化交流展望

张寿峰　王颖*

【摘要】 教育不仅是国民素质和整体实力的体现，也是文化传承和转化的一种形式。中国和印度尼西亚作为两个拥有悠久历史和灿烂文化的国家，一直以来都在教育文化领域展开合作和交流，两国之间的教育文化交流具有广泛而深远的意义。本文旨在通过分析两国教育文化交流的历史和现状，总结教育文化交流中存在的问题，如语言差异、文化差异、学科差异等，并提出相应的解决方法，包括加强语言教育、提高教育质量、推动教育信仰国际化等，以期通过教育文化交流加强中印尼两国之间的友好合作，共同促进两国教育事业的发展。

【关键词】 中国；印度尼西亚；教育文化交流

教育文化是世界各国交流的重要领域，它反映了人民思想观念的多样性和文化传承的丰富性。中国和印度尼西亚是世界上人口较多的两个国家，两国的互动至关重要。本文围绕中国和印尼的教育文化交流与对比展开宏观分析和微观探究，旨在挖掘两国教育文化的共性与差异，深入剖析两国在教育制度、语言教育、课程设置、考试制度、体育教育、艺术教育等方面的互动，为增进中印尼两国教育和文化的交流与合作提供理论依据和实践参考。随着 21 世纪的到来，全球化的发展和信息技术的进步为各国教育文化交流提供了机会和空间，国与国之间的交

---

* 张寿峰，德州学院东盟研究中心兼职研究员，德州学院外国语学院讲师，主要研究方向为翻译技术、翻译与文化。

王颖，德州学院外国语学院本科生在读。

流和合作也变得越来越紧密,人们更加容易了解和接触不同国家的文化和教育。教育文化交流在这个过程中扮演了重要的角色,在世界范围内推动了各国教育事业的发展,为国际间的友好合作提供了很好的契机。中国和印尼两个不同的国家有着各自不同的教育文化背景,但双方之间的教育文化交流却是一个重要的因素,使两国之间的联系变得更加紧密。

一、中印尼两国教育背景的异同

中国和印尼两个国家拥有不同的文化传统,存在一些明显的差异。中国是一个历史悠久、文化底蕴丰厚的国家,教育体系中的传统价值观、学科专业、课程设置等历史悠久;而印尼则是一个多民族、多文化和多宗教的国家,印尼的教育文化背景和中国有很大不同。

首先,学科专业上存在差异。中国的传统教育一直注重文化和人类科学的研究,因此在文化、历史、语言、教育学、哲学等基础学科方面积累了丰富的经验。平衡机制使得学科结构稳定,这也造就了中国尤其是华人社会的教育体系在科学竞赛方面的优势。相对于中国的传统教育体系,印尼较为注重经济与商业教育;在其教育体系内,经济学、工商管理、法律、传媒等都是比较主流的学科领域。

其次,语言的差异。虽然中印尼两国同属亚洲国家,但中文和印尼语之间存在巨大差异,会给双方交流带来一定的障碍。虽然英语已成为国际通用语言,但是中印尼两国学生的英语水平不尽相同。

二、中国和印尼教育制度对比

(一)教育制度概述

中国和印尼教育制度的发展经历了不同的阶段和路径,具有独特的历史背景、文化氛围和社会现实。中国教育制度从封建王朝的科举制度到现代化的大学教育,经历了漫长而曲折的发展道路,目前已成为世界上规模最大、教育质量最高的教育体系之一。印尼教育制度也存在着自身的特点和历史经验,由荷兰殖民统治时期开始,经过莱德会计划制度、卢迪卡提名制度和派驻制度等阶段,现已成为一个覆盖全民的教育体系,但与其他国家相比,仍有待完善。

(二)教育理念、方针与政策

教育理念、方针与政策对教育体系的发展起到了决定性的作用。中国教育理念强调“德、智、体、美、劳”,注重学生全面发展,实行九年制义务教育和以高中为主的阶段性教育模式,同时提倡素质教育和创新教育。印尼教育理念则强调“笃行、清心、助人”,主张培养学生的良好品德和社会责任感,实行义务教育和对外开放的高等教育,以促进社会公正和人类文明进步。

(三)课程设置和教学方法

课程设置和教学方法是教育体系的重要组成部分,直接影响着学生的学习效果和教师的教学质量。中国的课程设置包括语文、数学、英语、物理、化学、生物、历史、地理、政治等学科,突出基础教育的重要性,实行多元化的课程体系。印尼的课程设置也比较广泛,包括宗教、语言、科学、社会科学、体育、美术、音乐、技术、职业教育等学科,注重学生的职业技能和实践能力,实行客观性和综合性评价。[①]在教学方法上,中国和印尼都强调教育教学的互动性和启发性,注重发挥学生的主体作用和教师的引导作用,通过多媒体、网络技术等手段进行教学。

(四)考试制度和评价方式

考试制度和评价方式是教育体系中的核心内容,其公平性和科学性直接关系到学生的发展前途和国家的发展水平。印尼的考试制度较为复杂,包括小学毕业考试、中学毕业考试和高中毕业考试等,但相对于中国,印尼的考试制度更加灵活,注重多元化的评价方式。两国的学生考试成绩都是学校及家庭教育的重要依据。中国的学生在高考中通常只有一次机会,这也使家庭和社会对高中阶段教育更加重视;印尼的学生则有多次机会参加各种水平的考试,可供选择的学校也更加广泛。

---

① 参见方展画.中国与印度尼西亚民办高等教育发展比较研究[J].河北师范大学学报(教育科学版),2013,15(05):54-57.

三、中国和印尼语言教育对比

(一)汉语和印尼语语言环境及使用情况

汉语和印尼语是两国的主要语言,它们各自在语言环境、使用范围和地位上存在差异。汉语是中国的官方语言,广泛使用于政治、文化和商业等领域,而印尼语则是印尼的官方语言,逐渐成为东南亚地区的主要语言之一。

(二)汉语和印尼语教育的现状与发展趋势

汉语和印尼语教育是两国语言教育的重要内容,它们的现状和发展趋势直接关系着两国教育和文化的交流和发展。中国的汉语教育在近年来取得了较大的发展,除了在境内推广汉语外,还积极开展海外汉语教育。印尼的印尼语教育也日益受到重视,政府和民间机构纷纷投入资金和资源,促进印尼语在国内和国际上传播和发展。

(三)汉语和印尼语语言教学的内容与方法

汉语和印尼语语言教学的内容和方法也有所不同,汉语教学注重强化语法和词汇的掌握,同时重视口语和听力的训练;印尼语教学则更加注重实际运用,例如在日常对话、商务交流、文化交流等领域的应用。

四、中国和印尼的教育交流

中国与印尼自古以来就有着文化交流的传统。如今,在全球化背景下,随着两国经济和政治关系的不断加强,两国的教育交流也愈发频繁。

(一)学生交流

自 20 世纪 80 年代以来,中国和印尼已经开展学生交流项目,这对促进两国青少年的文化交流起到了积极作用。随着时间的推移,两国在这方面的合作更加深入,涉及的范围也更加广泛。

近年来,中国和印尼在学生交流方面的合作得到了进一步加强。随着中国"一带一路"倡议的推进,越来越多的印尼留学生来到中国留学,同时也有越来越多的中国学生选择前往印尼留学。这种交流不仅增加了两国之间的联系,还促进了双方的文化认知和语言交流。

(二)教师交流

除了学生交流,教师交流也是中国和印尼教育领域的重要组成部分。两国的教育机构、学校(如大学)之间建立了广泛的教师交流机制,这有助于共享教育资源和经验。例如,2019 年,中国教育交流协会(CEEA)同印尼教育与文化部签署了合作协议,旨在促进两国教育交流和分享教学经验。此外,两国的大学也经常举办教师培训班,以加强两国教育工作者之间的联系和合作。

五、中国和印尼的文化交流

中国和印尼的文化交流可以追溯到古代。通过贸易和人员往来,两个亚洲的古老国家彼此交往已有数千年历史。古代,中国和印尼的交往很频繁,双方之间有着密切的文化交流,这也促进了两国的经济发展。宋代,中国海上交通不断增强,加之东南亚国家的航海技术和水手经验比较丰富,中国和印尼的海上交流也越来越密切。现代,中国和印尼的文化交流也十分频繁,中国和印尼地理位置邻近、民族文化相似以及经济发展周期都成为两国长期友好交往的基础。随着经济全球化的发展,中国与印尼之间的人员交往和文化交流更加密切,中国和印尼的高校之间建立了广泛而紧密的联系,两国在科技、文化等领域的合作也逐渐加强。①

(一)文艺交流

当代,中国和印尼的文艺交流非常活跃。两国的电影、音乐、戏剧和舞蹈等相互影响,而这些影响也进一步推动了两国之间的文化联系与教育发展。例如,中国的京剧在印尼备受欢迎并吸引许多爱好者专门到孔子学院学习,印尼的舞蹈和音乐也在中国收获了一定数量的爱好者,这种跨文化的交流有助于促进两国在文化与教育方面的认知和理解。

---

① See Maulana, Adi. The Education Relationship Development Between China and Indonesia as ASEAN Member [J]. EduLite: Journal of English Education, Literature, and Culture, 2018(12): 13-24.

(二)文化遗产保护

中印尼两国都拥有丰富的文化遗产,保护这些文化遗产是两国文化交流的关键环节之一。近年来,两国在文化遗产保护方面的交流和合作得到了进一步加强。在中国,印尼古代文化的影响已经在中国的传统文化和建筑中得到体现,例如印尼传统舞蹈与中国民族舞的结合;在印尼,中国的龙舟节等传统文化活动也得到广泛的传承。

六、文化交流对教育文化的影响

文化交流对教育文化产生了积极的影响,进一步促进了两国之间的合作。文化交流的直接作用,便是增进人与人之间的互相了解,有助于拓展各自的视野,提出问题,并通过逐步解决问题来达到合作的目的。文化交流通过交流不同的思想、技能和工具来丰富学生的学科学习,特别是在教育本质、教育信仰、教育体系等方面的探索上,文化交流能带来很大的推动。除此之外,文化交流还有助于促进双方之间的合作关系。随着全球化的发展,许多中国和印尼的学生及学者前往对方国家学习,进一步加深了两国之间的交流合作。双方教育机构之间通过合作服务文化交流,进一步密切了双方之间的合作。

七、中印尼教育文化交流的重要性

中国和印尼是两个具有重要战略地位和广阔市场潜力的国家,加强两国之间的教育交流对于两国的发展和合作具有重要意义,主要体现在以下几个方面。

(一)推动双边经贸发展

通过教育交流,可以加深两国之间的相互了解,同时也能扩大彼此之间的合作领域,促进双边经贸发展,从而进一步提升两国的经济实力。

(二)促进文化交流

中印尼两国文化历史悠久,艺术独特,开展教育交流可以促进两国文化交流,加深文化认知和理解,有利于增进两国人民的友谊。

(三)增加学术合作

中国和印尼在教育领域拥有丰富的资源,通过教育交流,可以加强两国在学术研究方面的合作,促进科技创新和人才培养,提高两国在世界科技领域的影响力。

(四)扩大人文交流

中印尼两国都是多民族、多文化的国家,开展教育交流有助于加强两国之间的人文交流,推动不同民族、不同文化之间的交流和了解,有助于增强两国人民友谊。

八、教育文化交流中存在的问题及其解决方法

由于中印尼两国教育背景的差异、语言的差异等,导致两国之间在教育文化交流中存在一些问题。

首先是语言问题。为了解决语言问题,各国应该提出一些具体的解决方案,例如通过中印尼两国的师范学校、中小学的语言课程来提高母语和英语的水平。同时,也可以通过教育技术等的应用,减少语言交流的障碍。

其次是文化问题。考虑到两国之间的文化差异较大,地域、习惯、信仰等因素增加了教育文化交流的难度,需要采取针对两国共同关心领域开展文化交流的方式,包括比较研究、语言交流、互动交流等,以此来增进双方的了解和合作。重点是加强教育交流、文化旅游、文物保护与交流等。①

最后是教育质量问题。一方面致力于提高教育的质量水平,另一方面应该注重推动教育信仰国际化,并且实现文化和社会的和谐发展,尊重文化差异。

九、未来展望

未来,随着两国之间交流的不断深入和经济、政治关系的密切发展,两国的教育和文化交流将进一步增强,可以通过以下方面拓展两国的教育交流与互鉴。

---

① 参见黄昆章.重视海外华侨华人历史文献的搜集与整理:以中国名人关注印度尼西亚华侨教育为例[J].八桂侨刊,2006,30(06):32-35.

（一）建立教育合作协议

中国和印尼可以签署教育交流协议，以促进两国之间的教育合作。该协议应包括交换学生和教师的计划、共同研究项目和文化交流等。

（二）举行教育论坛

举行教育论坛是一个有效的方法，可以让中国和印尼的教育从业者和政策制定者相互交流和分享最佳实践。在论坛上，可以对两国教育制度、教学方法和教师培训进行深入的讨论。①

（三）增加学术交流机会

共同建立研究中心或学术机构可以加强两国之间的学术交流。这种合作可以促进知识共享、共同研究和合作出版。

（四）提供奖励和奖学金

政府可以提供奖励和奖学金，以鼓励更多的学生和教师参与交流项目。这些奖励应包括奖学金、旅行津贴和住宿费等。

（五）建立教育交流平台

创建虚拟平台，例如在线课程和视频会议，可以实现两国之间更加便捷的交流。这种平台应该是开放的，并允许学生和教师参与在线课程和讨论。

总之，中印尼两国在教育和文化方面的交流有着巨大的潜力，我们有理由相信，在双方的共同努力下，两国的友谊和合作将得到更加广泛、深入的发展。

教育文化交流对中印尼两国之间的合作和认识产生了积极影响，也为双方提供了更多合作的机会和空间。借助教育文化交流，中印尼两国的合作将变得更加紧密，未来通过双方努力，共同打造更为完善的教育体系，为两国的教育事业发展增添新的色彩。在以后的国际交流中，两国也能够深入了解对方学校教育文化，促进教育文化建设，在全球化浪潮中促成两国更多方面的跨界合作。

---

① 参见颜天惠.印尼华文教育的新发展[J].东南亚研究，2001(08)：72-76.

中国与印度尼西亚职业教育交流合作研究

宋伟　田硕*

【摘要】 在全球工业4.0发展的大背景之下，印度尼西亚政府大力发展职业教育，在人力资源发展的领域中充分发挥重要作用，并加强立法与政府方面的保障。近年来，印度尼西亚政府高度重视行业的人才需求发展，并通过校企合作模式来改革职业学校管理体制，在注重学生实际能力训练的同时完善职业培训体系和职业资格认定体系。本文通过对印度尼西亚职业教育的目标现状和需求进行分析，旨在深化中印尼两国在职业教育领域的交流合作，提高人才培养质量，助力中国与印度尼西亚职业教育共同发展。

【关键词】 印度尼西亚；职业教育；交流合作

【基金项目】 2021年度山东省教育教学研究青年课题项目“高职院校国际学生‘中文＋职业技能’人才培养模式创新与实践”（2021JXQ028）。

党的二十大报告擘画了全面建设社会主义现代化强国、全面推进中华民族伟大复兴的宏伟蓝图，明确了到2035年建成教育强国的奋斗目标。加快职业教育高质量发展是建设教育强国的重要内容，中共中央办公厅、国务院办公厅印发的《关于深化现代职业教育体系建设改革的意见》就提高职业教育的质量、适应性和吸引力做出全面部署，明确要创新职业教育国际交流与合作机制，提升中国职业教育的国际影响力。[①] 在中国与印度尼西亚两国产能合作不断深化与职业教育开

---

* 宋伟，德州学院东盟研究中心讲师，主要从事区域国别学研究、职业教育研究。

田硕，山东理工职业学院副教授，研究方向为国际中文教育、职业教育。

① 中共中央办公厅 国务院办公厅印发《关于深化现代职业教育体系建设改革的意见》[EB].中华人民共和国教育部公报，2023-02-15.

放办学双重背景下，聚焦印尼本土化技术技能人才培养发展模式，发挥中国的文化资源与产业优势，共同探索国际化产教融合、校企合作新路径，创新国际交流与合作机制，不断推动双方在“一带一路”与《区域全面经济伙伴关系协定》“双轮”驱动下的更高水平对外开放和职业教育合作交流，有助于提升中国职业教育的国际影响力，推动两国教育、文化交流，增进双方相互理解、相互合作，助力打造中印尼命运共同体。

一、印尼的职业教育概况

印尼是全球第四大人口国，人口超过2.7亿人，同时也是整个东南亚地区最大的经济体，居民人均消费收入不断增加。印尼人口众多且居民消费能力增强，但国内的受教育程度仍处于较低水平，教育在印尼市场上的投资发展潜力仍然巨大。印尼的职业技术教育虽然起步晚，但是发展较快，在亚太地区具有一定的代表性。近年来印尼政府高度重视职业教育领域的改革与发展，并实施了提高职业教师素质计划工程，以发展更高层次多渠道的职业教育体系。

（一）印尼职业教育政策

印尼的职业教育培训政策主要由劳动部实施，主要目标为提高劳动力质量并创造就业机会，培训的主要对象为青年、失业者、在职者及职业教师。其中，以青年培养为重要切入点，通过指导青年合理地选择职业，为青年提升专业技能、构建职业发展渠道，缓解印尼长期以来的高失业率问题提供帮助。

印尼通过企业参与职业教育、面向产业的需求和要求、提高师资质量等方式提高职业教育质量。印尼政府颁布了《国家教育制度》《国家教育标准》《国家高中职业/伊斯兰学校职业教育标准》《劳动法》等法令，从立法层面和政策层面为国家现代职业教育系统的发展打下了法律和政策基础。① 此外，印尼政府颁布了鼓励校企合作的政策，促进学生职业能力的提升，实现从学校到职业领域的顺利过渡。

（二）印尼职业教育体系

印尼职业教育由中央政府和各级行政区域政府共同负责，主要由教育与文化部、研究技术部、劳工部、国家教育标准机构四个部门和工业部、农业部等其他八

① 参见刘亚西.印度尼西亚职业教育系统的治理结构与实践样态[J].职业技术教育，2020(27)：36-37.

个部门协同参与，共同提升职业教育质量与竞争力。[①] 印尼高度重视建设职业教育的质量保障体系，首先构建了以职业岗位能力需求为导向的职业教育人才培养核心指导框架——国家资格框架，其次制定了毕业生能力资格标准、课程内容标准、教学评估标准、教师从业者标准、基础设施建设标准、教育管理标准等与之相对应的职业教育标准，确保职业教育人才培养的质量。

二、印尼的职业教育现状

从办学类型分析，印尼职业教育有正规教育、非正规教育和非正式教育三种类型，并呈现如下几个方面的特点。

（一）种类多样的职业教育实施机构

印尼的职业教育大致分为两个类别：一是由教育和文化部管理区域内的职业高中，主要分为伊斯兰职业高中和职业高中，在毕业生通过规定科目并经过全国统一考核后能够取得国家普通中等教育资格证书，毕业后他们多数还可以直接进入劳动力市场谋职或自主创业；二是由教育技术部管理的职业文凭教育项目，根据学习年限，此类教育项目分为 1—4 年制的四种模式，学生在结业经过考核后能够取得相应的证书，其中四年制毕业生还能够取得应用本科学位证书。

印尼政府特别建立了与正规教育同等学力水平的非正规教育体系，对由于经济贫困、环境问题等多种因素而无法接受正规高等教育的学习者进行补充教育。非正规教育体系中的教育项目主要包括职业技能训练项目和专业技术知识培训包。前者主要指面向求职者和在职人员而开展的专业性技巧培训，如学徒培训、订单培养等；后者则指相当于职业高中的培训包项目，在通过培训包平等考试后，才能以职业高中学历水平学生身份进入更高层次的教育机构进一步进修。而非正式教育项目主要是指利用家庭教育或其他方式自学完成的教育项目，方式比较灵活多样。印尼政府特意建立了针对此类毕业生的评价体系，一般而言，只要是经过官方评定，即可认为具备同等学力水平。[②]

---

① 参见刘进，林松月．“一带一路”沿线国家的高等教育现状与发展趋势研究（二十）——以印度尼西亚为例[J]．世界教育信息，2019(5)：53-56．

② 参见任君庆，王琪．“一带一路”职业教育研究蓝皮书[M]．厦门：厦门大学出版社，2020：80-83．

(二)发展基础薄弱但政策环境好

总的来说,印尼职业学校的基础设施较为薄弱。从办学条件来看,2018 年国家高等学校认定机构对职业高中的认定结果表明,在国家职业教育标准的八个指标中,仍有 41.3%的职业高中没有达到最低标准,而教学设施设备和师资水平的指标得分最低。前者主要是由于目前许多职业高中在教室、实训室等基本教学设施和教育媒体、实习设施等方面未能达到最低标准;而后者主要是由于教师规模还不够,目前职业高中的师生比是 1∶17,相比于政府 1∶15 的规定还有一定的差距。①

(三)升学渠道畅通但发展不均衡

印尼职业教育系统中,正规职业教育、非正规职业教育和非正式职业教育三轨并联;同时通过平等教育考试、先前学历认证的方式为没有能力进行正式培训的学习者创造了进入正规教育体系学习的条件,将三种形式的教育进行了有效链接。另外,职业高中学生在经过三年制的职业文凭教育学业之后,很快就有可能经过考试合格升入学士学位教育进一步进修,开辟了职业教育学生新的上升途径。不过,目前印尼职业教育发展不平衡,主要表现在职业教育学历水平不够高和地区间发展差距很大这两方面。

(四)注重企业需求但校企合作层次不深

印尼在《国家教育制度法》中对职教的界定,是为毕业生进行职业技能教育与培训,是面向就业的教育。国家教育标准组织在制定准则时会区分普通教育,更注重以企业需要为方向,从而建立职业学校和企业之间的密切联系,使学生可以更好地满足劳动力市场的需要。从实施方面来看,印尼职业高中的理论知识和实际教学之间存在比例不合理、校企合作形式相对简单等问题。同时社会对校企合作的认识相对局限,企业参与职业学院培养方案设计、课程标准制定等方面存在欠缺,尤其是近年来随着经济社会转型带来的部分新型职业需求,当地没有与高校有效互动。②

---

① 参见喻馨锐.印度尼西亚职业教育体系研究[J].牡丹江教育学院学报,2022(07):9-10.

② 参见彭云峰.印度尼西亚教育一瞥[J].基础教育研究,2008(11):53-54.

三、印尼职业教育的问题与发展趋势

印尼政府发布了题为《2020年我们所需的技能》的报告，为职业技术教育与培训的发展指明了方向。该报告指出，目前印尼职业教育仍然存在一些比较典型的问题，主要包括以下四个方面。

（一）地区差异大

以职业高中为例，首先，目前还没有全国统一的课程标准，不同地区的职业高中课程设置和课程质量差异很大。其次，全国职业高中整体入学率比较低，在工业化或城市化水平较高的地区，选择职业教育的学生数量少，偏远地区的学生想要进入职业院校的比例较大，但缺乏职业教育机构，入学率也很低。

为提升落后地区的职业教育入学率，经济合作与发展组织指出，可以应用信息和通信技术进行远程教育，也可通过结合本地的优势产业与优势资源建立专门职业院校，解决劳动力需求与教育需求问题。

（二）学生技能与行业需求不匹配

目前印尼企业对职业教育毕业生技能水平的满意度不高，尤其是高等职业教育阶段的课程设置要与行业需求相匹配，未来职业教育需要更关注在职人员的培训和学生技能的提高。印尼的高等职业教育机构还应注重培养职业素养、职业发展能力。

（三）办学成本高

职业教育课程比大多数学术课程需要更多的投入，职业教育课程需要接受过专门培训的教师、完善的实验室设备。但是目前印尼面临教师资质普遍不足、专业知识水平需要进一步提升的问题。印尼应提高职业教育教师的待遇，加强教师质量监控和绩效激励，鼓励更多人加入职业教育教师队伍，同时确保职业教育教师培训院校的质量。

（四）利益相关方合作不充分

加强与企业和社区的合作，充分利用公共资源，可以有效提高职业教育的效率和质量。印尼需要鼓励更多的行业和企业共同投资、设计、实施职业技能教育与培训项目，确保普通教育和职业教育机构的毕业生具有符合行业需求的技能，并将学校课程与行业资格标准挂钩。政府部门也要向企业提供激励政策和措施，鼓励企业加大对工人培训的投入，提高员工技能，促进员工终身学习。

四、中印尼职业教育的合作与发展

印尼是东南亚最大的经济体，是“21 世纪海上丝绸之路”的首倡之地。近年来，中国与印尼全方位协议不断实施，在政治、经济、教育、文化、旅游、能源、电力等应用领域的交流进展迅速。尤其自 2022 年《中华人民共和国和印度尼西亚共和国联合声明》发布以来，双方在各领域的合作进一步深化。在职业教育领域，在两国地方院校与企业的共同参与下，两国之间职业教育与人才的合作与交流日益密切。① 2014 年，中国—东盟中心在印尼登巴萨市举办“中国—印尼职业教育合作洽谈会”，两国的职业院校代表与机构讨论了在学生交换、师资交流及项目合作等领域开展更广泛交流的可能性，共签署了 13 份合作协议。② 在 2022 中国—东盟教育交流周全球数字化转型背景下职业教育共建共享研讨会上，印尼雅加达华文教育协调机构主席蔡昌杰以黎明(印尼)海丝学院为范例，详尽阐述了中国职业院校与印尼之间的教育教学合作模式，为中国和东盟国家之间的教育文化交流与合作提供了借鉴。

中国其他省份可以借鉴广西壮族自治区《推动产教集聚融合打造面向东盟的职业教育开放合作创新高地实施方案》的经验，充分挖掘和发挥本省的优势，加强与印尼职业教育交流，积极推动职业教育开放合作。一是建设中印尼职业教育创新高地，围绕中国—东盟自由贸易区 3.0 升级版建设需要，服务中国企业“走出去”需求，中印尼联合培养国际化高水平技术人才。二是支持高校服务中国企业“走出去”，联合印尼高校、行业企业，共建“鲁班工坊”，搭建中外职业教育合作的新舞台，开展学历教育和职业培训合作办学，为世界发展贡献东方智慧。三是建设中印尼职业教育产学研基地，搭建职业院校交流合作平台，建立信息与资源共享机制，与印尼学校、政府或行业组织联合开展科学研究、技术研发合作、资源开发与利用，共享职业教育发展成果，深化文明交流互鉴。四是升级中印尼职业教育联

---

① 新华社.中华人民共和国和印度尼西亚共和国联合声明[EB/OL].(2022-07-06)[2022-11-17]. https://www.gov.cn.

② 参见白滨，吕欣姗.东盟国家职业教育研究[M].北京：北京师范大学出版社，2020：172-195.

展暨论坛等平台，打造中印尼职业教育交流合作特色品牌。五是依托中印尼信息港数字资源和技术优势，实施产教融合综合信息归集共享工程，建立产教融合信息管理服务云平台。六是充分利用人工智能、大数据等新技术，建设职业教育云平台，优化合作机制，探索高校间课程互选、学分互认、职业资格互认等机制，提升合作质量。七是在印尼推广“中文＋职业技能”等特色项目，为中国企业“走出去”培养应用型国际化人才，进一步增强中国职业教育领域的国际影响力和引领力。

五、结语

中国与印尼职业教育的国际交流合作，首先应着眼于中国与印尼地区经济社会发展一体化未来，扎实提高中国与印尼的职业教育公共服务能力。双方联合探索建立职业培训课程标准与服务行业合作的企业标准，逐步实现课程认可、学分互认、文凭互认等，增强双方职业教育服务经济社会发展的综合实力。其次，应着眼于中国和印尼民众美好生活愿望，扎实推动中国和印尼职业教育资格互认，积极引导与帮助双方职业院校在教研合作、学生互换、师资培训、人才培养等方面进行深入的国际交流与合作，逐步增强双方职业教育服务于经济与社会开放的联合实力。要牢牢抓住国际职业教育交流这个促进和加强中国与印尼间开放合作的最主要渠道，进一步做好双方协商交流，努力建立更多更加务实的对外开放合作平台，进一步提高职业教育对外开放与交流质量。最后，应注重着力建设现代职业教育体系，扎实推动职业教育改革发展。不断完善产教融合、创新校企合作，促进建立由政府部门统筹领导、行业企业积极组织、社会各界深度投入的多样化办学格局，加速构建现代职业教育体系，提高区域职业教育总体发展水平。

经贸人文合作篇

山东与印度尼西亚经贸人文合作现状与展望

马应心 袁颖*

【摘要】 本文分析了中国与印度尼西亚的经贸、人文交流等方面的发展，调研了山东济南、青岛、烟台、滨州、威海等城市与印度尼西亚的交流合作，对发展成就和面临的挑战进行分析，提出了把握《区域全面经济伙伴关系协定》(RCEP)生效的契机，升级山东与印尼的经贸伙伴关系，激活双边经贸领域合作新潜力，发挥各自产业特长，在新能源行业形成优势互补，以及发展电子商务、数字经济等新兴经济领域合作等七项建议。

【关键词】 印度尼西亚；政治发展；对外关系；国内经济；对外经济

【基金项目】 山东省社会科学规划打造山东对外开放新高地研究专项“RCEP背景下山东与东盟企业合作发展对策研究”(21CKFJ01)。

中国与印度尼西亚自1990年恢复外交关系以来，双边关系得到全面恢复和发展。两国政治互信进一步加深，高层互访、接触频繁，各种对话和合作机制日益完善，经贸关系不断发展。

2021年6月，中国和印尼高级别对话合作机制首次会议成功举行，两国合作从“三驾马车”齐头并进升级为政治、经济、人文和海上合作“四轮驱动”，中印尼两

---

* 马应心，德州学院东盟研究中心执行主任，德州学院外国语学院教授，主要研究方向为区域与国别研究(东盟方向)、语言教学、跨文化交际研究。

袁颖，德州学院东盟研究中心办公室主任，德州学院外国语学院讲师，主要研究方向为区域国别学研究(东盟方向)、系统功能语言学、外语教学研究。

国关系谱写了新篇章。

2022年7月，印尼总统佐科访华期间与中国国家主席习近平明确提出共建中印尼命运共同体；2022年11月，两国元首就共建中印尼命运共同体达成重要共识，致力于打造高水平合作新格局。

山东省是中国经济大省，在中国对外贸易中占有重要地位。山东外向型经济发达，与印尼互为多领域合作伙伴，更是教育文化大省，合作潜力巨大，其中文化交流、文化认同在促进民心相通、互相理解和相互尊重方面发挥着至关重要的作用。习近平主席对中国—东盟未来关系提出了共建和平、安宁、繁荣、美丽、友好“五大家园”精神。“五大家园”精神也是山东同印度尼西亚合作交流的战略导向，本文立足山东，从社会人文视角分析如何借助中国—东盟合作框架与机制、中国—东盟命运共同体建设十周年的时机，提升山东与印尼在社会文化领域的合作与发展，增强认同，打造家园合作关系。

一、中印尼关系与合作现状

2013年，中国国家领导人习近平在对印尼进行国事访问期间提出共建“21世纪海上丝绸之路”倡议，两国领导人一致同意将双边关系提升为全面战略伙伴关系，将两国关系提升到新高度。2022年11月，中印尼在相互信任和尊重的基础上发布《中印尼加强全面战略伙伴关系行动计划(2022—2026)》。新形势下，两国政治关系不断提升，双方在政治、经济、人文等各领域合作全面展开。

(一)中印尼经济关系与合作

中国是印尼重要的经贸合作伙伴，是印尼主要投资来源国，印尼是中国重要的大宗商品供应国。受益于中国—东盟关系的深入发展，近年来两国投资贸易合作有了更快的发展。2018年10月，两国签署共建“一带一路”和“全球海洋支点”谅解备忘录。2016年1月，两国合作建设的雅加达至万隆高速铁路项目举行动工仪式。2023年5月22日，雅万高速铁路开始联调联试。2019年3月，中印尼举行“区域综合经济走廊”合作联委会首次会议；2019年4月，在第二届“一带一路”国际合作高峰论坛期间签署走廊合作规划文件。中国“一带一路”倡议与印尼“区域综合经济走廊”深度对接，两国贸易额显著增长。

1.中国在印尼投资情况

中国稳居印尼重要外资来源地地位，印尼是中国在东盟的第二大投资目的地。据中国对外直接投资公报显示，多年来中国对印尼直接投资流量总体呈增长趋势，2010 年到 2020 年，中国对印尼直接投资流量从 2.01 亿美元增至 21.98 亿美元，年均增长 27.0%。印尼在中国 2020 年直接投资流量中排名第七，占 1.4%；在中国 2021 年对外直接投资流量中排名第六，占 2.5%。2022 年中国对印尼投资总额达 81.9 亿美元，投资领域主要包括矿冶、农业、电力、地产、家电与电子和数字经济等。中国在印尼的大型投资项目不断涌现，据中国商务部信息统计，截至 2022 年 4 月，共有 639 家备案中国企业在印尼开展经营活动。为吸引外资，印尼持续优化营商环境，相继成立“投资管理机构”和“加快投资工作小组”，开通升级版“企业投资经营在线申请系统”，与中国建立帮助外国投资者加快投资步伐的团队，启动印尼—中国本币结算机制。另外，《区域全面经济伙伴关系协定》明确了投资保护、促进和便利化等措施，提升了投资政策透明度，将进一步改善中资企业在印尼发展的营商环境。① 2023 年 1 月 2 日，《区域全面经济伙伴关系协定》对印度尼西亚正式生效。作为该协议的配套措施，印尼政府还颁布了一项关于货物原产地及为本地出口的货物签发原产地文件规定的新条例，旨在帮助企业更好地从 RCEP 中获利。②

2.中印尼贸易合作情况

中国连续 9 年成为印尼最大贸易伙伴。据中国海关总署统计，2017 年至 2021 年，中国与印尼的货物贸易总体呈现上升趋势，5 年间贸易总额增长约 96.53%，其中中国对印尼出口增长 112.50%，中国自印尼进口增长 83.41%。2022 年，印尼上升为中国在“一带一路”沿线的第四大贸易伙伴。中印尼双边贸易额达 1491 亿美元，同比增长 19.8%，增幅居东盟国家之首。其中中国进口 777.7 亿美元，同比增加 140 亿美元，增长 21.7%；出口 713.2 亿美元，同比增加 106 亿美元，增长17.8%。从双边贸易结构看，2022 年中国对印尼出口的产品主要是机电产品、贱金属及其制品、化学工业产品、纺织原料及纺织制品等。其中机电产品与钢铁等金属制品的出口占中国对印尼出口总额的一半，达到 51.5%。进口产品品类方面，中国从印尼进口最大的产品品类是矿产品，2022 年进口总额高达 269.6 亿美元，占中国从印尼进口总额的 34.7%；其次是贱金属及其制品，全年进口总额达257.55亿美

① 中国自由贸易区服务网.RCEP 辉耀，中印尼同添新动能[EB/OL].(2023-01-05)[2023-03-08]. http://fta.mofcom.gov.cn/article/rcep/rcepgfgd/202301/51756_1.html.

② 环球网.《区域全面经济伙伴关系协定》对印尼正式生效[EB/OL].(2023-01-02)[2023-04-25]. https://world.huanqiu.com/article/4B7XiAIXmBx.

元，占比达33.1%；第三是动植物油，全年进口额为72.86亿美元。[①] 2023年4月17日，海关总署数据显示，中国与东盟货物贸易2023年第一季度持续增长，东盟继续保持中国第一大贸易伙伴地位。东盟成员中，与中国贸易合作的前三大贸易伙伴依次为越南、马来西亚和印度尼西亚。[②]

3.中国在印尼援助情况

中国对印尼的援助力度不断加大，美国国防大学亨利·耶普的调查显示，2002年中国对印尼的援助已达美国的两倍。2000—2014年，印尼收到中国援助170亿美元，占中国对外援助总额的2.4%，相当于2015年中国企业在印尼承包工程总营业额的一半左右。[③] 根据《中国对外援助》白皮书的分类，中国对外援助主要有8种方式：成套项目、一般物资、技术合作、人力资源开发合作、援外医疗队、紧急人道主义援助、援外志愿者和债务减免。成套项目援助是中国对亚洲最主要的援助方式，印尼是中国对外承包工程的重要市场，中国与印尼两国企业使用中国政府和金融机构提供的贷款，在印尼实施了包括巨港电站、芝拉扎电站、风港电站、泗马大桥和加蒂格迪大坝在内的许多大型基础设施建设项目。由中国交通建设股份有限公司设计、施工总承包的印尼泗水—马都拉大桥经过三年多建设，已于2009年通车。该项目在中国与印尼经济技术合作协议下，利用中国政府优惠贷款兴建，是中国与印尼经济技术合作的典范。中国与印尼在"一带一路"框架内的旗舰项目——雅万高铁项目已取得重要进展，为促进印尼疫后发展、增进双方互利合作提供更大加速度。紧急人道主义援助方面，印尼地处环太平洋地震带，地震、海啸等自然灾害频发，中国持续多年向印尼提供人道主义物资和现金援助。在2004年的印尼地震、海啸灾害中，中国政府向印尼、泰国等国家提供2000多万元人民币的援助，又向东南亚国家提供6000多万美元的援助。另外，新冠疫情期间，中国向印尼提供抗疫援助，率先同印尼开展疫苗和新冠特效药研发合作，迄今已向印尼提供疫苗2.9亿剂，是对印尼提供疫苗最多的国家。[④]

从援助领域来看，中国对印尼的援助集中于经济基础设施领域，尤其是能源

---

① 搜狐网.2022年中国"一带一路"贸易分析[EB/OL].(2023-02-03)[2023-03-08]. https://www.sohu.com/a/636916773_99947734.

② 商务部.2023年第一季度中国—东盟贸易简况[EB/OL].(2023-04-17)[2023-04-25]. http://asean.mofcom.gov.cn/article/jmxw/202304/20230403404216.shtml.

③ See East Asia Forum. "Why does Indonesia seem to prefer foreign aid from China?" [EB/OL].(2017-12-02)[2023-03-08]. https://www.eastasiaforum.org/2017/12/02/why-does-indonesia-seem-to-prefer-foreign-aid-from-china/.

④ 参见李荣林主编.中国南南合作发展报告[M].北京：五洲传播出版社，2015：15-28.

生产、运输和储存领域，中国企业广泛参与印尼铁路、公路、水电站、大桥等基础设施建设，这与中国对外援助总体分布情况大体相同。根据2014年《中国对外援助白皮书》报告，中国对外援助资金44.8%集中于经济基础设施，27.6%集中于社会公共基础设施。①《2020年度中国对外承包工程统计公报》显示，2010—2020年，中国在印尼承包工程新签合同额年均增长3.2%，从86.83亿美元增至119.23亿美元；完成营业额年均增长7.3%，从35.18亿美元增至71.21亿美元。② 中国通过对外援助行动，在国际援助事业中发挥着越来越重要的作用，展现大国形象与担当，同时充分发挥技术和人力优势，帮助印尼建设交通、通信、电力等基础设施项目，为印尼经济和社会发展创造更好的条件。

(二)中印尼人文交流与合作

中国和印尼的人文交流历史悠久，汉、唐、宋时期，中国和印尼的海上丝绸之路贸易繁荣，贸易活动带动了两国的人文交流，并且逐渐深入，形成了持久的文化联系。两国之间的人文交流有不同的形式，包括文化、语言、宗教、艺术和烹饪，目前最具成效的人文交流首推教育合作和旅游合作。

第一，教育合作是中国与印尼交流机制的重要基础性领域。2010年《中华人民共和国教育部与印度尼西亚共和国国民教育部关于教育领域合作的谅解备忘录》的签署，使中国和印尼两国的教育合作稳步推进。促进印尼和中国之间互派留学生和专家是双方合作重点，《中国印尼高等教育学历互认协议》有效地促进了高等教育领域的互联互通。近年来留学生成为"一带一路"教育国际交流的重要主体，印尼是共建"一带一路"的首倡之地，2019年来华的印尼留学生达1.5万人，中国政府表示未来五年将向印尼提供3000个政府奖学金名额。

高校搭台助力双方交流，两国间职业教育合作不断深化。天津高等职业院校在印尼等东盟国家设立"鲁班工坊"，为东盟国家培养职业技术教育教师及专业技术人员。南京科技职业学院承办印尼工业部工业教育与培训中心的教师培训项目，深圳信息职业技术学院为印尼汉语本科生开设在线通识课程。2010年印尼文教部与中国孔子学院总部合作，在雅加达建立阿拉扎大学孔子学院，中方合作院校是福建师范大学。目前印尼有8所孔子学院，面向印尼政府部门、学校以及大

---

① See Sunghwan K. "China's Allocation of Foreign Aid to Southeast Asia: An Empirical, Comparative Analysis of Aid Donors"[EB/OL].(2021-09-20)[2023-03-08]. Johns Hopkins University.

② 人民网.2014年中国外援力度空前践行正确义利观[EB/OL].(2014-12-19)[2023-03-08]. http://politics.people.com.cn/n/2014/1229/c70731-26295331.

众开办多层次汉语学习班及中国文化兴趣班，在印尼汉语教学和中印尼两国文化交流方面扮演着重要角色。巴厘岛乌达雅纳大学孔子学院以旅游为依托，在推动海关、机场、酒店培训领域的中文教育方面取得良好效果；位于望加锡的哈山努丁大学孔子学院，在地方社区和校园推广中国文化方面成效显著；玛琅国立大学孔子学院发挥当地高校聚集特点，在与学校、商家紧密合作方面得到社会高度认可；位于万隆的玛拉拿达基督教大学孔子学院，其以万隆论坛为特色的文化交流产生了很好的品牌效应；位于坤甸的丹戎布拉大学孔子学院，在与侨界紧密合作中，中文教育和中国文化推广成效卓著；泗水大学孔子学院与合作院校紧密合作，在印尼本土中文教育资源开发、培训、提升中文教师教学水平上成果斐然；三一一大学孔子学院在夯实中文教育的基础上，将中印尼地方特色文化交流作为增进了解、提高中文学习兴趣的手段，受到印尼主流社会关注。①

第二，中国是印度尼西亚最大的国际游客来源地。1990 年印尼来华游客同比增长 105%，达到 5.52 万人次。中国游客是印尼旅游业市场发展的主要目标，2012 年 3 月中印尼发表的联合声明指出：在旅游领域，双方认为两国在旅游领域合作潜力巨大，鼓励两国相关机构加强合作，增加互访游客人数，扩大对旅游业的投资，为两国游客提供便利。宣传推介方面，2007 年印尼政府开通中文版旅游咨询网站，在广州设立旅游咨询中心；与中国银行合作推出面向游客的优惠政策；在中国大中城市举办旅游推介会和旅游展等线下宣传活动；印尼旅游部加大与中国知名在线旅行社的合作，通过互联网推介印尼的旅游产品。交通方面，大部分中国游客通过空路入境印尼，印尼旅游部与印尼国内外航空公司合作，增加印尼与中国之间的直飞航班数量；提高同东南亚邻国的互联互通水平，以吸引前往这些国家的中国游客前往印尼旅游。近期，印尼计划开通更多中国直飞巴厘岛的航班。疫情前，中国游客占巴厘岛接待外国游客总人数的 20% 左右。旅游签证方面，印尼政府多次推出便民措施，2005 年 8 月，印尼政府允许中国（大陆）公民在印尼机场、港口的开放口岸办理落地签证。2016 年 4 月起，自雅加达、巴厘岛、棉兰、泗水等 29 个国际机场，或自其他 88 个海港和 7 个边境检查站入境印尼的中国大陆居民，可享受免签证政策，适用于短期访问印尼进行旅游、探亲等活动。② 基础

① 新浪网.印尼孔子学院外方院长研讨孔院创新发展[EB/OL].(2021-11-18)[2023-03-08]. https://k.sina.com.cn/article_1784473157_6a5ce64502002cssb.html. 2023-03-08.

② 参见中国领事服务网."签证入境"[EB/OL].(2022-05-06)[2023-03-08]. http://cs.mfa.gov.cn/zggmcg/ljmdd/yz_645708/ydnxy_648376/rjjl_648386/.吴崇伯.印度尼西亚旅游业发展及其与中国在旅游业的合作[J].广西财经学院学报,2012,25(4):7-11.

设施方面，印尼旅游部和国内多所大学合作培养中文导游，在机场、码头、酒店、景区设置更多中文标识，致力于为中国游客提供更好的体验。两国多年合作成效显著，从 2016 年起到疫情暴发前，中国一直是印尼最大的国际游客来源地。印尼中央统计局数据显示，2019 年到访印尼的中国游客达 207 万人次。疫情后，国际旅游逐渐恢复，印尼旅游知识分子协会会长阿兹里尔·阿扎哈里表示，以旅游业为主要经济活动的巴厘岛，盼望中国游客尽快到来，“这有利于刺激印尼，尤其巴厘岛的旅游业发展”①。

二、山东省与印尼合作形式及建议

(一)山东省与印尼合作现状及展望

1.济南市

在经济贸易领域，印尼是济南市近年来重点推进交流合作的国家之一，济南市于 2001 年与东爪哇省建立友好合作关系。2011 年，济南市长清区政府与印尼金锋集团签订项目合作协议，在济南长清区经济开发区建设包括购物中心、步行商业街、高档写字楼、五星级酒店及中高档住宅等的大型城市商务综合体。2018 年 5 月14 日，印度尼西亚中国北部销售会在济南举办，这是印尼旅游部着重开拓中国旅游市场而举办的展会，主要目标是使访问印度尼西亚的中国游客达到 300 万。② 2022 年1 月 21 日，“跨境易货谷”揭牌仪式暨中国（山东）自由贸易试验区济南片区跨境易货数字贸易平台上线活动举行，济南将建设全国首个“跨境易货谷”。活动中签署多项合作协议，其中，马来西亚海达矿业有限公司、印度尼西亚尹瑞拉有限公司、缘督经济技术合作（山东）有限公司、山东乐易国际贸易有限公司签署易货委托协议。③

在文化教育领域，济南多家学校与印尼开展合作项目。济南职业学院承办 2022 年印尼巴厘岛“中文＋导游”汉语桥线上团组项目，该项目依托中国教育部对

---

① 环球网.印尼已为中国游客准备好红毯[EB/OL].(2023-01-12)[2023-04-25]. https://world.huanqiu.com/article/4BGG8805tjk.

② 印度尼西亚中国北部销售会在济南举办[EB/OL].(2018-05-14)[2023-04-25]. https://3g.k.sohu.com/t/n272869611? showType=&sf_a=weixin.

③ 济南市人民政府网站.济南将建全国首个“跨境易货谷”[EB/OL].(2022-01-25)[2023-04-25]. https://www.jinan.gov.cn/art/2022/1/25/art_81014_4905492.html.

外语言交流合作中心“汉语桥”线上团组项目，旨在整合国内优质职业技术与汉语教学资源，通过“中文＋职业技能”的模式，面向“一带一路”沿线国家人员开展职业素养提升与文化交流活动。2009 年，山东英才学院与印尼必利达学校签订友好合作协议，双方约定两校之间建立友好学院关系，进一步加强友好交流，促进合作伙伴关系。双方同意在共同感兴趣的领域展开合作，进行学术资料和信息方面的交流。协议内容还包括印尼必利达学院选派学生到山东英才学院学习，英才学院给予学费优惠。莱芜职业技术学院与印尼金门学校签署国际合作备忘录，推动职业教育合作。另外，济南市侨联文化交流团于 2014 年 2 月 12 日至16 日赴印尼进行文化交流访问活动，增进两地文化交流，印尼华裔总会及巴厘岛分会会长迎接，双方围绕推动济南市与登巴萨市缔结友好城市、加强两市经贸文化等领域的交流与合作以及开展官方与民间多种形式的互访交流等话题进行会谈，推动印尼华裔总会成为两地沟通的桥梁。2018 年，印尼教育部职业技术教育与培训计划及评估局局长阿里·维博沃·胡尔尼亚万一行访问山东省教育厅，双方表示希望开展两国在职业教育领域的合作与沟通，强调打造职业教育交流平台，推动双方职业院校间开展校际交流合作。

2.青岛市

在工业领域，青岛中资中程集团股份有限公司在印尼中苏拉威西省莫罗瓦力县投资建设青岛印尼综合产业园。产业园海运发达便捷，矿产资源丰富，周边矿区面积 13000 公顷，预估品位 1.7%以上矿石储量 1.5 亿吨。2022 年 5 月 13 日项目进入生产阶段，由青岛城投集团、泰山钢铁集团、青岛熹源控股有限公司共同投资的青岛印尼综合产业园镍铁冶炼项目第一条生产线顺利投产，RKEF2 号电炉第一炉铁水顺利产出；8 月 22 日，第二条生产线投产。该项目预计年均生产镍铁 26 万吨，形成销售收入近 34 亿元，为青岛城投集团创造良好投资收益，同时增强中印尼产能及技术合作，实现互利共赢。① 2023 年 4 月 18 日，青岛印尼综合产业园传出消息，镍铁冶炼项目 4 号矿热炉成功点火，标志着印尼镍电项目一期工程全线投产。②

在贸易领域，RCEP 生效后，首张 RCEP 原产地证书对青岛三木水产股份有限公司签发，该公司向印尼出口冷冻大马哈鱼段。2022 年 1 月至 11 月，青岛海关

① 山东省商务厅门户.青岛印尼综合产业园[EB/OL].(2019-09-20)[2023-03-08]. http://commerce.shandong.gov.cn/art/2019/9/20/art_92318_7180041.html.

② 兰格钢铁网站.青岛印尼综合产业园镍电项目一期工程全线投产[EB/OL].(2023-04-19)[2023-04-25]. https://info.lgmi.com/html/202304/19/8378.htm.

共为 2.4 万批对印尼出口货物签发自贸协定原产地证书，出口享惠货值超 136 亿元。青岛市市北区的 RCEP 山东企业服务中心计划在印尼设立办事处，为中国和印尼企业提供 RCEP 投资政策咨询、贸易对接、商事法律、仓储物流等“一站式”服务，提升两国贸易自由化和便利化水平。

在科技合作领域，生物技术领域是中印尼政府间科技合作协定中确定的重要领域，2016 年 6 月 2 日，青岛蔚蓝生物集团有限公司与印尼生物产业技术中心在雅加达签署合作协议，双方签署合作协议，围绕酶化工和生物肥料产业开展研发和技术转移合作。

3.烟台市

在工业领域，山东南山铝业股份有限公司于 2015 年启动规划南山印尼宾坦工业园项目，通过其新加坡海外公司间接在印尼投资，建设先进的铝业产业链，进一步深化中、新、印尼三方投资合作，造福当地民生。工业园位于印尼廖内群岛省宾坦岛东南部的卡朗巴塘区，规划面积 2333 公顷。该项目旨在深化中国、新加坡、印尼在投资、装备、产能、技术、标准和管理等方面的互利合作，带动中国先进装备出口及优势产能向“一带一路”沿线转移。2017 年 10 月，基于南山宾坦工业园项目规划，印尼政府颁布第 42 号总统令，正式批准设立卡朗巴唐经济特区。南山铝业通过工业园 200 万吨氧化铝项目在印尼铝土矿产地修建工厂，利用当地丰富的铝土矿和煤炭资源，实现较低成本的氧化铝产能扩张。该项目于 2022 年 10 月23 日正式投产。

在经济贸易领域，2018 年烟台与印尼进出口贸易总额达 30 亿美元。截至 2019 年，印尼在烟台的投资达 8000 多万美元，烟台企业在印尼的投资呈增长态势。2019 年，烟台市副市长王中、外事办公室调研员李明、国资委主任王浩、商务局欧美科副科长贾淑玲、商务局招商科副科长刘崇文、威海市商务局外贸科科长吕邵兵等一行 9 人，拜访印尼中华总商会，希望增进印尼和烟台市的贸易往来，邀请印尼企业前往烟台市观光考察、投资兴业。此外，“烟台—印度尼西亚”件杂货航线自 2021 年 10 月开通，货物通关物流一直保持稳定、高效，为机械设备、工程车辆等产品扩大出口提供了有力保障。山东港口烟台港滚装物流公司生产调度中心主任李骏表示，这一航线月均 6—7 班的航班规模，年度发运量已达到 120 万吨。①

① 水母网.烟台对印尼进出口创新高，每周开行 4 班货运航班[EB/OL].(2022-12-13)[2023-04-25]. http://news.shm.com.cn/2022-12/13/content_5310050.htm.

在基础设施领域，雅万高铁最高时速达350公里，整个线路的安全高效运行对于基准时间的精确性、稳定性、安全性提出更高的要求。烟台持久钟表集团有限公司作为中国技术用钟和北斗授时领域的领军企业，为印尼雅万高铁提供时间同步系统，保障高铁运营。

在文化教育领域，2022年3月20日，由教育部中外语言交流合作中心主办、烟台职业学院承办的"汉语＋中国制造"汉语桥线上春令营开营仪式在烟台职业学院举行。印尼亚洲国际友好学院院长柏林·薛伯蓝尼出席开营仪式，来自印尼等国家42所学校的负责人、教师代表、学员200余人参加。另外，烟台职业学院选派教师到印尼等国从事汉语言教学，举办印尼学生文化体验营等国际文化交流活动。

在旅游合作领域，2019年烟台市文化和旅游局携烟台市开发区、龙口、昆嵛山文化和旅游局、烟台市饭店协会、烟台市旅行社协会、张裕国际葡萄酒城景区、烟台胜景国际旅行社等相关文旅单位访问印尼雅加达，开展文化交流和旅游推介营销活动，借助印尼孔教总会和山东同乡会进行重点客群开发。此次推广交流活动引发了印尼文旅业界和媒体、民众的广泛关注。

4.德州市

德州和印尼的合作主要体现在经济领域和教育领域。2017年，德州对印尼进出口总值4.7亿元人民币。2018年6月27日至29日，德州市"百企下南洋"代表团在印尼雅加达拜访了中国驻印尼大使馆，并与中国驻东盟使团、东盟秘书处、中国—印尼经贸合作区、印尼中华总商会、三林集团、金光集团等机构，举行了中国(德州)—印尼贸易与投资合作对接会。到2022年，德州与印尼有贸易往来的企业240家，德州对印尼的进出口总额达到9.46亿元，同比增长10.2%。2023年3月22日至28日德州联合山东省教育厅、山东省人民政府外事办公室、印尼驻华大使馆、中国—东盟中心和印度尼西亚银行北京代表处共同举办"中国(山东)—印尼投资贸易与文化旅游交流周"，该活动精心组织了双方企业对接洽谈会，印尼提供了新能源、基建、农业等领域的80个项目信息。山东省教育厅、山东省人民政府外事办公室、印尼驻华大使馆成立了"中国(山东)—印度尼西亚高校国际合作联盟"，通过建立教育命运共同体，打造优势互补、资源共享、互联互通的教育合作新模式。2023年5月10日至19日，德州市政府率领26家企业组成代表团，赴泰国、菲律宾、印度尼西亚开展经贸对接活动。代表团先后拜访商协组织、政府部门，并签署合作协议；举办商务对接活动，与外方企业进行了面对面交流，达成初步合作意向。

5.威海市

在经济贸易领域，位于威海南海新区电子信息产业园的安屯尼智能电子科技有限公司布局印尼市场，与印尼国家电网达成合作，在印尼成立运营公司，并获得3500万美金的融资，向印尼投放了2000多辆智能换电摩托车、5000余组换电锂电池、近千台智能换电柜。

在文化教育领域，威海山东药品食品职业学院自2021年起，联合中国市场学会国际教育交流工作委员会、印尼和谐文化基金会，共同开展中医药文化体验等活动，为印尼50余位学生开展中医药专业知识线上培训课程。2022年，山东药品食品职业学院与中国市场学会国际教育交流工作委员会、印尼普瑞玛大学会议沟通后，进行了面向20多名印尼普瑞玛大学学生的10次在线商务汉语课教学，为外国学生来中国做好基础的汉语沟通及商务专业知识的准备。2022年9月，山东药品食品职业学院印尼普瑞玛大学海外分校正式启动。

（二）山东省与印尼合作建议

1.山东与印尼合作潜力巨大

从双边贸易来看，根据青岛海关的数据，山东省对外贸易规模不断扩大，进出口需求巨大。2022年全年，山东省外贸进出口总值3.33万亿元人民币，再创历史新高，同比增长13.8%。其中，出口2.03万亿元，增长16.2%；进口1.30万亿元，增长10.3%。山东省进出口、出口和进口增速均高出全国增速5个百分点以上。其中东盟是山东省最大的贸易市场，2022年山东省对东盟进出口增长53.1%。山东进出口商品优势明显，从商品类型来看，劳动密集型产品和能源产品分别是山东出口与进口的主要商品。出口方面，2022年山东省机电产品出口8840.3亿元，增长17%，占出口总值的43.4%。其中，汽车零配件、游戏机及其零附件、电工器材分别增长12.9%、48.7%和30.3%。劳动密集型产品出口4080.9亿元，增长11.8%，占出口总值的20%；农产品出口1394亿元，增长12.6%。2022年山东省进口能源产品原油、煤炭分别为4087.9亿元、113.9亿元，分别增长33.3%、47.4%，合计占进口总值的32.4%；进口农产品1574.7亿元，增长11.2%。

2.山东与印尼合作方案设计

一是把握RCEP生效的契机，升级山东省与印尼的经贸伙伴关系，激活双边经贸领域合作新潜力。把握RCEP为制造业发展与国际贸易带来的重大机遇，将其转变为制造业向中高端迈进的重要契机，加快产业转型升级，培育发展新兴产业，提升质量标准。企业深度融入该协定，利用开放红利，扩大优势产品出口和优质商品进口，积极开拓国际市场；随着双方经济关系的日益密切，深度参与区域产业链供应链；同时，加强指导企业对接协定和利用协定优惠政策方面的指导，积极开展自贸协定服务平台建设，实现互利共赢，为企业提供优惠关税政策、原产地证书申领、通关便利化等自贸协定相关服务解决方案。2023年1月2日，针对印尼的《区域全面经济伙伴关系协定》正式生效，同日青岛海关人员在RCEP山东企业服务中心通过国际贸易"单一窗口"为当地一家水产企业签发了对印尼出口的RCEP原产地证书，凭借该证书，出口印尼的18吨冷冻大马哈鱼可以减免关税10.5万元人民币。印尼是山东省在东盟最大的享惠出口目的国，2022年前11个月，山东省对印尼出口值达到390.1亿元，同比增长29.3%。RCEP在印尼生效后，山东省水产品、农产品等优势产品与印尼的贸易往来将更加便利、互惠，是山东省与印尼经贸关系的一大利好。

二是发挥各自产业特长，在新能源行业优势互补。印尼正在追求制造业多样化，而山东省制造业形态多样，产业链、价值链完整，在多个门类上具备全国乃至世界先进水平，能够助推印尼产业转型升级，成为高价值产品的生产者。光伏产业是山东省和德州市的优势产业，具备世界领先的技术水准和生产能力，能够为印尼发展低碳能源产业提供有力支撑。印尼拥有庞大的镍储量，占世界总储量的24%，而镍恰恰是制造电动汽车(EV)电池的关键原材料。不仅如此，位于印尼巴布亚省的格拉斯伯格矿场拥有世界第二大铜矿储量。铜也是EV电池的重要原材料之一。印尼开设的新能源车辆电池工厂是东南亚首个EV电池工厂，也是印尼成为全球EV电池供应商并建设EV全面供应链的里程碑，将于2023年全面投产。山东省EV电池制造业在国内占有重要份额，可以通过在印尼投资建厂、生产线前移等方式，充分发挥印尼在原料储量方面的优势，助力印尼EV产业进一步扩大规模并走向世界。

三是电子商务、数字经济等新兴经济领域合作前景广阔。数字经济是全球新兴的价值链产业，应鼓励两国发展跨境交易的数字基础设施和电子商务平台。据贝恩咨询、谷歌、淡马锡联合发布的报告，印尼数字经济的商品贸易总值将在2025年达到1460亿美元，高居东盟第一。在新冠肺炎疫情之初，印尼的数字消费者就增长了2100万人，其中有72%的人来自非城镇区域。电子商务仍是数字经济增长的主要驱动力。人口总量超过2.7亿人的印尼是东南亚最大的电商市场。近年来，印尼电商市场备受青睐。2022年，印尼电子商务交易额达到590亿美元，排名世界第九。数据显示，约有25%的印尼消费者选择跨境购买商品，跨境电子商务约占整个电子商务的20%，最受欢迎的跨境商品来源地是中国。山东数字经济和电子商务近年来发展迅猛，具有成熟的经验和门类齐全快捷的供应链。山东省与印尼在数字经济和电子商务领域具有非常广阔的合作前景。

四是把握印尼加强基础设施建设的良好机遇，发挥山东基建企业的优势。由于“千岛之国”的特殊地理现状，以及区域间经济社会发展的不平衡，区域互通问题仍是困扰印尼企业的重要难题。印尼总统佐科的标志性竞选承诺之一就是改进国家的基础设施水平。在2019年赢得第二任期后，佐科宣布了一系列基建项目，总价值4000亿美元，其中包含25座机场和2000公里的新建高速公路。此外，政府还将投资350亿美元建设一个新首都。这些方案都需要大量的投资，从而给山东基础建设企业带来了大量的机会。

五是充分发挥高校作用，建立健全人才培养机制。推动学校积极开展国际化办学，与印尼高校及科研机构建立合作关系，推进高质量合作；依托云平台，采用“中文＋职业技能”模式，加强与企业的联系互通，产教融合打造职业教育人才培养模式，满足企业本土化技术技能人才需求；持续加强职业教育国际交流与合作，培养高素质技能型国际化人才，形成了全方位、宽领域的教育对外开放格局。采取共用人才培养方案，推广双校区、双学籍、双学历，对接国内和印尼高校。同时开展多校合作，推进教育资源共享，促进语言学习、文化活动和艺术交流。共同使用“互联网＋职业教育国际合作平台”，实现学习过程与学习成果的“可追溯、可查询、可转换”；输出中国标准，共同制定适于外方的专业标准、课程标准；开发代表中国水准、适于国际传播的优秀网络课程；开展多校合作，实现优势互补，教育资源共享。推进境外办学，通过建设印尼分校，提升专业建设质量，打造特色品牌、专业标准和课程体系。

六是借助在印尼华人华侨力量搭建有效贸易合作机制。利用印尼中华总商会在印尼和中国之间的桥梁作用和使者角色，组织文化活动、教育交流和体育活动，开展各种文化交流项目，增进相互了解，促进文化多样性，推动山东省与印尼之间的经贸合作与人文交流，建立完善长效沟通与合作机制，提升贸易合作平台。

七是分工合作，利用经济互补性发展优势产业。山东省与印尼在劳动密集型产品生产方面具有比较优势，劳动密集型产品在各自出口产品中所占的比例较高，印尼具有资源优势，山东具有技术优势，随着劳动密集型产品的生产技术逐步标准化和成熟，双方通过进行协议分工打造新的产业链，扩大生产规模以获得更多的利益。通过细化分工，双方能降低生产成本，提高出口产品的竞争力，还可以通过向对方开放国内市场以提高各自的贸易价值，这尤其适用于机电产品。另外，还要加大对优势产业的研发投入力量，加强投资关系，进一步促进双方在双边贸易等更多领域的互利合作。

中国与印度尼西亚的贸易格局与发展空间

许珂*

【摘要】 中国与印度尼西亚是亚洲两个经济体量较大的国家，它们之间的贸易关系非常重要。中国与印度尼西亚贸易格局是由两国的经济环境和发展阶段决定的，中国和印度尼西亚之间的贸易关系主要受政策环境、文化因素、技术水平、经济体量、自然资源状况等因素影响。中国和印度尼西亚之间在能源、农产品、制造业等领域具有广泛的合作潜力。随着数字化程度的提高，数字经济已经成为两国经济发展的重要方向，两国在电子商务、金融科技等新型业态的深入合作具有广阔的前景。中印尼双方可以通过加强合作，共同推动双边关系发展和区域经济繁荣。

【关键词】 中国；印度尼西亚；贸易格局；发展空间

印度尼西亚是东南亚国家联盟（ASEAN）的创始成员国之一，也是东盟的重要成员国。作为东南亚地区最大的国家，印度尼西亚具有连接东盟国家和太平洋国家的重要地缘优势。同时，印度尼西亚还与澳大利亚、印度等国家有着重要的地缘关系。印度尼西亚是东盟人口最多、面积最大、经济最发达的国家，在东盟中居于核心地位。印度尼西亚是东盟内部政治、安全和经济等领域合作的重要推动者。自 2013 年以来，中国已成为印度尼西亚最大的贸易伙伴，而印度尼西亚则是中国在东南亚地区的重要贸易伙伴之一。

* 许珂，德州学院东盟研究中心兼职研究员，《德州学院学报》编辑部编辑，主要研究方向为民族经济。

一、中国和印度尼西亚经济制度的差异及对贸易的影响

中国和印度尼西亚的经济制度存在一定的差异，这对两国之间的贸易产生了不同的影响。首先，中国强调有为的政府和有效市场的结合，这种模式在某种程度上可以使中国政府更有能力引导和扶持相关产业的发展。例如，在中国，政府可以通过产业政策来支持关键领域的发展，从而提高该领域产品的竞争力，促进对外贸易。中国的国有企业在国民经济中占据重要地位，这使得中国在国际贸易中拥有一定的竞争优势。相比之下，印度尼西亚政府在经济活动中的作用相对较小，这使得印度尼西亚的市场更具灵活性，更加依赖于市场机制。中国的经济制度对外商投资产生了重要的影响，中国自改革开放以来一直致力于对外开放，吸引外资和扩大对外贸易，这使得中国在国际贸易中的地位更加重要，吸引了大量的外资和外国企业来华投资和开展业务。中国和印度尼西亚的经济制度对两国之间的贸易产生了重要的影响，两国之间的贸易规模逐年增加，贸易关系也变得越来越密切。中印尼双方在相互合作、互利共赢的基础上不断深化贸易合作，共同推动两国经济发展。

二、中国与印度尼西亚双边贸易理论依据及历史形成

中国和印度尼西亚之间的贸易可以促进两国的经济发展，提高两国的经济效率和生产力。英国经济学家大卫·李嘉图在1817年提出比较优势理论，指的是各国应该专注于生产自己的比较优势产品，并通过贸易来实现互惠互利，也就是说，一个国家应该专注于生产其拥有比较优势的商品，并通过与其他国家进行贸易来获取其他商品和服务。[①] 每个国家都有生产某些商品的优势，可以通过比较不同国家的生产成本来衡量。国家通过对外贸易可以获得更多的商品，可以提高本国消费者的福利水平。通过对外贸易，国家可以扩大市场规模，增加生产和就业机会，以及促进技术转移和技术创新以提高生产效率。中国和印尼之间的贸易历史可以追溯到几个世纪前。中国和印度尼西亚都是亚洲的重要经济大国，两国之间的贸易往来一直非常活跃。历史上，中国和印度尼西亚之间的贸易主要是丝绸、茶叶、瓷器、药材等。中国的丝绸和瓷器非常有名，而印度尼西亚则出产各种

① 参见大卫·李嘉图.政治经济学及赋税原理[M].郭大力，王亚南，译.南京：译林出版社，2011：217.

香料和药材，如肉桂、丁香、红姜等。这些商品在中国和印度尼西亚之间的贸易中起到了非常重要的作用。20 世纪初，中国和印度尼西亚之间的贸易开始逐渐增加。尤其是近年来，随着中国和印度尼西亚经济的快速发展，两国之间的贸易规模也在不断扩大。中国和印度尼西亚之间的主要贸易商品包括机械设备、电子产品、化工产品、农产品、纺织品等。中国对印度尼西亚的主要出口商品包括机械设备、电子产品、塑料、钢铁等，印度尼西亚对中国的主要出口商品包括煤炭、橡胶、矿物等。中印尼贸易可以使两国更加专注于自己最擅长的产业，从而提高生产效率和产品质量。中国和印度尼西亚在不同领域有着不同的比较优势，通过贸易可以互相补充，实现互利共赢。中国还是印度尼西亚的重要投资国之一，许多中国企业在印度尼西亚设有分支机构或工厂。两国的贸易促进了两国之间的文化交流和人员往来，加深了两国之间的友谊和互信。

三、中国和印度尼西亚的贸易格局的影响因素和贸易现状

中国在印度尼西亚的对外贸易中占据重要地位，中国是印度尼西亚最大的贸易伙伴之一，两国之间的贸易额不断增长（见表 1）。根据印度尼西亚统计局的数据，自 2013 年起中国就超过日本成为印度尼西亚最大的贸易伙伴。2020 年，中国与印尼贸易额达 784 亿美元，中国对印尼出口 410 亿美元，自印尼进口 374 亿美元，中国和印度尼西亚之间的主要贸易商品包括煤炭、石油和天然气、电子产品、纺织品、化工品等。中国还在印度尼西亚进行投资，涉及基础设施、制造业、金融和房地产等领域。中国和印度尼西亚之间的贸易和投资关系对两国经济都非常重要。

表 1　2010—2020 年中国与印度尼西亚双边贸易额

单位：亿美元

年份	贸易总额	中国自印度尼西亚进口额	中国对印度尼西亚出口额	贸易差额
2010	427.5	207.96	219.53	11.57
2011	605.54	292.17	313.37	21.20
2012	662.34	319.50	342.83	23.33
2013	683.54	314.24	369.30	55.06
2014	635.45	244.85	391.00	146.15

续表

年份	贸易总额	中国自印度尼西亚进口额	中国对印度尼西亚出口额	贸易差额
2015	542.28	198.86	343.42	144.56
2016	535.4	214.14	321.26	107.12
2017	633.31	285.74	347.57	61.83
2018	773.4	341.50	431.91	90.41
2019	797.6	341.10	456.50	115.40
2020	784.63	374.81	409.81	35.00

资料来源：中国国家统计局。

中印尼贸易格局主要受政策环境、技术水平、文化因素、经济体量、地理位置和自然资源状况等因素所决定。首先，一个国家的政策环境会影响其贸易格局，政策稳定、市场开放的国家可能会吸引更多的外国投资和贸易，而政策不稳定、市场封闭的国家则可能会限制贸易和投资。中国和印度尼西亚政府非常重视两国的贸易往来。2021 年 6 月 5 日，中国国务委员兼外长王毅同印度尼西亚总统特使、对华合作牵头人卢胡特共同主持中国与印度尼西亚高级别对话合作机制首次会议，双方一致同意将两国合作升级为政治、经济、人文和海上合作“四轮驱动”。对印度尼西亚来讲，中国政策环境稳定，经济体量大，在国际贸易中的地位高，具有更强的生产和消费能力，能够对印度尼西亚带来积极的影响。其次，一个国家的技术水平和创新能力也会影响其贸易格局。中国相对于印度尼西亚技术水平较高，所以出口高附加值的产品和服务，而印度尼西亚则出口低附加值的产品。2021 年，中国与印尼双边贸易额突破 1200 亿美元，同比增长 58.6%，增幅居东盟国家首位。根据 2021 年的数据，中国出口印度尼西亚的产品主要包括：电子产品，如电子元件、手机、计算机及其配件等；机械设备，如发动机、机器、机床、泵、压缩机等；化工产品，如化肥、塑料制品、橡胶制品等；纺织品，如纺织面料、服装、纺织原料等。由此看来，中国出口给印度尼西亚的产品中，占比较大的是电子产品和机械设备。根据 2021 年的数据，中国从印度尼西亚进口的产品主要包括：矿产品，如煤炭、天然气、镍、铝等；农产品，如棕榈油、橡胶、糖、咖啡等；森林产品，如木材、纸浆、木片等；金属产品，如金属矿石和铜、铝等金属制品。由此可以看出，中国从印度尼西亚进口占比较大的是矿产品和农产品，印度尼西亚向中国出口产品以初级产品为主。近年来，印度尼西亚试图转变对中国的产品出口结构，提高出口产品的附加值[①]，但是由于受国内某些资源、技术的限制，短期内很难实现产品结构的调整。可以说，中国与印度尼西亚的贸易结构目前一直维持着要素互补的状态。再次，一个国家的文化因素也会影响其贸易格局。印度尼西亚是一个多民族国家，其中华人是印度尼西亚少数民族之一。根据印度尼西亚政府的官方数据，华人人口约占印度尼西亚总人口的 1.2%，即约 300 万人。印度尼西亚华人大多数生活在爪哇岛和苏门答腊岛等地区。华人在印度尼西亚的历史可以追溯到几个世纪前，他们一直是印度尼西亚社会和经济的重要组成部分。华人在印度尼西亚的传统产业包括小商品批发、零售、制造业、餐饮业等。此外，华人在印度尼西亚的教育、文化和慈善事业等方面也发挥了重要作用。语言和文化相似的国家之间的贸易可能会更加顺畅，而语言和文化差异较大的国家之间的贸易相对有较大障碍。最后，一个国家的地理位置和自然资源禀赋也非常重要，地理位置可以影响该国的贸易伙伴和贸易方式，邻近国家或地区之间的贸易通常会更加便捷。国家所拥有的自然资源状况也会影响其贸易格局，拥有丰富自然资源的国家可能会依赖出口这些资源获得收入，而缺乏自然资源的国家可能会依赖进口这些资源。

中印尼两国之间的贸易关系一直保持着良好的发展态势，双方在经贸、投资、基础设施建设等领域都有着广泛的合作。除了商品贸易，中印尼两国在投资和基础设施建设等领域开展了合作。例如，中国在印尼投资建设了雅万高铁等项目，中印尼两国还在金融、能源、科技等领域展开了广泛的合作。印度尼西亚是一个出口型经济体，外贸依存度非常高，外贸对其经济发展具有重要意义。根据世界银行的数据，在 2019 年，印度尼西亚的出口总额为 1808 亿美元，占其国内生产总值的比重为 19.8%；进口总额为 1884 亿美元，占其国内生产总值的比重为 20.6%。印度尼西亚主要的出口商品包括矿产品、石油、天然气、木制品、纺织品、橡胶、棕榈油、鱼类和海产品等；而进口商品主要包括机械设备、电子产品、化学品、铁矿石、石油制品、塑料制品等。然而，印度尼西亚的外贸存在一些挑战，比如对全球市场需求的波动、国际贸易政策的不确定性、外部冲击事件（如全球金融危机、新冠疫情等）的影响等。因此，印度尼西亚政府正在努力推动经济多元化，减少对外贸的依存度，促进本土产业的发展。

① 参见王勤.东南亚地区发展报告（2018—2019）[M].北京：社会科学文献出版社，2020：211-226.

四、中国和印度尼西亚未来的合作空间

中国和印度尼西亚作为亚洲和东盟最大的经济体，中印尼两国之间的贸易一直保持着稳步增长的态势。中国已成为印度尼西亚最大的贸易伙伴之一，而印度尼西亚是中国在东南亚地区重要的贸易伙伴。中国“一带一路”倡议也为中印尼两国的贸易合作提供了新的机遇。同时，印度尼西亚也积极参与亚太经合组织（APEC）、东盟等区域性贸易组织，这些组织也为中印尼两国的贸易提供了更广阔的平台。中国和印度尼西亚之间的合作前景非常广阔，双方可以在经贸、投资、基础设施建设、数字经济、农业等领域开展更多的合作。经贸方面，中国和印度尼西亚可以继续深化贸易关系，探索更多的合作机会，尤其是在产业链、价值链、供应链等方面展开合作。投资方面，中国可以在印度尼西亚的基础设施建设、制造业、数字经济、农业等领域加大投资力度，助力印度尼西亚实现经济发展和产业升级。基础设施建设方面，中国可以继续参与印度尼西亚的基础设施建设，支持印度尼西亚发展高速公路、铁路、港口、机场等基础设施，提高印度尼西亚的物流和交通运输水平。数字经济方面，中国可以和印度尼西亚共同探索数字化和互联网经济领域的合作，共同推进数字技术在农业、医疗、教育等领域的应用，助力印度尼西亚数字经济快速发展。农业方面，中国和印度尼西亚可以通过加强农业领域的交流和合作，共同推进农业现代化和数字化，加强农产品贸易合作，提高农产品加工技术和质量。中国和印度尼西亚可以在多个领域加强合作，共同推进双方经济发展和区域合作，实现互利共赢。

随着数字化程度的提高，数字经济已经成为两国经济发展的重要方向，中印尼在数字经济领域的合作正在逐步加强。在数字基础设施建设方面，中国企业已经在印度尼西亚建设了大量的电信、云计算和数据中心等基础设施，并为印度尼西亚提供了数字技术和解决方案。例如，华为、中兴等中国企业已经在印度尼西亚投资建设了多个数据中心，并与当地企业合作推广5G技术。此外，中国的阿里巴巴和腾讯等科技巨头也在印度尼西亚投资，推广数字支付等创新型业务。在数字贸易领域，中印尼两国之间的数字贸易也逐渐增长，数字贸易已经成为双方贸易的重要组成部分。例如，中国的电商平台阿里巴巴和京东已经在印度尼西亚开展业务，并与当地企业合作推广数字贸易。同时，印度尼西亚政府也积极推广数字贸易，并提供优惠政策和支持措施，以吸引更多的中国数字企业到印度尼西亚投资和发展。在数字技术合作方面，中印尼两国之间的科技交流也在不断加强。

例如，在人工智能、大数据等前沿技术领域，中印尼两国已经开展了多项合作项目，并共同探索数字技术在经济和社会发展中的应用。两国也在数字文化领域开展了多项合作项目，以推广数字文化产品和数字文化创意产业。中国和印度尼西亚作为亚洲的重要国家，通过加强两国经贸合作共同推进东南亚地区的繁荣和发展。

印度尼西亚营商环境研究

刘聪*

【摘要】 印度尼西亚作为东南亚地区的重要国家之一，近年来，印度尼西亚政府认识到良好的营商环境对经济发展的重要性，不断进行改革，推出了一系列政策和措施，以吸引更多的外商投资和促进本土企业发展。中印尼在基础设施建设、能源、农业等领域的合作不断深化。本文对印度尼西亚近年来的营商环境进行调研，分析中印尼两国的经贸合作现状，并对未来发展前景进行探讨。

【关键词】 印尼；营商环境；中印尼经贸合作

一、印度尼西亚概况

（一）国家概况

印度尼西亚位于亚洲东南部，由众多岛屿组成，为热带雨林气候，总人口超过2.7亿人，在亚洲各国中，人口总数仅次于中国和印度，是世界第四大人口国家，也是面积最大的岛国，其首都是雅加达，官方语言为印度尼西亚语。印度尼西亚拥有丰富的自然资源，包括石油、天然气、煤炭、金属矿物、木材、水力能源等。印度尼西亚是一个多元文化和多种宗教共存的国家，伊斯兰教是其主要宗教，约85%

* 刘聪，德州学院东盟研究中心兼职研究员，德州学院计算机与信息学院讲师，主要研究方向为大数据分析。

的人口信仰伊斯兰教，其他宗教有基督教、佛教和印度教等。总的来说，印度尼西亚是一个多元化的国家，具有丰富的文化和自然资源，拥有强大的经济潜力和吸引力。

(二)经济概况

印度尼西亚是新兴市场经济体，其国内生产总值排名全球第16位。主要经济部门包括农业、石油和天然气、矿业、制造业和旅游业等。印度尼西亚以农业、采矿业、工业和服务业为主要产业。农业方面，印度尼西亚是世界上最大的棕榈油生产国和天然橡胶生产国之一。此外，印尼还生产大量的咖啡、水果、蔬菜和香料等农产品。采矿业方面，印度尼西亚拥有丰富的煤炭、天然气、石油、金属矿物等资源，其中煤炭和天然气是最主要的出口商品之一。工业方面，印度尼西亚的制造业包括轻工业、重工业和高科技制造业等。其中轻工业主要包括纺织、制鞋、食品加工等，重工业包括钢铁、水泥、造船等，高科技制造业主要包括电子、计算机和汽车等。服务业方面，印度尼西亚的旅游业是国家的重要收入来源之一。印度尼西亚拥有丰富的自然景观和文化遗产，吸引了大量游客。文化业方面，印度尼西亚是一个多民族、多文化的国家，具有独特的文化特色。印度尼西亚的文化遗产包括印尼戏剧、巴厘岛舞蹈、传统音乐和文学等。

二、印度尼西亚营商环境概况

印度尼西亚的营商环境总体上是良性的，尤其是近年来印尼政府采取了一系列措施改善营商环境。需要注意的是，尽管印度尼西亚的营商环境有所改善，但在实践中仍存在一些问题，例如腐败问题、官僚主义和法律不确定性等。

(一)印度尼西亚吸引外资的竞争优势

1.巨大的市场规模

印度尼西亚是世界第四大人口国家，具有庞大的内部市场，这使得外国投资者可以在当地寻找更广泛的销售机会。

2.丰富的自然资源

印度尼西亚拥有丰富的自然资源，包括煤炭、天然气、石油、橡胶、棕榈油和锡等，这些资源为外国投资者提供了广泛的商机。

3.便利的地理位置

印度尼西亚是东南亚的大国，位于亚洲和太平洋地区的交汇处，这使得它成为外国投资者通往亚洲、澳大利亚和中东的重要门户。

4.政府鼓励外资

印度尼西亚政府一直鼓励外国投资，并在近年来推出了一系列改革措施，以吸引更多的外资，如放宽外商投资准入限制、简化投资审批程序、实施优惠税制等。

5.发展潜力

印度尼西亚经济正在快速发展，具有巨大的发展潜力。随着政府推进经济改革和基础设施建设，外国投资者可以在印度尼西亚寻找更多的商机。

根据印度尼西亚投资协调委员会(BKPM)的数据，2019 年至 2022 年，印度尼西亚吸引的外资数额分别为 302 亿美元、286.7 亿美元、450 亿美元、456 亿美元。其中，最大的外国投资来源国是新加坡，其次是日本、中国、韩国和美国等。

值得注意的是，由于全球新冠疫情的影响，2020 年印尼的外国直接投资下降了 17%。但印度尼西亚政府已采取一系列措施，包括降低利率和优惠税收政策等，来吸引外国投资并促进经济增长。

(二)各行业吸引外资情况

1.能源和矿业

能源和矿业是印度尼西亚最大的外国直接投资领域。其中，油气勘探和生产是最大的吸引外资的子领域，其次是煤炭开采和加工。

2.制造业

制造业是印度尼西亚第二大吸引外资的领域。其中，汽车、电子和纺织品等行业受到外国投资者的青睐。

3.金融服务

金融服务行业也是印度尼西亚吸引外资的重要领域。外国投资者主要投资银行、证券和保险等领域。

4.基础设施

基础设施领域也是印度尼西亚吸引外资的重要领域。外国投资者主要投资公路、铁路、机场和港口等项目。

5.农业和食品加工

农业和食品加工行业也是印度尼西亚吸引外资的重要领域。外国投资者主要投资种植、加工和出口业务。

6.旅游和酒店

旅游和酒店行业也是印度尼西亚吸引外资的重要领域。外国投资者主要投资酒店、度假村和旅游景点等项目。

(三)对印尼投资形式

1.外商投资公司(PT PMA)

外商投资公司是外国投资者在印度尼西亚设立的公司,通常需要至少一位印度尼西亚公民作为董事或股东成员,并需要遵守印度尼西亚的法律法规。

2.合资企业

合资企业是由外国投资者和印度尼西亚本地公司或个人共同投资的企业,外国投资者通常提供技术、资金或管理经验等方面的支持,而印度尼西亚本地合作伙伴则提供本地市场的知识和网络等资源。

3.广泛合作

广泛合作是一种协议形式的合作方式,其中外国投资者与印度尼西亚本地公司或个人签订合作协议,以共同开展业务。这种合作方式通常不涉及股权转让,而是以技术转让、许可、知识产权共享等方式实现合作。

4.直接投资

直接投资是指外国投资者直接在印度尼西亚投资,而不需要在当地设立公司或合作。这种投资方式通常需要与印度尼西亚本地公司或个人进行合作,以获取当地市场和资源。

5.投资基金

投资基金是一种由外国投资者投资于印度尼西亚股票、债券、房地产等资产的投资方式。这种方式通常由专业投资机构或个人进行,以分散风险并获得收益。

需要注意的是,在选择投资方式时,外国投资者应考虑当地法律、税务和监管等方面的问题,并选择可靠的当地合作伙伴以降低风险。

(四)吸引外资政策

2022 年世界银行发布的全球营商环境报告显示,印度尼西亚在 190 个经济体中排第 104 位。[①] 这意味着在营商环境方面印度尼西亚在全球范围内还有很大的

---

① Doing Business Report. 世界银行[EB/OL].(2018-03-01)[2023-04-07]. https://openknowledge.worldbank.org/handle/10986/37138.

改进空间。近年来,印度尼西亚政府采取了一系列政策和措施,以改善营商环境。

1.简化行政审批程序

印度尼西亚政府推出了“在线单一窗口”(Online Single Submission,简称OSS)系统,旨在简化外商投资和本地企业注册的流程,整合各部门和机构的审批程序。在过去,外商投资者和本地企业需要到多个政府机构申请许可证和批准,申请程序冗长且效率低下。现在,所有的审批程序都可以在OSS系统上完成,大大简化了流程,提高了效率。此外,印度尼西亚政府为外国投资者提供了许多便利,包括开展一站式服务,提供快速的许可证和注册过程等。

2.优化税收政策①

印度尼西亚政府致力于推动税收改革,以吸引更多的外商投资和促进本土企业发展。近年来,印度尼西亚实施了一系列税收优惠政策,例如降低公司所得税和个人所得税税率、增加投资减免税制度等。此外,政府还推出了“税收道德”(Tax Morale)计划,以提高纳税人的自觉性和诚信度。

3.加强基础设施建设

印度尼西亚政府认为基础设施建设对于经济发展至关重要,因此一直致力于加强基础设施建设。在过去几年中,印尼政府投资了大量资金用于公路、铁路、机场和港口等基础设施建设。此外,政府还推出了“印度尼西亚大基建”(Indonesia Infrastructure Initiative)计划,旨在加强基础设施建设和提高物流效率。这些努力旨在吸引更多的外国投资者,并帮助他们更便捷地进入印尼市场。

4.促进数字化转型

随着数字化技术的不断发展,印度尼西亚政府认为数字化转型对于经济发展至关重要。因此,政府采取了一系列措施,以促进数字化转型。例如,印尼政府推出了“数字印度尼西亚”(Digital Indonesia)计划,以加强数字基础设施建设和数字技术应用,推动数字化转型。

总的来说,印度尼西亚政府一直在积极推动吸引外资的政策,并致力于创造更好的投资环境,以吸引更多的外国投资者。印度尼西亚经济在过去几年中持续增长,2019年GDP增速为5.02%,2020年由于新冠疫情影响经济增速下降至-2.07%。然而,印度尼西亚的经济在未来有望继续增长,主要受以下因素的影响。

① 易奉菊,Agatha Christy Della.,焦之珍.印度尼西亚税收改革措施及影响[J].国际税收,2021(05):36-41.

（1）人口红利

印度尼西亚拥有庞大的人口，且人口增长率较高，预计到 2030 年，印度尼西亚的人口将达到 3.5 亿人。这为印度尼西亚经济的增长提供了巨大的潜力。

（2）政府投资

印度尼西亚政府加大了对基础设施建设的投资，这将促进经济发展。此外，印度尼西亚政府也在促进本地企业的发展，包括制定优惠政策、加强知识产权保护等。

（3）外商投资

印度尼西亚政府采取了一系列措施吸引外商投资，这将促进经济发展。根据印度尼西亚投资协调委员会（BKPM）发布的数据，2020 年印度尼西亚吸引的外商直接投资总额为 10.19 亿美元，同比增长 2.9%。

三、中印尼两国经贸合作现状

中印尼两国是重要的贸易伙伴，中印尼贸易一直保持稳定增长，双方贸易额逐年增加，目前的双边贸易额已经超过了 1000 亿美元。印度尼西亚是中国在东南亚地区的重要贸易伙伴之一，两国在贸易、投资、基础设施建设和数字化转型等领域都有广泛的合作。

印度尼西亚是中国在东南亚地区的第二大贸易伙伴，仅次于马来西亚。中国是印度尼西亚的第二大外国投资来源国，印度尼西亚政府近年来不断降低税收，以吸引更多的外商投资和促进本土企业发展。例如，2019 年，印度尼西亚政府宣布将公司所得税税率从 25%降至 22%，并取消了一些税收和非税收负担。中国企业在印度尼西亚的投资涉及多个领域，包括基础设施、制造业、矿业、能源、农业等。根据印度尼西亚投资协调委员会（BKPM）的数据，截至 2020 年，中国是印度尼西亚第二大投资来源国，投资总额为 97 亿美元。除了贸易和投资，中印尼两国在合作领域也有很多取得的成果。

（一）印尼雅万高铁项目

印尼雅万高铁项目是中印尼两国在基础设施领域的重要合作项目。该项目起点为雅加达，终点为万隆，全长 142 公里，设计时速为 350 公里/小时。目前该项目正在进行中，一旦该项目完工并投入运营，将大大缩短雅加达和万隆之间的距离，提高印尼的交通运输效率，促进当地经济发展。

(二)印尼东瓜坝水电站项目

印尼东瓜坝水电站项目是中印尼两国在能源领域的合作项目。该项目位于西爪哇省,总装机容量为1.76吉瓦,是印度尼西亚目前最大的水电站。该项目由中国电建承建,但根据最近的报道,该项目的完成度已经达到60%。

中国对印尼的主要出口产品包括机械、电子产品、石油及其制品、化工产品、纺织品等,而中国从印尼进口的主要商品包括煤炭、石油及其制品、橡胶、锡、镍等。同时,中印尼两国还积极开展能源、基础设施、农业等领域的合作,进一步推动了两国经贸关系的发展。2016—2022年中国对印度尼西亚进出口贸易数据如表1所示。

表1　2016—2022年中国对印度尼西亚进出口贸易数据

单位:亿美元

年份	中国对印度尼西亚进口额	中国对印度尼西亚出口额
2016	21.41	32.13
2017	28.57	34.76
2018	34.15	43.19
2019	34.11	45.65
2020	37.48	40.98
2021	63.92	59.84
2022	77.90	70.51

资料来源:中国海关统计数据。

山东对印度尼西亚的主要出口产品包括机械设备、电子产品、化工品、纺织品、钢铁等,而从印度尼西亚进口的主要商品为煤炭、天然橡胶、矿石、木材等资源性产品。值得一提的是,山东省还与印尼政府和企业合作,推进海外渔业项目和建设印尼马鲁古省大型水泥厂等项目,进一步加强了两地的经贸合作。2016—2022年山东对印度尼西亚进出口贸易数据如表2所示。

表 2　2016—2022 年山东对印度尼西亚进出口贸易数据

单位：亿美元

年份	山东对印度尼西亚进口额	山东对印度尼西亚出口额
2016	2.04	2.45
2017	1.94	2.53
2018	2.23	3.70
2019	1.76	3.65
2020	2.20	3.76
2021	2.52	5.00
2022	4.18	6.26

资料来源：中国海关统计数据。

四、总结与展望

印度尼西亚在优化营商环境、吸引外资、推动基础设施建设等方面取得了很大进展，这将为中印尼经贸合作带来更多机遇。首先，中印尼贸易将继续保持增长态势。随着印度尼西亚经济的快速发展，中国对印度尼西亚的出口市场将会进一步扩大。同时，印度尼西亚对中国的出口也将不断增加。[①] 其次，许多企业看好印度尼西亚市场，并通过各种方式进行业务扩展和投资。中国企业可以通过投资基础设施、制造业、矿业、能源等领域来加强对印度尼西亚的投资合作，同时也能够获得更多的商机。[②] 最后，中印尼在基础设施建设、能源、农业等领域的合作将不断深化。随着印度尼西亚经济的发展，该国对基础设施建设和能源的需求将越来越大。同时，中国在这些领域有着丰富的经验和技术。未来中印尼合作将围绕优化贸易结构、深化合作领域和加强金融合作等方面展开。

总之，中印尼经贸合作具有广阔的发展前景，双方应继续加强合作，共同推动两国的经济发展和贸易合作。

---

① 参见郭文璇，罗文旭.中国与印度尼西亚纺织服装业现状的比较分析[J].中国市场，2020(06)：59＋133.

② 参见邓雪."一带一路"沿线国家营商环境对中国对外直接投资的影响研究[D].内蒙古：内蒙古财经大学，2022.

中国和印尼经济增长路径之比较

王霄洋　梁超　王瑞泽*

【摘要】 中国和印尼是亚洲两个规模较大的经济体，两国的经济增长受到了全球的关注。虽然两国的历史、文化和政治制度存在差异，但是两国在许多方面都有着相似之处。本文的主要目的是总结近40多年来中国和印尼各自的经济增长状况以及影响两国经济增长的诸因素，探讨从各自国家经济增长的经验中相互学习的可能性。本文根据公开的统计资料将近40多年的两国经济增长数据进行对比，并根据文献综述指出各自的经济增长路径及影响经济增长的主要因素。本文有三个主要发现：第一，两个国家经济增长速度和增长路径不一致；第二，两个国家经济增长的原因也不完全一样；第三，两个国家可以相互借鉴对方的长处。本文的研究结果为两国政府相互借鉴对方经济增长之长处提供了证据。

【关键词】 中国；印度尼西亚；经济增长；“一带一路”；命运共同体

2022年7月26日，中国国家主席习近平在接见到访的印尼总统佐科时指出：中国和印尼发展阶段相似，共同利益相连，理念道路相通，前途命运攸关。构建中印尼命运共同体是两国人民的共同心声和普遍期待。坚定支持彼此探索符合本国国情的发展道路，坚定支持对方发展经济、提高人民生活水平。双方要推动高质量共建“一带一路”合作不断走向深入，结出更多硕果。

---

* 王霄洋，德州学院东盟研究中心兼职研究员，德州学院经济管理学院讲师，主要研究方向为社会企业和宏观经济。

梁超，德州学院经济管理学院副教授，主要研究方向为国际贸易。

王瑞泽，德州学院经济管理学院副教授，主要研究方向为经济增长。

中国是世界上最大的发展中国家，是世界第二大经济体。中国的经济发展大体经历了以下几个阶段。

第一阶段：计划经济时期（1949—1978年）。在中国共产党的领导下，实行了中央计划经济。国家集中资源实行公有制，限制私人经济，这一阶段经济增长缓慢。

第二阶段：改革开放初期（1978—1992年）。中国开始实行改革开放政策，开放经济与国际贸易，鼓励民间经济，发展私营企业，引入外国资金和技术。这个时期经济快速增长，中国成为全球最重要的经济体之一。其间，中国国有企业改革涉及国有资产的私有化、重新分配资源和重新组织企业。此阶段的重点是提高效率和竞争力。

第三阶段：高速增长时期（1992—2012年）。中国加入世贸组织（WTO），外贸进一步扩大，大力发展基础设施和民生事业。这个阶段是经济保持高速增长，同时优化资源配置和环境保护。政府开始推行可持续发展政策，鼓励企业采用环保技术，推动清洁能源等可持续发展领域的发展。

第四阶段：中低速增长时期（2012年至今）。中国经济逐渐从出口导向型转向内需拉动型，加强知识产权保护，提高科技创新能力，推动经济结构调整和可持续发展。

印尼是东南亚最大的发展中国家，是世界第十大经济体，也是新兴市场国家代表之一。印尼的经济发展经历了以下几个阶段。

独立前期（1945—1965年）。在独立之前，印度尼西亚经济基本上是以农业为主导。独立后的前几年，印尼政府采取了一些措施来促进国内工业化和现代化，但由于贫困和缺乏投资等问题，这些计划没有取得很大成功。

新秩序时期（1966—1998年）。在苏哈托政权下，印尼政府实施了广泛的国有化和计划经济政策，以促进经济增长和发展。这一时期的成果包括印尼国内企业的大规模发展，以及农业和工业生产的增长。然而，这一时期的经济发展也带来了一些负面影响，如腐败和不平等的加剧。

改革时期（1998年至今）。苏哈托政权的崩溃和印度尼西亚的政治和社会变革导致了经济改革。印尼实施了一系列自由化、市场化和去官僚化的政策，以促进经济增长和发展，这些政策包括减少政府管制和对外国投资者开放等。这一时期的成果促进了经济增长和对外开放程度的提高，但也存在着一些挑战，如导致高失业率和贫困问题。

中国和印尼分别是东亚和东南亚最大的经济体，两国的经济增长（尤其是最近40年来）受到了全球的关注。虽然两国的历史、文化和政治制度存在差异，但是两国在许多方面都有着相似之处。本文将探讨中国和印尼的经济增长，分析两国之间的差异和共同点，并讨论两国未来的发展前景。

一、中国经济增长及原因

自改革开放以来,中国经济增长一直保持强劲的势头。1978 年以来,中国的经济年均增长率超过 9%,使中国成为世界上增长最快的经济体之一。在这个过程中,中国逐步实现了市场经济改革,并加入了世界贸易组织。中国的名义国内生产总值(GDP)从 1978 年的 3648 亿元增加到 2022 年的 121.02 万亿元,增长了 300 多倍,成为仅次于美国的全球第二大经济体(1978 年的世界排名为第15 名,如图 1 所示)。中国人均国内生产总值从 385 元增加到 2022 年的 8.57 万元,也增长了 220 多倍,从 1978 年世界排名第 134 位上升到 2022 年的第 67 名(如图 2 所示)。

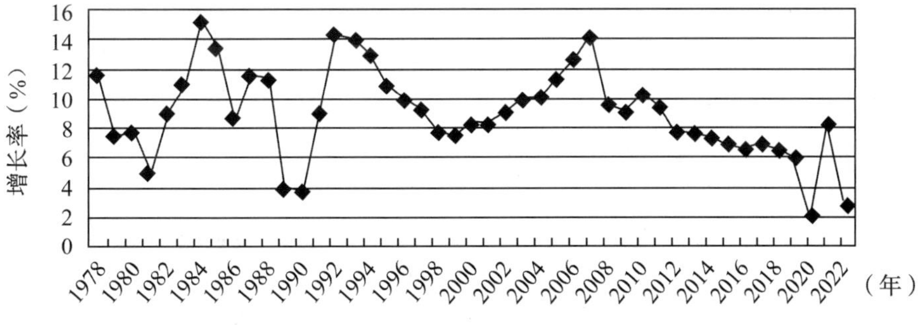

图 1　1978—2022 年中国国内生产总值增长率

资料来源:《中国统计年鉴》。

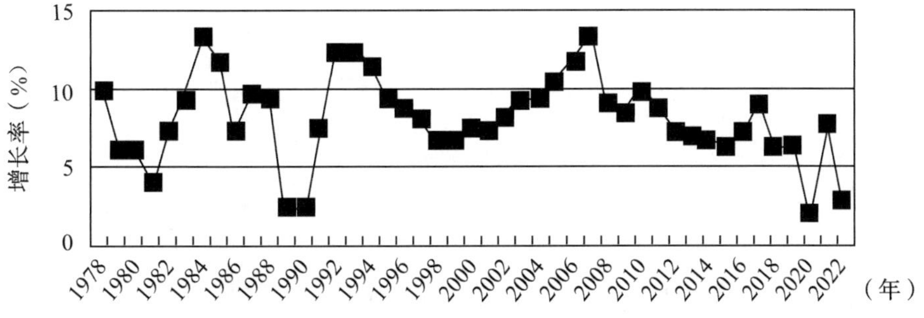

图 2　1978—2022 年中国人均国内生产总值增长率

资料来源:《中国统计年鉴》。

改革开放40多年来，中国保持持续的经济高速增长，经济增长速度超出了20世纪80年代新兴的“亚洲四小龙”最好时期的经济增长，而且比其更具持续性，英国剑桥大学经济学家彼得·罗兰将这种经济现象称为“中国之谜”，有些经济学家将这种现象称为“中国经济增长奇迹”。

中国连续40多年的高速经济增长引起了世界的广泛关注，为了解开中国经济增长奇迹之谜，国内外的经济学家从不同视角进行了研究。

中国的高速经济增长不完全符合西方经济学的经济增长理论，从20世纪90年代开始，一大批西方经济学家针对中国的经济增长奇迹提出了一系列解释，主要有以下观点。

(1)初始条件假说

根据西方新古典经济学理论，哈佛大学教授萨克斯认为，中国经济增长奇迹得益于一系列内部条件和初始条件。①

(2)经济改革政策假说

前苏联经济研究员伊拉里奥诺夫认为，始于1978年的中国经济改革政策是促成中国经济增长奇迹的主要因素。②

(3)四因素假说

正大集团总经理李绍祝认为，中国经济高速增长源自强有力的高层领导班子、制度因素、持续明晰而又符合中国国情的发展战略和拉动内需的积极财政政策。③

(4)低起点假说

国际货币基金组织副总裁安·克鲁格认为中国经济增长奇迹得益于非常低的中国经济起点。根据世界银行分类，中国依然是一个中低收入国家。中国面临的挑战是要在相当长的一段时期内确保经济可持续的高速增长。④

(5)“双高”假说

美国学者乔纳森·安德森认为中国经济增长奇迹和亚洲其他国家的增长模式没有本质区别，即都得益于高储蓄率和高投资率。⑤ 亚洲其他国家的高速经济

---

① 参见萨克斯，胡永泰.中国、东欧、前苏联经济改革中的结构因素[J].经济政策，1994(04):21-23.

② 参见A.伊拉里奥诺夫.中国经济“奇迹”的奥秘[J].国外社会科学，1999(05):29-33.

③ 参见李绍祝.中国奇迹的四个关键因素[J].经济月刊，2003(08):64-65.

④ 参见安·克鲁格.中国继续经济奇迹符合世界利益[N].南方周末，2005-03-04.

⑤ See Jonathan, A. China's True Growth: No Myth or Miracle[J]. Far Eastern Economic Review, 2006(07):9-16.

增长主要来自高投资的推动，而高投资则来自国民的高储蓄率，通过将国民储蓄转化为投资而加速资本形成，从而拉动经济高速增长。

国内学者更加热心研究中国经济增长奇迹的成因。关于中国经济增长奇迹的研究主要采用发展经济学和西方经济学的理论和方法，主要形成了以下几个代表性观点。

(1)发展战略假说

林毅夫和蔡昉等人认为，中国之所以出现经济增长奇迹是因为中国政府采取了有效的发展战略，改革开放之前经济发展之所以缓慢是因为推行了优先发展重工业的战略，而该战略不符合中国国情。①

(2)“三化”推进假说

宋德勇认为，中国之所以出现经济增长奇迹，是因为政府推进了“三化”，即工业化、市场化和国际化。改革开放之初中国还是一个落后的农业国，随后在改革开放过程中，中国调整了经济结构，将农村剩余劳动力转移至城市工厂以及乡镇企业，这些措施都为中国经济高速增长做出了重大贡献，所以中国的经济高速增长在较大程度上直接得益于工业化。另外一个重要原因是中国政府坚定不移地推行市场化改革。因为市场化改革，原来被旧体制束缚的潜能得以释放出来，首先是农业繁荣，然后是工业高速发展，最后是非国有经济也得以迅速发展。外贸的大发展不仅使出口量大增，而且还大力推动了经济特区和沿海地区的持续对外开放，这极大地促进了中国的经济增长。②

(3)生产要素投入假说

沈坤荣认为，中国出现经济增长奇迹的原因是生产要素投入。他研究了物质资本、人力资本和技术进步对中国经济增长的贡献率，认为劳动力在中国的经济增长中发挥了显著作用。③ 蔡昉利用各省的数据得出，国外直接投资占国内生产总值的比重每增加一个单位就可带来0.375单位综合要素生产率的上升。④ 他们运用西方经济学的增长理论，从要素角度解释中国经济增长奇迹。

(4)政府作用假说

持这种观点的学者运用新制度经济学的理论与方法来解释中国的经济增长

① 参见林毅夫，蔡昉，李周.中国的奇迹：发展战略与经济改革[M].上海：格致出版社，1994.

② 参见宋德勇.工业化、市场化、国际化与中国的经济增长：对“中国经济增长奇迹”的一种解释[J].华中科技大学学报(社会科学版)，1999(03)：73-75+82.

③ 参见沈坤荣.1978—1997年中国经济增长因素的实证分析[J].经济科学，1999(04)：14-24.

④ 参见蔡昉.拆除劳动力流动的制度障碍[J].中国人口科学，1999(08)：10-11.

奇迹。杨瑞龙认为，中国之所以出现经济增长奇迹是由于政府行为企业化。他认为政府在改革开放初期是制度变迁的推手，它处于绝对优势地位，拥有非常大的资源配置权力，它能通过包括行政手段和法律手段在内的各种手段约束企业主体行为，因此他认为政府推动市场化改革的行政力量造就了中国经济增长奇迹。①

(5)技术进步假说

持这种观点的学者运用新经济增长理论分析了中国的经济增长奇迹。新经济增长理论认为技术进步是经济增长的根本动力，因为技术进步大大降低生产成本，从而在总体上促进经济持续而又均衡地增长。

(6)制度变迁假说

姚洋认为，中国出现经济增长奇迹的主要原因是制度变迁，中国三十年的制度变迁是沿着有利于提高经济效率的方向前进的。②

(7)创新假说

王宏彬认为，中国经济增长奇迹来自创新。依据熊彼特的创新理论，这一观点从开发新产品、采用新方法、开辟新市场、控制新的原材料来源、生成工业新组织五个方面解释了中国经济增长奇迹的发生机制。③

二、印尼经济增长及原因

在亚太经济版图中，除中国和印度外，印尼在过去几十年中经济也快速崛起并成为世界最大的新兴市场之一。印尼的名义国内生产总值从1980年的489135亿印尼盾(约合23.2亿元)增加到2022年的19588.4万亿印尼盾(约合9.3万亿元)，增长了400倍左右(如图3所示)。印尼的人均名义国内生产总值从1980年的336188印尼盾(约合160元)达到2022年的7103万印尼盾(约合3.37万元)，增长了210倍左右(如图4所示)。

---

① 参见杨瑞龙.制度变迁方式的转换与我国投融资体制的演变[J].教学与研究，1998(10):23-26.

② 参见姚洋.稳健转型:对中国经济增长奇迹的一个解释[J].南风窗，2004(15):22-24.

③ 参见王宏彬.中国经济增长奇迹的“秘密”[J].当代经济，2006(03):41-42.

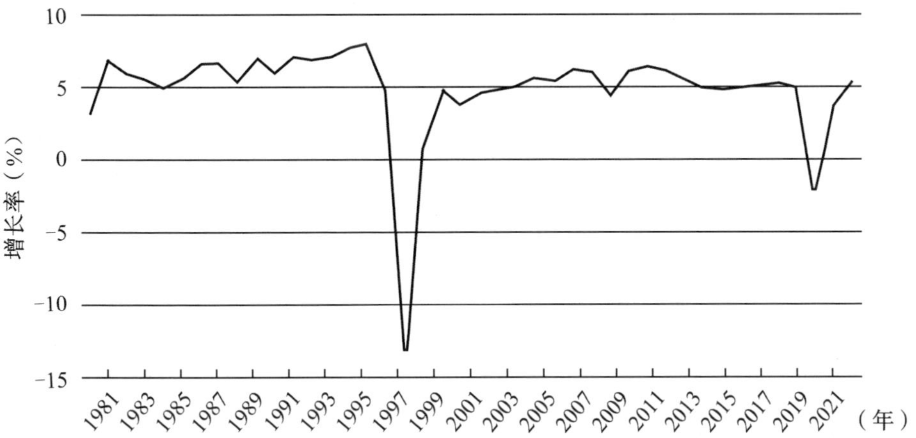

图 3　1981—2022 年印尼国内生产总值增长率

资料来源:世界银行网站。

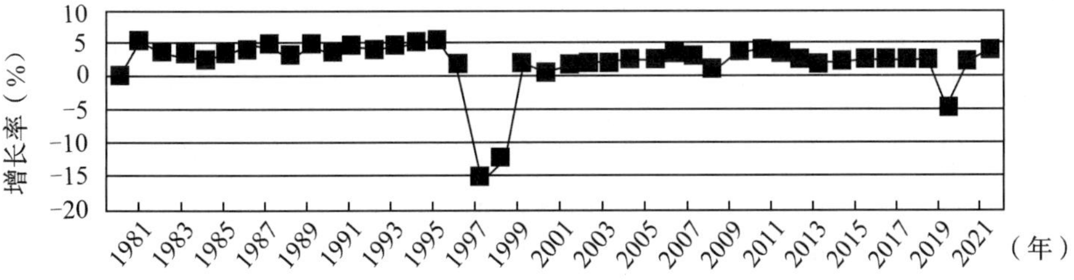

图 4　1981—2022 年印尼人均国内生产总值增长率

资料来源:世界银行网站。

印尼最近几十年的高速经济增长同样引起了经济学者们的兴趣,主要有如下两个观点。

(1)内需主导假说

吴崇伯认为,东亚的几乎所有国家和地区都依赖出口,而且都以欧美为最大出口市场,经济自然就受到欧美经济衰退的打击。相较而言,印尼是世界上少数偏重内需的国家,虽然它也是一个发展中国家,但它对出口的依赖却处于较低水平。印尼政府把扩大内需放在经济政策的重要位置,多措并举促进国内市场的发展。过去十五年来,国内消费一直拉动印尼经济增长,国内消费者贡献了印尼三分之二的 GDP。①

(2)产业转型假说

李鸿阶认为,印尼经济增长与产业转型紧密相关。2001 年至 2009 年期间,印尼的三次产业比由17∶41∶42 变为 14.4∶46.8∶38.8。现在,印尼的经济增长动力已转向第二和第三产业,这两个产业对 GDP 的经济增长贡献率逐年提高。②

三、结语

中国和印尼是两个拥有庞大人口和巨大市场潜力的国家。自改革开放以来,中国一直在保持着高速经济增长,已成为全球第二大经济体。而印尼也在过去几十年中实现了快速发展,2011 年加入二十国集团(G20),成为世界最大的新兴市场之一。然而,这两个国家的经济增长模式、影响因素、面临的挑战都有所不同。首先,中国的经济增长主要依赖于出口、制造业和基础设施投资,这种模式使中国扮演了全球生产和消费的重要角色。然而,随着国内人口红利消失和成本上升,中国正逐渐转向更注重创新和服务业的增长模式。同时,中国还积极推行"一带一路"倡议,通过基础设施建设和贸易投资促进沿线国家的经济发展。相比之下,印尼的经济增长更多地依靠内需和自然资源的开发。印尼的人口数量庞大,消费市场潜力巨大,因此国内需求一直被视为经济发展的主要驱动力。此外,印尼还拥有丰富的自然资源,包括石油、天然气、煤炭、木材、橡胶、金属等,这些资源的开发对于国民经济至关重要。然而,中国和印尼的经济增长都面临一些共同的挑战,其中最重要的是环境污染和资源短缺。中国曾经是全球最大的碳排放国,而印尼也面临森林砍伐、土地垄断等环境问题。解决环保问题和资源可持续利用的问题对于两国未来的经济发展至关重要。另外,政策风险和市场不稳定也是两国经济增长的阻碍。中国和印尼都是发展中国家,政治和经济形势的变化可能会对商业投资和市场信心造成影响。而国际贸易争端和全球经济不景气也可能会对两国的发展造成负面影响。

总之,中国和印尼都是具有潜力的新兴市场,但两国的经济增长模式、影响因素、面临的挑战都有所不同。在全球化和数字化的背景下,两国需要采取创新和可持续的发展模式,应对各种挑战,并进一步加强合作,推动互利共赢发展。

---

① 参见吴崇伯.内需主导的印尼经济发展与前景分析[J].当代世界,2013(07):43-46.

② 参见李鸿阶.印尼经济转型及其与中国经贸合作前景[J].亚太经济,2011(05):8-13.

中印尼数字经济的合作与挑战

孔冬怡*

【摘要】 得益于数字技术的创新推动，世界各国数字经济得到快速发展，数字经济合作成为国家、企业之间发展的必然趋势。印度尼西亚是东南亚地区最大的数字经济体，并且作为“一带一路”的核心地区，是中国不可或缺的合作伙伴。研究中国和印尼数字经济发展现状，剖析中印尼数字经济合作的基础，深入分析现阶段中国与印尼数字经济合作的挑战，提出加强中国与印尼数字经济产业合作的途径，可以为提升中国和印尼数字经济合作水平提供参考依据，对于进一步加强两国数字经济合作有着重要意义。

【关键词】 数字经济；中印尼合作；挑战

【基金项目】 德州学院科学研究基金项目课题“数字经济对我国产业全球价值链竞争力的影响研究”(2022xjrc210)。

世界百年未有之大变局加速演进，新一轮科技革命和产业变革为各国带来新的发展机遇，数字经济对经济发展的稳定器、加速器作用更加凸显。近年来中国一直把数字经济作为经济转型升级的重要方向。2017 年“数字经济”一词首次出现在政府工作报告中后，有关数字经济发展的相关政策不断深化和落地。2022 年 10 月，习近平总书记在党的二十大报告中指出“加快发展数字经济，促进数字经济和实体经济深度融合”。2023 年 2 月 27 日，中共中央、国务院印发《数字中国建设整体布局规划》，明确数字中国建设的“2522”整体框架，为中国中长期数字化建设

* 孔冬怡，德州学院经济管理学院讲师，德州学院东盟研究中心兼职研究员，主要研究方向为数字经济、国际贸易。

和发展指明了方向。2023 年全国“两会”上，促进数字经济与实体经济的深度融合再次成为代表委员们热议的话题，“新一代信息技术加速普及应用，数字经济已成为驱动创新的动力源泉和引领产业链发生颠覆性变革的重要力量”①。这都表明了中国在国家政策层面对数字经济的发展大力扶持。

数字经济领域的开放是中国高水平开放政策的重要部分。无论是企业“走出去”或者“引进来”，还是参与数字贸易，都要基于中国国际规则的衔接。② 中国和印度尼西亚自东盟成立以来，一直保持着良好的经贸关系。印尼也高度重视数字经济发展，是东南亚地区最大的数字经济体，无论是数字经济规模还是电商规模都居首位。2021 年，印度尼西亚发布《2021—2024 年印度尼西亚数字路线图》，包括6 个战略方向、10 个重点领域，涵盖至少 100 项主要举措。因此，面对印度尼西亚广阔的数字经济发展需求，分析中印尼两国数字经济现状，深入探讨中印尼数字经济合作的现实基础和存在的障碍并提出对策，对于进一步加强两国数字经济合作有着重要意义。

一、数字经济的特征和内容

随着互联网、物联网以及人工智能等数字技术快速发展，并逐渐向经济社会各个领域融合、渗透，人们对数字经济的认识也在持续深化，数字经济的内涵和外延不断拓展。

(一)数字经济的基本特征

回顾人类经济增长的历史，数字经济是一种与农耕经济、工业经济和信息经济截然不同的经济形态，反映了这个时代已经到来或正在到来的变革，孕育着国际经济的未来走向。近 20 年来，中外学者、智库以及政府部门从多角度对数字经济内涵进行了研究。迄今为止，数字经济仍缺乏一个精确的通用定义，以明确在衡量它时应该包括哪些因素。给数字经济下定义最根本的挑战在于数字技术的迅速变化。随着数字技术对整个经济社会的渗透越来越深，数字经济覆盖的范围

① 夯基建、扶平台、强监管.数字经济领跑动能优势凸显[EB/OL].(2023-03-13)[2023-04-06]. https://wxb.xzdw.gov.cn/xxh/xxhgzdt/202303/t20230313_328542.html.

② 中国人大网.数字经济的发展与治理[EB/OL].(2023-01-03)[2023-04-06]. http://www.npc.gov.cn/npc/c30834/202301/e85122dc97eb4c0d80c098ccd61197c5.shtml.

越来越广，内涵不断丰富。① 本文在借鉴和综合众多数字经济定义的基础上，认为数字经济是指以数据为关键生产要素、以数字基础设施为重要载体、以数字技术为效率推动力的一系列经济活动。②

（二）数字经济的主要内容

在全球数字化转型的影响下，以数字技术赋能、数据为关键要素的数字经济加快了经济系统内各要素的相互作用，推动了产业系统内的调整和变化，优化了各方面要素配置的组合方式，使产业结构调整和经济增长的动力实现最大化。本文借鉴中国信息通信研究院的数字经济“三化”框架③，认为数字经济主要包含以下几部分内容：一是数字产业化，即信息通信产业，具体包括互联网行业、电信行业、数字技术服务业、电子信息制造业等；二是产业数字化，充分借助互联网、5G网络、物联网、大数据及人工智能等数字基础设施，通过信息资源共享，推动各类传统产业数字化转型；三是数据价值化，提升数据使用程序化水平和规范性，明确数据的共享范围、使用方式、权利归属、数据标准等具体要求。

二、中国及印尼数字经济发展现状分析

（一）中国数字经济现状

1.数字经济是国民经济“稳定器”和“加速器”

中国信息通信研究院发布的《中国数字经济发展研究报告（2023 年）》数据显示，中国数字经济发展迅猛，2022 年数字经济规模达到 50.2 万亿元，同比增加 4.68 万亿元，稳居世界第二。同时，数字经济占国内生产总值比重达到 41.5%，且自 2012 年以来中国数字经济增速已连续 11 年显著高于国内生产总值增速，持续发挥经济“稳定器”“加速器”作用。④

2.数字经济结构优化促进质的有效提升

2022 年，中国数字产业化规模达到 9.2 万亿元，占数字经济比重为 18.3%，比

① 参见赵祺.中国—东盟数字经济合作的机遇与挑战[J].学术探索，2022(07)：59-66.

② 参见杨新臣.数字经济：重塑经济新动力[M].北京：电子工业出版社，2021：5.

③ 中国信息通信研究院.全球数字经济新图景 2020：大变局下的可持续发展新动能[EB/OL].(2020-11-17)[2023-04-28].http://www.caict.ac.cn/kxyj/qwfb/bps/202010/t20201014_359826.htm.

④ 中国信息通信研究院.中国数字经济发展研究报告(2023 年)[EB/OL].(2023-04-28)[2023-04-28].http://221.179.172.81/images/20230428/59511682646544744.pdf.

上年增长10.3%，数字产业化向强基础、重创新、筑优势方向转变。产业数字化规模为41万亿元，同比名义增长10.3%，占国内生产总值比重为33.9%，占数字经济比重为81.7%。得益于互联网、大数据、人工智能等数字技术的赋能作用，实体经济等产业的探索更加丰富多样，产业数字化对数字经济增长的主引擎作用更加凸显。

3.数字化转型发展进一步加深

2022年，中国各行业对数字化转型重要性的认识进一步加深，在线消费、无接触配送、即时零售、网约车、网上外卖、远程医疗等服务业数字化新模式继续保持增长活力。中国服务业数字经济渗透率为44.7%，同比提升1.6个百分点。同时，工业互联网驱动的制造业数字化转型进展尤为迅速，共享制造、服务型制造等新模式、新业态加快发展。中国工业数字经济渗透率为24%，同比提升1.2个百分点，增长幅度创新高。在农村数字经济领域，农村电商、数字农业、数字乡村等成为发展亮点。中国农业数字经济渗透率为10.5%，同比提升0.4个百分点。

4.数字技术助力数字化转型

中国在人工智能、5G技术、大数据、云计算、区块链等前沿科技领域跻身全球第一梯队，具备较强的国际竞争力，为中国数字经济发展提供了技术保障。据中国电信研究院数据，截至2022年年底，中国5G基站达231.2万个，占全球5G基站总数60%以上，已建成全球规模最大、技术领先的数字网络基础设施；算力规模位居全球第二，近五年算力年均增速超过30%；信息领域PCT（专利合作条约）国际申请数量超过3万件，全球占比超过三分之一。① 依托数字技术的应用促进资源要素的流通和优化配置，实现数据智能和网络协同，助力各行业的数字化转型和产业升级，为中国数字经济发展和国际合作提供了技术保障。

5.数字贸易规模迅速扩大

得益于新一轮科技革命和产业变革突飞猛进，以及全球数字经济蓬勃发展的两个驱动力因素，催生了以数据为关键生产要素、数字服务为核心、数字订购与交付为主要特征的数字贸易。近年来，中国数字贸易发展迅速。2022年，可数字化交付的服务贸易规模达到2.5万亿元，比五年前增长了78.6%；2022年，跨境电商进出口规模达到2.1万亿元，比两年前增长了30.2%。党的二十大报告提出，要

① 国家网信办.数字中国发展报告（2021年）[R/OL].（2022-08-05）[2023-04-02]. http://dsj.guizhou.gov.cn/xwzx/gnyw/202208/t20220805_75978461.html.

加快建设贸易强国，将数字贸易的重要性提升到了新高度。[①]

(二)印尼数字经济发展现状

根据《2022东南亚数字经济报告》，2022年印度尼西亚的数字经济规模达770亿美元，并有望在2025年增至1300亿美元，成为东南亚地区最大的数字经济体。当前印尼数字经济领域的重点行业包括网络零售、网上旅游、网络媒体、网约车和外卖、网络金融服务等。

1.在线零售增长快速

在线零售业是印尼数字经济中成长最快、体量最大的构成部分。2022年电商规模预计为590亿美元，并有望在2025年增至950亿美元。同时，据Statista数据显示，约有1.789亿印度尼西亚居民选择线上购物，约占总人口的三分之二。预计到2025年，印尼将有近2.21亿人使用电子商务。截至2022年第二季度，印尼领先的电子商务网站按月流量(百万网络访问)排名是Tokopedia、Shopee、Lazada、Bukalapak、Blibli。

2.网上旅游迅速发展

印尼的网上旅游的发展居于网络零售之后，在印尼属于第二大数字经济板块。根据《2022东南亚数字经济报告》，2022年印尼网上旅游规模约为30亿美元，同比增长60%，是东南亚地区最大的网上旅游国家，预期到2025年将达到100亿美元。在印尼，Traveloka和Tiket.com是最常见的两大线上旅行服务平台，其他的网站平台有Pegipegi、agoda，以及Tokopedia、Blibli、JD.ID等电商网站。

3.在线媒体和娱乐客户活跃度大幅提升

根据《2022东南亚数字经济报告》，2022年印尼在线娱乐行业的市场规模达64亿美元，预计在2025年将达到110亿美元。由于印尼具有东南亚区域内最大的网络用户基础，印尼社交媒体、在线音乐、视频等方面的活跃客户数量大幅提升，因此印尼已成为东南亚国家中在线娱乐市场规模最大和增长最快的区域，2022—2025年的市场复合年均增长率约为19%。

4.网约车和外卖业务规模扩大

印尼同时也是东南亚网约车行业和外卖业务规模最大的市场。根据《2022东南亚数字经济报告》，2022年印尼网约车行业和外卖市场总规模约为80亿美元，

① 参见符仲明.我国将加快发展数字贸易[N].经济日报，2023-03-03.

2012—2025年的复合年均增长率约为22%，预计到2025年将达150亿美元。随着印尼网约车市场的加速发展，其市场参与者数量不断增多，其中GoTo和Grab是印尼最大的两家网约车企业。①

5.互联网金融发展迅猛

印度尼西亚自2016年起发展金融科技，2020年新冠疫情暴发加速了居民和企业对金融科技的接受程度，印度尼西亚发布了《银行业数字化转型蓝图》，加快金融领域数字化发展。根据印尼网络服务提供商协会（APJII）的资料，印尼大约36%的人持有网上银行账户，2%的人持有银行卡，9%的民众通过借记卡支付，而印尼的银行分支覆盖率仅为欧洲国家的六分之一。受社会文化因素的影响，印尼人形成了超前消费的价值观，没有储蓄和长期投资的习惯，消费水平高于中国同等收入人口。这一切都说明印尼拥有日益扩大的消费信贷市场以及潜力巨大的互联网金融需求，加速了金融领域数字化转型。

三、中国—印尼数字经济合作基础及面临的挑战分析

（一）中国—印尼数字经济产业合作基础分析

中国和印尼对于双方在数字经济方面的深度合作极为重视，通过一系列措施持续深化双方在数字经济上的交流与合作，两国政府扮演着极为重要的交流与协商角色，共同构建合作框架，为两国在数字经济领域建立深度合作伙伴关系奠定坚实基础。在此背景下，中国不少知名企业开始增加在印尼数字经济方面的投入，在整体环境趋于向好的大背景下，两国数字经济产业合作带来的市场规模不断扩大。

在"一带一路"发展战略持续深化的大环境下，中国早在2005年便与东盟建立数字通信领域的深度合作伙伴关系，尤其是与印尼的合作更为显著。在2017年第一届"一带一路"国际合作高峰论坛上，习近平主席重点提到应当构建"数字经济领域的丝绸之路"，其深层含义指的是不断加强"一带一路"和数字经济的融合程度，持续强化"一带一路"周边国家的互联网基础设施建设力度，并以此为基础加强互联网技术、数字化技术等方面的深化合作，进而全面促进沿线国家数字经

① Google，Temasek and Bain & Company：Economy SEA 2022[R/OL].(2022-11-12)[2023-04-02].https://www.bain.com/globalassets/noindex/2022/e_conomy_sea_2022_report.pdf.

济高质量发展。在近年多个国际数字经济合作论坛、峰会的推动下,中国和印尼在数字经济领域的合作进程持续深化,并构建两国相互信任的发展体系,中国通过现阶段在数字经济领域的优势和资源为印尼数字经济发展提供源源不断的动力,共同构建可持续发展的经济发展格局。在此基础上,印尼数字经济市场潜能持续扩大,也逐渐发展为中国数字经济高质量发展的重要载体。

(二)中国和印尼数字经济合作概况

1.合作领域广泛

在近年的发展中,中国数字经济领域的行业巨头均根据各自的战略规划在印尼布局,并迅速抢占东南亚国家和地区的数字经济市场。京东于2015年首开先河,开始将东南亚的数字经济投资目光聚焦在印尼,并正式成立JD.ID(京东印尼),在几年时间里,该公司已成为印尼名列前茅的数字经济企业;此外,腾讯和阿里于2017年先后在印尼投资数字经济领域,腾讯对印尼的Go-Jek投资12亿美元,成为两国数字经济领域合作的首批探路者;2017年8月,阿里对印尼的Tokopedia投资11亿美元。历经多年的发展,阿里在2018年正式开放印尼第一个阿里云智能平台。根据2021年公布的相关数据,中国和印尼的数字经济领域合作已拓展至软件应用、电子商务、在线旅游、网约车等行业。

2.电商与软件应用合作密集

中印尼两国在数字经济领域的合作更多聚焦于软件以及电商方面。从电子商务的发展来看,在印尼多家知名电子商务企业中,超过50%的企业均由中国企业投资或成立。其中,阿里投资的印尼电子商务企业多达三家,分别为Lazada、Tokopedia、Bukalapak;京东在印尼数字经济领域的投资规模不断扩大,除了JD.ID外,其投资触角已经延伸至印尼本地的客服和物流领域。不仅如此,随着近些年在印尼的发展和创新,阿里巴巴已经成为印尼知名度最高的电子商务平台。从应用软件角度来看,根据相关数据统计,目前印尼下载量前100名的软件中,由中国开发的比例高于30%。

(三)中印尼数字经济产业合作面临的挑战分析

1.数字经济行业规则标准尚未统一

数字经济贸易方面,相关政策法规的完整性和健全性对促进数字经济跨境交易的发展具有至关重要的促进作用。中国和印尼在数字经济方面的法律法规和行业标准存在诸多差异,其中涉及政府信息流通、消费者隐私权、数字货币监管等领域，此外，在法律层面的规定也存在诸多不同之处，这对于中国企业进入印尼市场造成不少阻力，也极大提高了中国企业的发展成本，对两国经济交流与合作造成不利影响，甚至直接影响两国数字经济领域的深度合作进程。①

2.中国企业数字经济合作本地化经验不足

印尼自身的民族结构、历史发展、文化内涵过于复杂，国家内部存在严重的贫富差距和阶层固化问题，这对于数字经济的发展造成了消极影响。一旦中国企业进入印尼市场，往往需要面对供应商环境、消费群体、企业员工、供需关系等方面因差异而产生的阻力。另外，由于国情不同，相应的企业文化、消费市场、受教育水平、消费习惯等方面与中国均存在显著差异，短期难以达到预期目标的适配性。东道国企业文化是企业实施全球化战略的根基，因此进入印尼的企业势必需要根据印尼当地的消费习惯和人文属性进行调整和优化，才能与印尼的消费市场相适应。中国企业必须始终明确全球化战略规划目标和方向，同时根据不同国家的市场供需关系制定行之有效的发展策略。

3.印尼数字经济监管体系亟待健全

从监管层面来看，现阶段印尼采用的信用评估体系依然与金融机构信用评估体系保持千丝万缕的联系，无法体现独立性和专业性，此外印尼市场的第三方征信体系存在诸多缺陷和弊端。大部分征信机构均需要通过商业机构获取相关数据，不过由于印尼大多数用户为民营企业，这就导致民营企业在征信方面权威性较强，而个人征信的准确性和真实性并不理想。由于印尼现阶段大部分在线贷款客户被本地金融机构评为“无诚信记录客户”或“资信不佳客户”，因此其征信体系的不完善对中国金融机构的风控能力提出了很高的要求。从目前的市场来看，中国金融科技企业如果贸然进入印尼市场，往往会由于两国在数字经济领域的合作风险成本过高而受到影响，投资或成立公司的积极性将会受到严重冲击。

4.印尼数字经济基础设施薄弱

数字经济的发展离不开信息化基础设施建设作为保障。印尼现阶段的数字经济基础设施建设较为落后，这也成为影响两国数字经济深度合作和发展的关键因素，基础硬件设施的落后无形中增加了中国在数字经济方面的投资成本和投资难度，进而对投资积极性造成不良影响，对两国数字经济深度合作发展带来诸多阻力。相关统计数据表明，目前印尼的互联网信息连接质量不符合预期要求，4G

① 魏秀华.中印尼数字经济合作面临的挑战及对策[J].福建技术师范学院学报，2022，40(06)：631-639.

网络覆盖率和传输效率没有达到发展数字经济的要求。通常情况下，4G 网络网速最快可达 100 Mbps，但印尼目前的 4G 网速均为 16.9 Mbps。① 此外，印尼在宽带、光纤等方面的覆盖率和普及率并不理想。印尼拥有固定网络的家庭占比只有 16%。不仅如此，印尼现阶段的 5G 网络无法达到商用标准，在互联网信息技术不断发展的大环境下，印尼在数字经济基础建设上的落后制约了其数字经济的发展。

5.印尼物流低效且成本居高不下

由于电子商务的高速发展，印尼快递量增幅较为明显，不过也凸显了印尼物流产业上的弊端。一方面，印尼目前的物流绩效相对较低。根据 2019 年公布的《全球物流绩效指数报告》，印尼物流绩效指数只有 3.17，远低于东南亚的越南、马来西亚、新加坡等国家。另一方面，本地物流成本居高不下。印尼属于多岛屿国家，交通口岸和相应的交通基础设施落后，这也是该国物流配送效率无法提升的重要原因，对商品的有效运送造成不利影响，物流成本常年居于高位。根据相关数据统计，在印尼本地企业的经营成本中，物流成本占比高达 25%，由此表明居高不下的物流成本成为阻碍中国电商企业进入印尼市场的重要因素。

四、深化中国—印尼数字经济合作的对策建议

（一）推进顶层设计与对接

中国应当持续推进中国—东盟“数字经济丝绸之路”的发展进程，构建全面完善的深度合作格局，为“一带一路”沿线国家的经济发展提供积极正向的引导和支持，构建中国与印尼数字经济交流与合作的战略格局，不断强化中国与印尼在数字技术领域的深度合作，推动两国数字经济资源要素的高效流转和产业聚集效应。根据《区域全面经济伙伴关系协定》，大力推进两国数字经济产业合作规划的落成和实施，明确其在中国“一带一路”倡议中的关键地位，并以此为基础持续加深两国在商务、外交、经济、科技等领域的深度合作。此外，中国应当构建两国数字经济产业合作指导意见和实施办法，并细化双方合作的具体路径、监管职责、合作模式、行业规范，为全面发展双方数字经济产业合作提供合理可行的参考依据。

① 中国移动研究院.东南亚和南亚信息通信基础设施发展现状和趋势[EB/OL].(2021-10-28)[2023-04-02].https://www.digitalelite.cn/h-nd-2142.html.

(二)推进中国数字经济企业本地化发展

中国企业在开发国外市场过程中,必须重视本地化发展战略。由于中国科技型企业对于印尼数字经济市场的开发和拓展需求较为旺盛,因此中国企业在开拓和探索印尼市场时必须实行本地化战略,这样才能在当地市场站稳脚跟。如京东在印尼采取本地化战略,为京东模式在印尼市场的快速复制和拓展提供重要支持。通过本地化经营和发展,京东为印尼企业提供高效优质的电子商务产品和服务,构建专业的供应链体系以及行业标准等,并为更多企业走出国门提供有价值的参考依据。若想在印尼市场站稳脚跟,应当加强与当地公司的合作与交流,以此了解当地行政监管部门的相关政策和条例,为企业产业布局奠定坚实基础。

(三)完善两国数字经济监管配套体系

中国应当就数字经济领域的金融监管、社会信用体系等方面的改革建立深度合作伙伴关系。持续加强企业经营管理的效率和规范性,提高针对海外投资相关资质的审查力度,最大限度地保证中国企业与印尼本国市场经营规则相适应,强化企业参与国际竞争的适应能力。合理利用多种国际峰会、论坛等,与印尼政府及行政主管单位开展深度合作,不断健全和完善两国在数字经济监管体系中的适配性和兼容性,并制定适应两国数字经济领域合作的征信体系、监管体系等,最大限度控制并降低企业投资过程中的各类风险。

(四)提供数字信息化基础设施建设支持

印尼在《国民经济15年中期建设规划(2011—2025)》中明确提出,将数字基础设施建设作为实现互联互通的重点领域。未来一段时间内,印尼在数字基础设施建设方面有巨大需求。因此,中国政府和数字企业应抓住发展机遇,广泛参与到印尼数字基础设计建设中。① 一是合理利用自身科技方面的资源优势,提高双方在5G基站、大数据、人工智能方面的合作深度,根据实际情况实行PPP或BOT模式为印尼数字信息化基础设施建设提供技术支持。二是利用产业链优势为印尼光纤、卫星通信领域的基础建设提供帮助和支持,推动其高质量发展。三是重点发挥中国政府"一带一路"合作框架优势,通过中国金融机构和组织为印尼数字化基础设施建设提供资金层面的动力,在两国共同努力下,构建中国—印尼数字

① 参见刘丹.中国与印尼数字经济投资合作的现实基础及推进策略[J].对外经贸实务,2021(02):81-84.

经济深度合作产业格局。

(五)加强同印尼物流公司之间的合作协调

由于印尼物流效率不高,物流成本居高不下,中国行政主管部门应当根据跨境电商的实际情况,加强在印尼本地设立具有多种功能的公共国外仓,此举能够显著降低物流成本。另外,可持续深化中国企业与印尼物流企业建立深度合作战略伙伴关系。综合考虑物流配送基础设施建设投入成本过高、时效性过低等特征,中国企业应当将经营重点放在控制成本和提升效率上,加强与印尼本地优质的物流配送供应商建立合作关系,充分利用当地物流配送网络,此举对拓展国际市场以及强化综合实力具有重要意义。

文化艺术交流篇

儒学在印度尼西亚的发展对华人认同的影响

袁颖　杨艳冰　管春霞*

【摘要】 在印尼不同历史时期，儒学的传播经历了由初传到复兴的发展阶段。印尼儒学与孔教是密不可分的，是一种重要的传承和表达方式。印尼孔教区别于其他建制的宗教，已经具有独立完备的宗教组织和制度，在社会系统中发挥着重要作用。最初，作为印尼的少数民族或族群，华人传承的是"落叶归根"侨居心态的华侨文化，如今印尼的华人文化已经成为印尼文化的组成部分。儒学在维护华人文化认同和身份认同的过程中是继承和发扬中华文化的重要途径，在很多历史时期也是唯一的合法途径，现在仍然是印度尼西亚华人社区和孔教信徒生活的重要组成部分。

【关键词】 儒学传播；印尼孔教；华人认同；文化认同；身份认同

【基金项目】 山东省外事研究与发展智库课题"儒学在新加坡和马来西亚的文化传承与国际化发展策略研究"(202254)；山东省文化和旅游研究重点课题"生态语言学视角下大运河国家文化公园多模态英汉语言景观建设研究"(22WL〈Z〉31)。

一、儒学在印度尼西亚的传播过程

儒学早在7世纪传入印度尼西亚，但直到19世纪晚期才在印尼长期定居的华

* 袁颖，德州学院东盟研究中心办公室主任，德州学院外国语学院讲师，主要研究方向为区域国别学研究(东盟方向)、系统功能语言学、外语教学研究。

杨艳冰，德州学院外国语学院讲师，主要研究方向为外语教学研究、跨文化交际。

管春霞，德州学院外国语学院讲师，主要研究方向为外语教学研究、中国文化传播。

人社区中广泛传播。儒学的发展在于它对印尼文化适应的能力，将孔子思想与印尼文化和信仰融合在一起，从而更好地推广和传承。目前，印度尼西亚有伊斯兰教、基督教、天主教、佛教、印度教和孔教六大合法宗教。孔教被理解为孔子思想学说，儒学是孔教的思想体系和理论基础。儒学在印度尼西亚的传播主要经历了五个阶段。①

（一）起始阶段

19 世纪中晚期，印度尼西亚的华人翻译了大量的儒学经典，对两国文化的交流融合起到了推动作用。自华人移民印尼到 1900 年中华会馆建立是儒家学说在印尼传播的起始阶段。

（二）发展阶段

儒学在印尼的发展阶段是以 1900 年巴达维亚中华会馆的成立为标志。② 巴达维亚中华会馆是华侨在印尼成立的第一个社团，其目的是推广中华传统文化、宣扬孔子思想、改良社会风气，也是为了树立孔教为印度尼西亚华人的宗教。随之而来的是 1923 年印尼孔教总会和 1932 年印尼中华党的成立，华文报刊也开始发展起来，这些都推动了华侨民族意识的觉醒；同时也深深地影响了印尼的民族独立运动。

（三）高潮阶段

儒学在印尼高潮阶段的来临，应归于苏加诺在 1945 年颁布的第一号总统令。1945 年印尼重获独立，伴随印尼孔教联合会的成立，苏加诺的一号总统令正式对外承认孔教在印度尼西亚的合法性和宗教地位，使孔教在印尼的传播达到高潮。

（四）衰落阶段

儒学在印尼的衰落阶段，学界认为是在 1965 年苏哈托政府执政以后。苏哈托政府对华人实行强制同化政策，下令取消孔教课程，关闭华人学校，禁止华人宗教活动，其一系列行动全力压制儒学的传播。苏哈托政府内政部、宗教部和教育

① 参见王爱平.印度尼西亚孔教：中国儒教的宗教化、印尼化[J].世界宗教文化.2015(05)：51-58.

② 参见温广益，蔡仁龙，刘爱华，等.印度尼西亚华侨史[M].北京：海洋出版社，1985：429.

部颁布法令，禁止在身份证上填写孔教为宗教信仰，不承认由孔教主持的婚礼仪式①，一系列规定严重冲击了孔教的地位。但在之后的20年里，孔教会依然坚持与印尼政府做斗争，坚持开展孔教活动，使华人后裔以及社会各界仍有机会了解孔教、加入孔教。

（五）复兴阶段

儒学在苏哈托政府下台后进入复兴阶段，新任总统进行了一系列改革活动，转变了对孔教的态度，解除文化禁令，取消民族歧视，允许华人开展传统文化活动，并且将春节定为全国公共假日。这些改革与变化一直持续到2006年苏西洛总统执政，孔教终于恢复了在印度尼西亚的合法地位。

在早期的印尼历史上，孔教被视为一种宗教信仰，而在今天的印尼，它更多地被视为一种文化传承。印尼的孔教传承虽然经历了很多的变化，但是对于印尼的华人社区文化和印尼的文化多样性及多元化社会都有着非常重要的作用。目前，孔教在印尼不仅被视为一种信仰和文化传统，更是一种价值观念和文化精神的传承和发扬。

二、印尼的孔教体制与运作模式

随着儒学热、中华传统文化热、孔子热的出现，人们在探讨中华传统文化的同时也更多地关注到印尼孔教，但是因为实地调研困难，缺乏相关资料，国内的相关研究较少。经过100多年的发展，印尼孔教已经形成了相对完备的组织制度，其组织系统包括中央和地方两级。② 印度尼西亚孔教最高理事会（Majielis Tingggi Agama Khonghuzu Indonesia，MATAKIN）是印尼孔教的最高领导机构，包括主席团、宣道师委员会、理事会、名誉会员委员会、学者委员会、经费委员会和顾问委员会等机构。印度尼西亚孔教妇女委员会（PERKIN）是由理事会直接统筹的全国性孔教妇女组织，印度尼西亚孔教青年会（GEMAKU）是由理事会直接统筹的全国性孔教青年组织。印尼孔教每四年举行一次全国代表大会，最高理事会就是由全国代表大会产生的。理事会成员的任职条件要求为：必须是孔教组织的成员，尊崇孔子圣人的高尚品德，忠于孔教会及信徒，接受并履行基本章程、附则和规

① 参见毛起雄.华人华侨百科全书・法律条例政策卷[M].北京：中国华侨出版社，2000：528.

② 参见王爱平.组织与制度：印度尼西亚孔教的制度化表征[J].文史哲，2008(03)：59-68.

定，积极参加孔教会活动，具有建国五项原则精神。如果要成为理事会成员，必须接受立愿仪式，成为真正的孔教信徒，而且年龄要在 21 岁以上或者已婚，总主席和副总主席的年龄必须在 30 岁以上。

作为现代社会组织的印尼孔教最高理事会，是不受权力机构和执行机构制约的独立的教职人员组织机构，它结构严谨，体制合理，既有自己最高的权力机构，又有常务执行机构，保障了最高权力机构、执行机构以及教职人员的组织机构和其领导人能够同心协力为信仰的目标而奋斗。

印尼孔教的组织机构和体制形成经历了一个发展过程。1955 年孔教联合会重新成立，当时中央机构十分简单，只有一个理事会，规定每年召开会员大会。[①] 孔教总主席陈庆明先生曾说，那时的孔教会和孔教总会很简单，主要搞的是宗教。以后的 60 多年里，印尼社会发生了翻天覆地的变化，执政者的宗教政策也反复无常，使得孔教曾经面临衰落。从 1955 年的“孔教联合会”到如今的“印尼孔教最高理事会”，孔教组织的名称不断地发生变化，由闽南语的“孔教会”（Khong Kauw Hwee）变成了印尼文的“印尼孔教”（Agama Khonghucu Indonesia），组织机构也越来越复杂。在整个历史进程中，孔教不断地适应印尼社会政治政策的变化，展示出顽强的生命力，也越来越具有本土化特征。随着苏哈托政府下台，印尼政治也逐渐向民主迈进，自从 1998 年第十三届全国代表大会以来，印尼孔教形成了以主席团、常务理事会、宣道师委员会为主的组织架构。

印尼孔教理事会（Majielis Agama Khonghuzu Indonesia，MAKIN）由印尼孔教总会（MATAKIN）确认和领导，是印尼孔教分布全国各地的地方组织。它由一个地区独立组成，具有孔教的崇高目标，带领和辅导孔教信徒进行宗教活动。有些地方没有成立印尼孔教理事会，就由孔教信徒组成了其他孔教组织，引领孔教信徒活动并进行宗教仪式，这些组织也接受印尼孔教总会的领导。每四年召开一次的会员协商会议是地方理事会的最高决策会议，可以决定地方理事会的政策，制定工作纲领和收支预算，评估理事会的工作，选举理事会主席。地方孔教理事会由会员协商会议选举产生，设有主席、副主席、文书、副文书、财政、副财政以及各小组负责人，还可以根据地方具体情况设立顾问委员会或各类团体。

印尼孔教是“制度化宗教”，有专职的宗教人员等级和级别制度。教职人员的职责是主持宗教仪式、宣传教义和执行教规。孔教的教职人员分为学师（Hak

① See Kwee Boen Hian. Redakasi：“Suara K'ung Chiao” I，Penerblt an Perserlkat an K'ung Chiao Hui [M]. Indonesia，Malang，1956：46.

Su)、文师(Bun Su)和教生(Kauw Seng),职位最高的是学师,职位最低的是教生,原则上职位是永久性的。孔教会要为学师提供生活保障,学师终身全职从事宣道事业。文师和教生在不影响教职工作的情况下可以从事教务之外的职业,不一定得到报酬。

综上所述,经过100多年的发展与建设,印尼孔教已经具有完备的宗教组织和制度,既有全国性的中央组织,又有各种类型的地方组织,并且有专职的教职人员和教阶制度,形成了独具特色的体制与运作模式。孔教的教职人员最高首领不经过二次选举就成为印尼孔教最高理事会主席团成员和副总主席,从而保证了孔教组织的宗教性。印尼孔教已经成为十分现代化的社会组织和独立于其他建制的宗教,作为独立的社会系统在印尼社会中发挥着重要作用。①

三、印尼华人的文化认同和身份认同

印尼的"儒家宗教化"促使孔教突破压制不断发展,表现了印尼的华侨和华人在强大的挑战和冲击中努力确立"自我"文化界限,力图通过文化认同来表达华人认同的不懈奋斗过程。华侨文化是一种侨民文化,体现的是"落叶归根"的侨居心态。随着早期的中国人移民到印度尼西亚,中国的文化教育和儒学也开始在印尼群岛"落地生根",中国本土文化成为中国移民在异国他乡安身立命的精神支柱与感情寄托。印度尼西亚华侨文化是华人在印尼侨居后所形成的海外华人文化,它以中华民族认同为基础,涉及历史、文化、社会、政治、经济等方面,以中华文化认同为基本取向,同步移植故土、原乡的华人思想、信仰、价值观、风俗习惯、语言文字、文学艺术、节日庆典、饮食文化等。印尼华人作为华人社群,其文化认同和身份认同主要围绕着华人传统文化和印尼文化展开。印度尼西亚华侨文化既保留和传承了中国传统文化的特色,又深受所在国文化的影响,他们既要保持自己的华人文化,又要融入印尼文化。

儒学在逐渐成为印尼独立的宗教信仰过程中,保留并发展了各种制度性和非制度性的信仰、礼俗和价值观。儒学和孔教文化曾经通过华人移民传播到印尼,在孔教具有合法地位的时期,儒家文化得以充分发展和传播,深深地影响着印尼华人的思想和生活方式,蕴含在印尼华人的日常生活、工作事业与社会交往中。许多印尼华人家庭也会把孔子的教诲和儒家思想作为教育和家庭规范的基础。

① 参见王爱平.组织与制度:印度尼西亚孔教的制度化表征[J].文史哲,2008(03):59-68.

在印尼历史上，私塾、义学和书院都进行华文教育，一些大家族的宗祠以及部分庙堂也设有华文教育，在这些机构中华人学习中文和原乡文化，儒学和中华民族风俗都得到了传承。[①]

孔教在印尼特别强调礼仪和人与人之间的关系，重视传统文化和家庭伦理。最初在印尼的华侨移民注重亲缘、地缘关系，崇拜故乡神明，强调传统家庭价值与家风，这些特点与中国本土的中国人对中国本土文化的认同几乎没有差异。随着历史的发展，华侨文化作为一种移民文化，也涵化在侨居地的异文化环境中，从而产生了具有当地本土特色的中华文化。印尼华人社区中的儒学信仰深深影响了他们的身份认同，这也是儒学在印尼仍然被广泛传承的原因之一。许多华人信奉孔教的原因在于，它自然而然地将孔子思想与印尼文化融合在一起，强调道德和修养以及以人为本的价值观。这种价值观和信仰也使得他们在印尼的社会中保持了独特的地位和身份认同。孔教与伊斯兰教和佛教相比，更注重内心面对局势或环境的变化，教导人反省积贫积弱的原因。中国福建、广东居民到达东南亚各国，他们信奉儒学的勤劳奋进、克己奉公，从来没有拒绝过欧美的经济席卷和文化融入。在华侨的不断联系下，东南亚传统市场与中国市场和世界市场联系起来。在他们的贸易网络中，东南亚各国的商品开始出现在彼此的市场上，中国的小商品也出现在东南亚的市场上，同时东南亚的物产也出现在欧洲和中国的市场上。受儒家思想影响，华侨思想中深植勤奋与积累观念，在他们的带动下，印度尼西亚形成了遍布全国城乡的商业网络，很快就形成了印尼全国性市场，这是一个极为艰难并且使华人付出巨大代价的历史过程。但是这个过程促使华人经济成为印尼经济共同体的一部分，是华人经济在东南亚崛起的主要原因，同时也是华人和印尼人共同努力建设城市化的过程。而这些必然与华侨文化密不可分，其奋斗历程也一样融入华侨文化。在这个阶段，华侨文化仍然是中华文化的组成部分，是华侨侨居国的侨居群体文化，并不是居住国文化的组成部分，是中华文化在海外的延伸。

印尼华人以自己的发展模式带动印尼工商业的发展，推动了印尼的近代化和现代化[②]，是印尼民族工商业的组成部分，是国家独立的基础。曾经在印尼殖民的荷兰人总是宣称他们为印尼带来了近代化，荷兰人给印尼确实带来了欧洲的金融

---

① See MATAKIN. Ada Pendidikan Tiada Perbedaan: Golden Anniversary MATAKIN 16 April 1955-2005 [M]. MATAKIN, Jakarta, 2005.

② 参见廖建裕.东南亚与华人族群研究[M].新加坡：新加坡青年书局，2008：141-149.

制度，建立了港口，但是从一开始殖民的荷兰资本就是以垄断资本的形式进入印度尼西亚的。荷兰的东印度公司在印度尼西亚的二百年贸易垄断，阻碍了欧洲资本在印尼的正常发展，这同样使荷兰等宗主国资本也难以在东南亚市场上活跃起来。19世纪和20世纪初期，印度尼西亚的这种经济贸易形势使华人经济得到发展空间，儒学以天下为己任的社会责任感依然体现在印尼华人的身上，华人的勤奋不懈与节俭风尚成为印尼近代化的主要动因。但是华人在印尼的经济贸易活动，并没有与中国经济贸易连为一体，只是促成了印尼本土经济的发展。随着在居住地的生息繁衍，印尼华侨逐渐在政治上认同居住国，身份由华侨变为华人，从“落叶归根”慢慢接受了“落地生根”的观念，文化形态也随之由华侨文化转化为华人文化。在印尼社会文化环境和生活实践中，在中华文化与居住地其他族群文化以及西方文化的碰撞交流中，印尼华人将中华文化基因传承和保留下来，并且进一步创造了物质、精神和行为等不同层面的成果，从而形成印尼华人文化，这已经成为印尼华人认同的标志和族群维系的基础。因此，印尼华人文化与之前的华侨文化产生了本质的不同，华人文化虽然依旧被印尼华人作为“我群”的文化本源性基础，但已经不同于中华文化的组成部分或中华文化在海外的分支，它是华人作为印尼少数民族或族群的文化，是华人政治认同转变后的文化表现，是印尼文化的组成部分。

文化基因是个人思维方式和行为方式区别于“他群”的重要体现，是民族中个体对“我群”共同文化认同的标准和基础。19世纪中叶，华人已经开始努力复兴以儒家思想为代表的文化传统，印尼孔教组织的出现是华人民族意识觉醒的标志，它维护了华人的文化传统，也促成了中国儒学和传统文化在印尼的传播。儒学是印尼华裔维护华人身份认同与文化认同的重要途径，也是特定时期继承和发扬中华文化的唯一合法途径。华人群体的文化认同是祖祖辈辈传承下来的、在精神血脉中世代沉积而成的文化基因和传统，如今儒学依然是印尼信徒生活的重要组成部分。

印尼华人文化认同的核心是对华人文化价值观的认同，它成为华人生命延续的深层精神基因，是华人群体凝聚在一起的精神纽带。儒学也是印尼华人身份认同与文化心理的基础。只有当人们在心理情感上有亲和、安全、归属感时，才能在行为上产生对价值体系、精神结构、社会习俗和行为规范的内化、保持与发展，形成对群体或族群共同文化的认可、肯定与接受。[①] 印尼华人的文化认同包括使用相同的文化符号和文化象征，遵循共同的文化理念和价值观念，秉承共有的思维方式和行为规范，采取共同的生存方式和生活方式等。

华人族群具有“我群”特有的思维方式、心理情感、道德规范、宗教信仰、价值观念、人文伦理、行为方式等，是华人之所以成为华人的华人性或华人意识，形成沉淀在华人心里深层的文化结构，是华人族群独特的文化特质和特性。印尼华人对炎黄初祖、中华语言文字、春节习俗等，有着共同的“我群”心理认同，这是对共同的祖先、文化象征和文化符号的认可，其共同性和共通性建构了华人族群文化认同的根基，成为区别华人族群和“他群”、华人文化与“他群”文化的显著特征。印尼的儒学传承在历史的变迁中发生了变化，但始终被华人社区视为一种独特的信仰和文化传统，影响了他们的身份认同和社会地位。它也是印尼华人社区文化的重要组成部分，对印尼的文化多样性和多元化社会中的和谐发展有着重要的作用。

步入 21 世纪，华人社团在印尼社会中如雨后春笋般出现，中文报刊也多达十几种，各种形式的中文学校逐渐兴办起来，华人教育统筹协调机构也开始设立。华人族群认同复苏，同时东南亚华人渐渐呈现出对华人文化和身份认同的再寻求和再确认，这也被称为“再华化”。[②] 全球化的进程、中国经济的崛起、中国国际影响力的增强、印尼强制同化政策的刺激……在所有内因外因共同作用之下，印尼华人开始以前所未有的自信展示自己的族群和文化认同。

目前，印尼华人的生存环境迎来了最为宽松的氛围，但是“国族”问题仍难以解决，虽然华人的印尼化进程必将持续，但是已经开始觉醒或复苏的族群认同、文化认同和身份认同必将延缓这一进程。儒家崇尚的“中庸之道”“仁爱之心”等传统儒家思想与印尼的宗教和文化理念相得益彰，使得孔教在印尼华人社区中深受欢迎，并且成为华人社区文化的重要组成部分。土生华人及其后裔受印尼土著价值观的影响，越来越像印尼人，但是在宗教习俗上与土著还是有明显区别。新客华人及其后裔则具有中华文化和印尼文化的双重文化性。因而，不管是土生华人还是新客华人，在传统中华文化和儒家文化的影响下都依然保留着“华人身份”和“中国性”特征，都没有完全融入印尼原住民社会。[③]

---

① 参见张晶盈.东南亚华人文化认同的内涵和特性[J].华侨大学学报(哲学社会科学版)，2021(03)：15-24+80.

② 参见廖建裕.东南亚与华人族群研究[M].新加坡：新加坡青年书局，2008：141-149.

③ 参见徐晓望.论儒学价值观与东南亚华人社会[J]，中共福建省委党校学报，2008(02)：78-80.

亚洲现代化发展趋势下的
中国—印尼跨文化交际研究

张胜勇*

【摘要】《区域全面经济伙伴关系协定》(RCEP)的生效实施标志着亚洲区域经济一体化步入新的发展阶段,为后疫情时代中国与东盟深化合作、共建命运共同体创建了新的合作平台。2023年是中国同印尼建立全面战略伙伴关系十周年。本文立足亚洲区域化的整体发展,把中国—印尼的跨文化交际研究置于亚洲现代性发展背景中,从而赋予区域国别研究崭新的意义。本文从历史、跨文化和媒体全球化等角度分析,中国—印尼跨文化发展将体验亨廷顿的"文明冲突"、进行更严肃的"文明对话",从而为构建人类命运共同体开创新范式。

【关键词】《区域全面经济伙伴关系协定》;全球化;人类命运共同体;跨文化交际

2020年11月15日,中国、东盟十国、日本、韩国、澳大利亚、新西兰这15个国家共同签署了《区域全面经济伙伴关系协定》,这不仅标志着亚洲区域经济一体化步入新的发展阶段,也为后疫情时代中国与东盟深化合作、共建命运共同体创建了新的合作平台。美国布兰迪斯大学国际金融学教授彼得·彼得里(Peter Petri)说:"以某些标准来衡量,这是史上最大的自由贸易协定,覆盖了全世界大约30%

---

* 张胜勇,德州学院东盟研究中心兼职研究员,德州学院外国语学院副院长、副教授,主要研究方向为应用英语语言学、区域国别学和跨文化交际。

的人口。”①

在中国—东盟自贸区框架下，双边经贸合作日新月异，彼此成为对方第一大贸易伙伴。《区域全面经济伙伴关系协定》将为中国和东盟企业提供更加开放繁荣的区域大市场。2023 年 1 月 2 日，《区域全面经济伙伴关系协定》对印度尼西亚生效，在此背景下，中国—印尼双边关系将更趋活跃。印尼是东盟最大的经济体，中国已连续九年成为印尼第一大贸易伙伴，还是印尼第二大投资来源国。2023 年是中国同印尼建立全面战略伙伴关系 10 周年。长期以来，印尼“全球海洋支点”战略与中国“一带一路”倡议同频共振。中国现代国际关系研究院研究员陈凤英指出，印尼在 2023 年完成《区域全面经济伙伴关系协定》生效的法律程序具有非常重要的意义，进一步夯实了中国与印尼合作的基础。②

据此，本文把中国—印尼的跨文化交际研究置于亚洲现代化发展背景中，从而赋予区域国别研究崭新的意义。本文立足亚洲区域化的整体发展，希冀为中印尼跨文化交流的深层次发展提供智慧。

一、全球主义和全球化

从学术角度上看，全球主义被定义为“政治策略在关注国家或区域问题时，同样需要把世界范围内的议题纳入考量之中”，而全球化是“社会机构在全球范围内运作的过程”或“一个企业或公司进行国际化经营或开始在国际范围内运作的过程”。全球化包括货物、货币、人员和思想在国家和文化间的流动，从这个角度出发，移徙是全球化最重要的方面之一，从一个国家到另一个国家，以及在一个国家或地区内部的流动。

林艾雯（Evelin Lindner）在《性别、侮辱和国际安全》（*Gender，Humiliation，and Global Security*）一书中写道：“全球文化和全球社会的合作机构能够在我们星球上创造有意义的生活。我们需要单个个体在生活中寻求平衡优化，内在统一的嵌入到一个团结的全球社区。在当下，需要一个体面的全球社会带给人类未来”。③ 在欧洲，“社会凝聚力”这个词往往形容家庭及居住地之间的流动，并发展

① 彼得·彼得里.RCEP 签署是多边主义的胜利[N].人民日报海外版，2020-11-19.

② 陈凤英.RCEP 对印尼生效：激活中国与印尼经贸合作新潜力[N/OL].中国青年报，(2023-01-20)[2023-03-09]. https://t.m.youth.cn/transfer/index/url/news.youth.cn/gj/202301/t20230104_14236862.htm.

③ Lindner，E. Gender，Humiliation and Global Security [M]. Santa Barbara，CA：Praeger，2010.

成为“全球联通”。在亚洲，“和谐社会”则更为常见。无论用什么措辞，这些词背后的含义都是全人类为了共同利益而团结起来。因此，“人类命运共同体”这一概念对整个亚洲地区(包括中国—印尼关系)显得非常重要并深具全球意义。

塞缪尔·亨廷顿(Samuel Huntington)在《文明冲突论》(*The Clash of Civilizations*)一书中提出了“文明间的对话”建议。① 亨廷顿在书中写道，西方的犹太教/基督教和中东伊斯兰国家与文化以及亚洲的儒家/佛教/印度教文化有根本的不同，从而无法在全球范围内合作，我们是否可以在全球范围、国际范围和区域间进行“文明对话”?

兰迪·克鲁弗(Randy Kluver)和约翰·鲍威尔斯(John H. Powers)在《公民话语、公民社会和中国传播》(*Civic Discourse*, *Civil Society*, *and Chinese Communities*)一书中指出，从传播框架来看，公民社会的发展可以是自上而下，也可以是自下而上，这取决于内部传播、世界范围内的离散，以及中央政府和全球行为体之间的沟通。公民社会允许公民在国家权力之外发出影响社会和政治生活的声音。兰迪·克鲁弗和约翰·鲍威尔斯认为公民话语是定义社会和人民性质的能力，包括经济、文化和社会问题、流行文化(包括艺术、建筑、音乐、书籍、互联网等)，他们的民族身份可以通过这些来表达。公民话语有助于创造社会，社会有助于促进公民话语。② 正如爱德华·霍尔(Edward T. Hall)所说，“传播就是文化，文化就是传播……未来可能会给这个快速变化的文化和社会带来更多不同的想法，从而构建新身份和一个崭新的中国世界”③。

马丁·雅克(Martin Jacques)在《当中国统治世界》(*When China Rules the World*)一书中指出，“以前，美国被认为是全球化不可抗拒的代理人和受益者。现在，主要的受益者被认为是东亚，特别是中国”④，因为它的文明层面“使中国具有特殊和独有的特征”。那么根据此逻辑的延伸，我们是否应该认为，全球化不是让亚洲走向西方，而是让西方越来越多地走向东亚和中国?

马丁·雅克对亚洲人的身份和价值观提供了五个衡量标准：语言、妆容和服饰、食物、权力和政治。正是这几个因素折射出亚洲现代化进程中国别发展之间

---

① See Huntington, S. The Clash of Civilizations [M]. New York: Touchstone, 1996.

② See Powers, J. H. and Kluver, R. Civic Discourse, Civil Society and Chinese Communities [M]. Stamford, CT: Ablex, 1999.

③ See Edward, T. H. Beyond Culture [M]. New York: Anchor Press, 1977.

④ See Jacques, M. When China Rules the World [M]. New York: Penguin Press, 2009.

的差距，也隐喻了中国与印尼文化交流的巨大潜力。

第一，英语在亚洲的地位。雅克指出，在中国，每年有3.5亿人在学习英语，英语成绩是进入大学和毕业所需的语言成绩之一；在印度，英语是15种官方语言之一；在日本，学生平均学习英语时长为15年，但英语水平依然相当低；在巴基斯坦，英语是一种常用的教学语言；在新加坡，市民的英语水平普遍很高，也是一种典型、普及的教学语言；在菲律宾，英语从初中开始教授；在印度尼西亚，英语被当作第二语言来教，但其学习和教学资源却不足。中国—印尼合作潜力巨大，包括互派师生、语言交换等项目均深化彼此间的合作，扩大彼此文化影响力，从而创造亚洲范围内文化交流关系典范。

第二，亚洲的妆容、服饰和饮食。雅克注意到，许多亚洲人追求白色/浅色的皮肤，女性在阳光下打伞是常见现象，模特的皮肤也比较白。从这个角度来讲，除本民族文化的影响外，亚洲深受西方审美观的影响，西方化妆品品牌在亚洲的流行便是证明之一。在中国，以结婚喜庆照片为例，西式白色婚纱在过去二十多年一直流行。但近几年，更多年轻人选择传统的中式婚礼，透露出对国家传统文明的钟爱和再重视。西式服装在日本也很流行，但对于广大的日本男性和女性，和服在传统庆祝活动甚至日常生活中仍然很受欢迎。包括印度尼西亚在内，马来西亚、巴基斯坦、孟加拉国普遍重视其传统服饰。另外，在饮食方面，雅克指出，尽管亚洲各国美食中西兼并，但亚洲人普遍以本国食物为傲。因此，亚洲文化的多样性在这一方面表现得淋漓尽致，而这一点也是亚洲文化辐射全球最典型的案例，有利于打破文化间的刻板印象，涉及目标群体的日常生活，对塑造国别文化和亚洲文化整体形象有着积极意义。

第三，在对权力的理解方面，雅克发现了深刻的差异。在西方话语体系中，个人自主、身份认同、功利主义政府、民主、自由是规范；但东亚、北亚和东南亚的大部分亚洲国家，形成了以家庭为社会基础的群体认同，更多地寻求稳定与和谐。雅克认为，首先，“西方文化对亚洲的冲击是有限的，所以，亚洲现代化更取决于亚洲国家转型和调试的能力”；其次，“如果现代化只是简单的移植，它在亚洲不会成功。人们必须相信，现代化是他们自己的”。

虽然概念化的全球主义和进程性的全球化继续迅速发展，但马丁·雅克认为亚洲只会以自己的节奏、以亚洲社会为背景实现现代化。亚洲有能力做好兼容并蓄，如果西方范式在亚洲的背景下水土不服，则不会被采纳。与此同时，亚洲的价值观对西方社会的影响越来越大。而这同样是《区域全面经济伙伴关系协定》生效实施的另一国际意义，既彰显亚洲文化在全球的影响力，又为亚洲各国提供深化合作的平台，增强凝聚力。

二、媒体全球化

试问，西方媒体的全球化对亚洲发展中国家的本土文化有什么影响？如果有的话，西方媒体全球化对本土媒体产业有什么样的影响？在这个媒体全球化的时代，是否有任何迹象表明，文化间的影响可能在东方和西方内部同时发生了？以电影界的“好莱坞化 vs.宝莱坞化”（Hollywoodization vs. Baliwoodization）为例：亚洲电影的好莱坞化越来越显性，而好莱坞在某种程度上也正在亚洲化，印度和韩国电影业的发展和影响便是很好的证明。这种双向的文化共生可能会增长，以满足世界性观众的娱乐和文化需求，毕竟观众愿意消费和欣赏异国文化，也不完全拒绝本国文化。

互联网的飞速发展使得东西方媒体间的竞争日趋激烈，争夺话语权和“用一种声音说话”成了关键。而反映到具体国家的互联网发展，信息审查便更容易理解了，信息共享并不意味着信息泛滥和无所顾忌，保护本土文化免受外来文化的冲击当然也是任何国家的利益所在。据统计，现在中国使用互联网的人数比美国、加拿大、澳大利亚、新西兰和比利时的人口总和还要多。

新的社会媒体不断涌现，媒体本身具有跨文化性、国际性和全球性等特征，而亚洲现代化的整体发展性符合早期跨文化交际发展的预测，因此亚洲将会有更多青年的未来与媒体领域有关。会有更多的青年成为企业家，开设企业，或投身已经非常成功的企业和国际贸易，其中很多与跨文化、国际化和媒体全球化（或区域化）有关。

三、结语

亚洲人口几乎占据了世界人口的60%。全球青年希望自己在推动《区域全面经济伙伴关系协定》实施上发挥更大的作用。受访者认为，青年群体最应发挥的角色与作用是交流与合作，他们相信《区域全面经济伙伴关系协定》的实施能够“推动年轻人学习相关产业知识，投身相关产业建设”，“推动年轻人了解其他《区域全面经济伙伴关系协定》成员国的本土知识”以及“推动年轻人开阔视野，努力发展成为国际化人才”。

从历史角度来看，正如19世纪通常被称为“工业时代”或“英国世纪”、20世纪被称为“美国世纪”，马丁·雅克认为21世纪可能是“亚洲世纪”甚至是“中国世纪”。正如他书中暗示的，更广泛的亚洲代表了即将到来的全球趋势，亚洲现代化发展下的中国—印尼跨文化发展将体验亨廷顿的“文明冲突”、进行更严肃的“文明对话”，从而为构建人类命运共同体开创新范式。

中印尼体育文化交流提升对策研究

王宪*

【摘要】 体育交流作为国家外交的一种手段，具有重要的意义和作用，有利于促进国家间的友好关系和文化交流，推动体育事业的发展和增强国际形象。本文旨在研究中印尼之间的体育文化交流，并提出提升交流的对策。体育文化交流对于增进中印尼两国之间的相互理解、友谊和合作具有重要意义。通过深入分析中印尼的体育文化背景、现状和互动，本文探讨了促进中印尼体育文化交流的策略和方法。本文还提出了一系列建议，旨在加强中印尼体育交流的合作平台、推动文化交流活动、加强交流渠道和资源共享，以及促进人员交流和合作。本文对于进一步推动中印尼体育文化交流，加深两国人民之间的友谊和合作具有积极意义。

【关键词】 中印尼；体育文化；交流；合作；互动；友谊

体育交流是一种有利于促进国家间友好关系和文化交流的方式。作为国家外交的一种手段，体育交流可以促进不同国家之间的友好关系，增进彼此的了解和信任，减少误解和猜忌，有利于维护和发展国家间的和平与稳定。体育交流也可以让不同国家之间的文化相互碰撞、融合和交流，扩大各自的文化影响力。体育交流也是一种具有公益性和人文关怀的方式，通过这种方式展示出自身的文化、价值观和精神面貌，可以增强国家的国际形象和国际影响力。体育在中国对外交往中发挥了重要的作用，北京奥运会的成功举办不仅显示了中国国家实力的

* 王宪，德州学院东盟研究中心兼职研究员，体育学院讲师，主要研究方向为足球教学与训练、足球裁判、藤球教学与发展。

增强，更为中国提供了向全世界展示自己的机会。中国作为体育强国，十分重视同其他国家，尤其是与周边国家开展丰富的体育交流活动。①

中国和印度尼西亚作为两个重要的亚洲国家，有着深厚的历史和文化底蕴。在体育方面，两国都有悠久的历史和优秀的传统。中国和印尼在地区和多边层面拥有广泛的共同利益，在维护地区和平稳定、促进世界繁荣发展、全面推动南南合作、应对全球性议题方面是重要合作伙伴，两国高层领导多次会晤和交流，就教育、经贸、科技、卫生、人文交流等多领域进行磋商，并达成共识。② 印尼政府和中国政府在新冠疫情期间进行了多次互动，包括佐科总统和习近平主席的多次通话，以及两国外交部官员的多次电话联系。③

由于文化差异、语言障碍等因素的存在，两国在体育文化交流方面存在一些困难和局限。为了促进两国之间的体育文化交流，深化两国的友好关系，研究中国和印度尼西亚体育文化交流的现状和存在的问题，并提出相应的对策，具有重要的理论和实践价值。

一、中印尼体育文化背景

(一)中印尼体育文化发展概况

中国体育文化是指中国传统文化中与体育相关的一部分，它反映了中国人民对体育的认识、发展和传承。中国体育文化具有悠久的历史和丰富的内涵，是中国传统文化的重要组成部分。中国体育文化的特点之一是“身心合一”。中国古代的体育活动是以“强身健体”为目的，强调身体和心理的协调发展。例如，太极拳、气功等传统体育项目，既能锻炼身体，又能调整心态，具有综合的健身效果。中国体育文化还注重“和谐发展”。在中国传统文化中，人与自然、人与社会的和谐发展一直是重要的理念。中国传统体育活动也体现了这一理念，例如，中国武术注重“以柔克刚”，强调运用技巧和智慧而非暴力和肌肉力量去战胜对手。除此

---

① 参见载韦红，刘明周，陈菲主编.中国与印度尼西亚人文交流发展报告(2021)[M].北京：社会科学文献出版社，2021，71-82.

② 参见载韦红，刘明周，陈菲主编.中国与印度尼西亚人文交流发展报告(2021)[M].北京：社会科学文献出版社，2021，201-209.

③ 参见载韦红，刘明周，陈菲主编.中国与印度尼西亚人文交流发展报告(2021)[M].北京：社会科学文献出版社，2021，300-309.

之外，中国体育文化还强调“团结协作”和“道德教育”。中国传统体育活动多以集体形式进行，需要团队协作和默契配合。同时，中国体育文化也注重道德教育，例如，武术强调“德、智、体、美”的全面发展。

总的来说，中国体育文化是中国传统文化的重要组成部分，具有悠久的历史和丰富的内涵，反映了中国人民对体育的认识、发展和传承。

印度尼西亚是一个多元文化的国家，其体育文化也是如此。印度尼西亚拥有丰富的传统文化和历史，以及丰富的自然资源，这些都为其体育文化的发展提供了良好的条件。足球是印度尼西亚最受欢迎的运动之一，也是国家的全民运动。印度尼西亚有着悠久的足球历史和强大的足球文化，其国家足球队曾多次参加亚洲杯和世界杯。篮球在印度尼西亚也非常受欢迎，其国家篮球队也曾多次参加亚洲杯和世界杯。羽毛球是印度尼西亚的传统体育项目之一，其国家羽毛球队在世界范围内也非常有名，曾多次获得奥运会和世界羽毛球锦标赛的奖牌。由于印度尼西亚拥有许多美丽的海滩和岛屿，游泳也成为其重要的体育项目之一，其游泳队在亚洲和世界比赛中表现优异。印度尼西亚的田径运动员也在国际比赛中表现出色，在奥运会和亚运会上获得过多项奖牌。摔跤是印度尼西亚的传统体育项目之一，传统摔跤比赛吸引了众多观众和选手的参与。除了以上运动项目，印度尼西亚还有一些其他的体育运动，如高尔夫、网球、赛艇等。印尼也是一个热爱传统体育活动的国家，如印尼式摔跤（Pencak Silat）和印尼藤球（Sepak Takraw）等，这些传统项目反映了印尼独特的文化和历史。印度尼西亚的体育文化是多元、丰富而又具有独特性的，它不仅反映了印度尼西亚的历史、文化和传统，而且展现了印度尼西亚人民对体育运动的热爱。

（二）中印尼的文化背景和特点

中国拥有五千年的文明历史，以其丰富的文化遗产和传统闻名于世。中国文化强调人与自然、人与人之间的和谐关系，这在体育领域也有所体现。传统的武术和太极拳等体育项目反映了中国文化对身心平衡和内外调和的重视。

印尼是一个多元文化国家，由不同民族、宗教和语言组成。这种多样性赋予了印尼丰富多彩的文化面貌。印尼文化以宗教、社区和家庭为核心，强调亲和力、友谊和人际关系的重要性。这种价值观在印尼的体育文化中也有所体现，如在集体项目中强调团队合作和协调。

中印尼两国体育文化背景的丰富和多样性为两国之间的体育文化交流提供了广阔的空间和机会。通过深入了解中印尼的体育发展和文化特点，可以更好地把握交流的基础和潜力，为中印尼体育文化交流的进一步发展提供坚实的基础。

二、中印尼体育文化交流现状

（一）中印尼体育交流的现有合作项目

中印尼体育交流可以追溯到20世纪60年代。当时，中国和印度尼西亚两国政府开始在体育领域进行交流，以促进两国体育的发展和友好关系。此后，中印尼两国的体育交流逐渐增加，并取得了一些重要的成果。中印尼之间已经存在一些体育交流的合作项目。例如，两国在体育领域开展了友好赛事和交流活动，如足球友谊赛、羽毛球锦标赛和篮球对抗赛等。这些活动不仅为运动员提供了互相切磋、交流学习的机会，也增进了两国人民之间的相互了解和友谊。

此外，中印尼之间还有一些教育和学术交流项目，涉及体育教育和培训。中国的体育教育机构和专家与印尼的学校和机构合作，开展体育教学和培训项目，为印尼的体育人才提供支持和指导。

（二）中印尼体育文化交流的挑战和机遇

目前，中印尼体育文化交流面临语言和文化差异的挑战。语言障碍限制了双方在交流和合作中的深入理解。此外，中国和印尼拥有不同的文化背景和价值观，这可能导致在交流过程中出现误解或困惑。同时，中印尼体育文化交流也存在着机遇和潜力。两国都拥有丰富多样的体育资源和文化传统，可以互相学习和借鉴。通过加强交流和合作，可以促进中印尼体育项目的发展和提升，推动两国体育产业的合作与交流。此外，随着全球体育产业的迅速发展，中印尼之间的体育文化交流也面临更多商业机会。体育赛事、品牌合作和赞助等领域都有潜力成为中印尼合作的重点领域，为体育文化交流提供更多的资源和支持。

综上所述，中印尼体育文化交流在现有合作项目中取得了一定的成果，同时也面临一些挑战和机遇。通过充分了解现状和问题，可以制定相应的策略和对策，进一步推动中印尼体育文化交流的发展，实现更深层次的合作和共赢。

三、中印尼体育文化交流对策

（一）构建合作平台和机制

为了促进中印尼体育文化交流，建立合作平台和机制至关重要。双方可以积极开展高层对话和合作会议，以加强政府间的合作和交流。此外，还可以建立中印尼体育交流协会或组织，提供一个持续性的平台，促进运动员、教练员和专家之间的交流和合作。

（二）推动文化交流活动

文化交流活动是增进中印尼体育文化交流的重要途径。双方可以定期举办体育文化展览、艺术表演和文化节庆活动，展示各自的体育文化遗产和传统。此外，也可以组织体育讲座、研讨会和学术交流活动，促进学者、专家和从业人员之间的交流和合作。

（三）加强交流渠道和资源共享

加强中印尼之间的交流渠道和资源共享可以促进体育文化交流的深化和拓展。双方可以加强体育教育机构和学校之间的合作，推动教师和学生的交流和互访。同时，还可以建立合作研究中心或实验室，共享研究成果、教学资源和培训经验。此外，两国还可以共同开发体育课程和教材，以提高学生对另一种文化的认识。

（四）促进人员交流和合作

人员交流和合作是中印尼体育文化交流的核心。双方可以开展运动员、教练员和裁判员的互访交流活动，提供相互学习和培训的机会。此外，还可以加强体育管理和组织人员之间的交流和合作，共同探讨体育政策、赛事组织和运营管理等方面的经验和实践。

（五）通过数字化手段加强交流

随着信息技术的不断发展，两国可以通过网络、社交媒体等数字化手段加强交流。例如，可以通过共同建立体育文化交流平台、开设中印尼体育文化专题等方式，促进两国之间的交流和互动。

四、结语

(一)主要研究发现总结

通过对中印尼体育文化交流的研究和探讨,本文得出了以下主要研究发现:首先,中印尼两国都拥有丰富多样的体育文化资源和传统,体育文化交流对于增进两国人民之间的相互理解和友谊具有重要意义。其次,中印尼体育文化交流已经取得了一定的成果,包括友好赛事、交流活动和教育合作项目等。然而,仍存在语言和文化差异的挑战,需要进一步加强交流和合作。最后,构建合作平台和机制、推动文化交流活动、加强交流渠道和资源共享,以及促进人员交流和合作是提升中印尼体育文化交流的关键对策。

(二)对未来中印尼体育文化交流的展望

在未来,中印尼体育文化交流仍有很大的发展潜力。可以采取以下措施来进一步推动交流合作,首先,加强政府间的合作和支持,为体育文化交流提供更多的政策支持和资源保障。其次,加强教育机构和学校之间的合作,推动体育教育和培训的交流和互联互通。此外,利用数字化和在线平台,扩大中印尼之间的虚拟交流和合作,促进更广泛的参与和互动。最后,加强体育产业和商业合作,开拓体育赛事、品牌合作和赞助等商业机会,为体育文化交流提供更多的资源和支持。

通过以上措施,中印尼体育文化交流将迎来更加广阔和深入的发展。这将进一步增进两国人民之间的友谊和合作,推动中印尼关系全面发展。

中印尼体育交流文化渊源与可持续发展研究

李献震*

【摘要】 随着全球化进程的加速，中国和印尼之间的体育交流日益频繁。通过文献综述和案例分析等方法，本文探讨了中印尼体育交流的文化渊源以及可持续发展的现状并提出策略。中印尼体育文化交流表现出呈现鲜明的国家主导性、武术成为重要文化使者等特点，但在中印尼体育文化交流上存在体育高层之间缺乏稳固的交流机制、赛事交流体系不完善等问题。针对中印尼体育文化交流中的不足之处，本文提出了建立健全中印尼体育高层交流机制，完善体育赛事交流体系等可持续发展策略。

【关键词】 中国；印度尼西亚；体育交流；文化渊源；可持续发展

体育是一种跨越国界的活动，它具有极大的文化影响力和交流价值。随着全球化进程的加速，体育交流成为各国交流合作的重要组成部分。可以增进不同国家之间的相互了解，推动两国文化交流深入发展。中国和印尼是两个人口众多、体育文化底蕴深厚的国家，两国之间的体育交流具有广阔的合作空间和发展前景。本文旨在探讨中国和印尼在体育交流方面的文化渊源以及这种交流对可持续发展的影响，为两国的体育交流提供理论支撑和实践借鉴。

一、中国和印尼的体育文化背景

中国和印尼都拥有丰富的体育文化传统。中国体育文化可以追溯到古代，如

* 李献震，德州学院东盟研究中心兼职研究员，德州学院体育学院讲师，主要研究方向为体育文化产业、体育教育等。

传统武术、太极拳，以及现代的羽毛球、乒乓球等运动项目。印尼体育文化也源远流长，如传统的巴厘岛搏击术和西爪哇武术，以及现代的足球、羽毛球等。此外，中国和印尼的文化交流可以追溯到数千年前的“海上丝绸之路”，两国文化的相互渗透和融合历史悠久。

(一)中国的体育文化背景

中国的体育文化历史悠久，在中国古代，体育活动被视为一种重要的文化活动，不仅仅是为了锻炼身体，还是为了培养人的品德、修养和道德。在中国古代，许多传统的体育活动，如武术、太极拳、箭术、马术等，都是在一定的文化背景下形成的。

随着社会的发展和变化，中国的体育文化也在不断地演变。在现代中国，体育已经成为一个重要的社会文化现象，越来越多的人开始参与体育活动。中国政府也非常重视体育事业的发展，大力推广和普及体育运动。

中国的体育文化背景也与国际体育文化有着密切联系。中国一直在积极参与国际体育活动，例如奥运会、世界杯、亚洲杯等。这些国际体育赛事不仅是体育竞技比赛，也是不同文化之间的交流和融合机会。通过参与这些国际体育赛事，让越来越多的国家了解中国，也让中国逐步走向世界。

(二)印尼的体育文化背景

体育在印度尼西亚的历史中占有重要的地位，它不仅是一种娱乐活动，也是一种传统文化和社交活动。印尼是一个拥有众多民族和文化的多元化国家，体育文化也同样多样化[①]。印尼的传统体育项目包括武术、垒球、足球等。其中，武术在印尼历史上曾有着重要的地位，被认为是一种传统文化遗产。印尼还有一种传统舞蹈叫“伦巴·卡巴亚”，这种舞蹈被认为是一种锻炼身体和修养精神的方式，与中国的太极拳有相似之处。

印度尼西亚有许多传统的体育运动，如西加亚、坦泗、猴子跳和棒球等。这些传统运动在印度尼西亚的各个地区都有自己的特色和规则，它们不仅是一种娱乐和锻炼身体的方式，也是一种文化传承和社交活动。足球是印度尼西亚最受欢迎的体育运动之一。印度尼西亚足球联赛是印度尼西亚最受欢迎的职业足球联赛，

---

① 参见陈惠娜，彭业仁.东南亚民俗体育文化研究：以印尼三宝垄“郑和节”为例[J].湖北体育科技，2017，36(09)：753-755.

吸引了大量的球迷和赞助商。印度尼西亚国家足球队也在亚洲足坛上有一定的地位。篮球也是印度尼西亚广受欢迎的一项体育运动。印度尼西亚篮球联赛是印尼最高水平的职业篮球联赛，吸引了大量的球迷和赞助商。羽毛球是印度尼西亚最成功的体育项目之一。印度尼西亚羽毛球队在世界羽毛球赛事中一直表现出色，获得了多个世界冠军和多枚奥运奖牌。印度尼西亚还有许多其他的体育运动，如游泳、田径、举重、摔跤和拳击等。

二、中国与印度尼西亚体育交流文化渊源的体现

中国与印度尼西亚体育文化渊源深厚，有着悠久的历史和丰富的文化内涵。国家的文化软实力是其综合国力和国际影响力的一大体现，而体育是我国优秀传统文化的重要组成部分。体育是文化的“活载体”，既是一种社会活动，也是一种既可展示更可传承的文化活动。体育在人文领域扮演着独特的角色，将其与文化有机结合起来，是中印尼两国之间进行文化交流、促进两国人民互动和了解的重要窗口。

中印尼体育交流的文化价值主要体现在两国间举办体育赛事和各国特色体育展示交流活动的过程中①。双边体育赛事的成功举办拉近了两国人民的距离。中国体育交流活动的代表是中华武术，可以以中华武术为双边体育交流的重要契机，在出访沿线各国时，以武术这一源于中国、发于中国的无声语言来与各国人民进行文化的交流互动②。印尼也可用这种方式，选取有代表性的体育项目，在展示的同时进行文化的交流与互动，以体育的方式加深两国间的相互了解。

与此同时，在传播本国文化的同时，也要结合国家文化特色，了解和研究印度尼西亚的文化内涵，不论是官方体育交流活动还是民间非官方体育交流活动，都要与国家的各类政策相呼应。

中国和印尼在体育方面存在许多相似之处，体育交流可以促进两国之间的文化交流。例如，中国武术和印尼的帕卢跆拳道、西哈松等武术有着相似之处，都注重技击和对身体的掌控；中国和印尼的羽毛球运动员在国际比赛中常常成为对

---

① 参见林艾，史友宽.中国—东盟体育赛事交流现状及对策研究：以广西为例[J].山东体育科技，2022，44(06)：42-46.

② 参见刘义峰，徐阅，何启帆，等.云南—东盟区域少数民族传统体育发展研究[C]//中国体育科学学会武术与民族传统体育分会，教育部中华优秀传统文化传承基地（武术），全国学校体育联盟（中华武术）.2022年中国体育非物质文化遗产大会书面交流摘要汇编.2022：110-111.

手，也有许多合作；中国的象棋和印度的查塔兰加棋（chaturanga）有着渊源，查塔兰加棋传入印度尼西亚后演变成了印尼棋；中国的舞蹈和印尼的民间舞蹈有着相似之处，例如中国的踩高跷和印尼的塔林达舞，都有着跳跃、旋转等动作。传统体育项目中的中国太极拳、印尼的班卡苏拉（Pencak Silat）等传统体育项目也有着相似之处，都注重内功修炼和技击技巧。此外，中国的武术也在印尼得到广泛传播和认可。

中印尼体育交流对两国文化交流起到了重要的推动作用。通过体育交流，两国民众之间的沟通和交流得以加强，两国人民对彼此的文化和传统有了更深的了解和认识[①]。此外，体育交流也促进了两国之间的经济和政治合作，为深化两国全方位合作提供了良好的契机。中国和印尼之间的足球交流已经存在了很长时间。中国足球队和印尼足球队曾多次举行友谊赛和参加亚洲杯比赛。中国和印尼之间的羽毛球交流也非常活跃，两国选手之间的比赛也非常激烈。中国和印尼之间的乒乓球交流也非常活跃，中国乒乓球队和印尼乒乓球队曾多次在国际比赛中交手。除此之外，中国和印尼之间的跆拳道、游泳、田径等体育项目的交流也在不断增加。

总的来说，中国和印尼之间的体育交流已经非常广泛，两国选手之间的比赛也非常激烈。这种交流有助于增进两国人民之间的友谊和互信，也有助于提高两国选手的竞技水平。

三、中印尼体育文化交流的特点

中国与印度尼西亚进行体育文化交流的路径具有自身的特点，主要表现为交流不断拓宽、呈现鲜明的国家主导性、中国体育文化占据优势地位、具有高度的融合性、政策影响巨大等特点，对这些特点进行总结和分析，有利于发现中国与印度尼西亚交流方面的优势与不足，从而有针对性地进行改善。

（一）中印尼体育文化交流不断拓宽

随着中印尼体育文化交流的不断深入，路径得以不断拓宽，这为推动中印尼体育文化交流，增进中印尼友谊奠定了重要的沟通基础。中国与印度尼西亚体育

① 张晓."一带一路"背景下东盟体育文化交往路径优化研究[C]//国家体育总局体育文化发展中心，中国体育科学学会体育史分会.2022中国体育史年会暨第二届"一带一路"体育文化学术论坛摘要集，2022：66.

高层对话交流不断，并签署了新的双边合作文件，体育贸易往来与中印尼体育博览会交流日益频繁，体育赛事合作与交流愈加密切。同时，中国为了加强与印度尼西亚的体育文化交流，与印度尼西亚举办了更多的友谊赛，拓展了体育赛事交流的内容与方式。中国和印度尼西亚建立新的中国文化中心，并不断推进在印度尼西亚设立的中国文化中心的工作①。同时，中国也在印度尼西亚设立了更多的孔子学院与孔子课堂，并将中国武术纳入课程体系之中。不仅如此，这些海外文化机构还与我国文化和旅游部、中国驻印度尼西亚大使馆、国家体育总局以及其他组织机构开展了各种各样的体育文化交流活动，打造了一批在国内外具有较高知名度和参与度的文化品牌活动，如"欢乐春节""中国文化节"等，对印度尼西亚进一步了解中国体育文化、深切感受中国体育文化的价值理念与魅力具有重要价值。

（二）中印尼体育文化交流呈现鲜明的国家主导性

鲜明的国家主导性是中印尼体育文化交流的又一大特点。国家间的文化交流活动通常是由国家组织开展或由政府授权推动的有目的外交活动。中国与印度尼西亚之间的体育文化交流活动，除了两国企业之间单纯的经贸往来以及其他的民间交流活动等自发行为之外，绝大部分都是由两国政府主导、支持并推动的文化交流活动。中国规模最大、最专业的"中国国际体育用品博览会"是由国家体育总局主办并培育起来的，中国举办的"南京青奥会""军运会"等大型体育赛事以及各种体育友谊赛也是由国际奥委会、国家体育总局以及其他省市体育局主办的。此外，海外的中国文化中心和孔子学院等文化机构也是根据国家总体部署与统一规划进行建设与活动的，是中国政府进行"文化外交"的重要机构，是国家意志的体现。不仅如此，海外文化机构与中国驻印度尼西亚各使馆、体育行政部门以及其他文化交流组织机构与协会举办的各种文化交流活动，也是根据国家政策或各类指导意见有序开展。

由此可见，中国与印度尼西亚之间的体育文化交流活动绝大部分都是具有明确的政治目的与计划的"文化外交"行为，而这种行为在国家对外交流中扮演了重要角色，其本质是国家意志的传递与国家利益的实现，因此中印尼体育文化交流具有一定的政治意味，呈现鲜明的国家主导性。

---

① 陈柏冰."一带一路"背景下中国—东盟体育产业与旅游业共生融合发展研究[C]//国家体育总局体育文化发展中心，中国体育科学学会体育史分会.2022 年东盟体育科学大会论文摘要集.2022 年东盟体育科学大会论文摘要集，2022：65-66.

(三)中国武术成为重要文化使者

中国武术在中印尼体育文化交流中扮演着重要角色,是中印尼体育文化交流的重要使者。通过对中印尼体育文化交流的分析,可以发现中国武术在中印尼体育文化交流中经常作为主要的表演节目出现,而且在中印尼文化交流活动以及海外文化机构交流中占据了主要内容,尤其是少林功夫与太极拳等在国际上具有一定知名度的中国武术,受到了印度尼西亚人民的喜爱和推崇。

中国武术在中印尼体育文化交流中占据重要地位,其背后存在一定的客观因素:一方面,中国政府大力支持并积极推动中国武术“走出去”,中国颁布了相关的政策文件,要求将中国武术作为中华传统文化“走出去”的重要代表,推动中国武术在东盟国家的传播与交流,为中国武术国际化传播与发展提供了新机遇;另一方面,中国武术作为中华传统文化的代表、中国文化的集大成者、中国文化的名片、中国国家形象符号和中国人的情结,肩负着沟通东盟国家民心的使命。中国武术在中华传统文化和体育文化中有其不可替代的重要地位,是中国与印度尼西亚进行体育文化交流的最佳代表。

(四)中国体育文化占据优势地位

中国对外进行文化交流与合作,不仅对外传递真实的中国文化,更重要的是通过文化交流来提高中国文化的国际影响力,增强中国的文化软实力,塑造和谐、友好的国家形象。

回顾中印尼体育文化交流各条路径,可以发现中国在中印尼体育文化交流中占据明显的优势地位。如中国与印度尼西亚之间的经贸往来主要以出口为主,常年占据贸易总额的99%以上,中印尼博览会交流也主要是中国体育相关企业和厂商参加印度尼西亚的体育博览会,这与印度尼西亚能源和金融产业较为发达但制造业却较为落后的原因有关。在中印尼文化交流活动中,如“欢乐春节”“中国文化年”“中国文化周”等文化交流活动,主要是以展示包括体育文化在内的中国传统文化为主,使印度尼西亚人民更好地了解中华传统文化。虽然印度尼西亚也在中国举办“文化年”或其他文化交流活动,但其开展的规模与频率远不如我国。此外,中国在印度尼西亚设立的“中国文化中心”“孔子学院”等文化机构,也正是为了在印度尼西亚传播中国文化而建设的。

由此可见,中国在中印尼体育文化交流中明显占据优势地位,这也有助于中国体育文化影响力和竞争力的提高,增强印度尼西亚人民对中国文化的认同感。

(五)中印尼体育文化交流具有一定的融合性

在中印尼体育文化交流各路径中,有一部分是中国与印度尼西亚之间直接进行的体育文化交流活动,如中印尼体育高层之间的直接交流访问、中印尼友谊赛以及体育博览会等,还有一部分体育文化交流活动是与其他文化交流活动或其他国家共同进行的。如"南京青奥会""军运会"这种大型体育赛事,规模巨大,参赛国众多,其中的文化交流活动并非仅针对印度尼西亚进行,而是面向所有的参赛国开放,因此中国与印度尼西亚在大型体育赛事中的体育文化交流与整个赛事文化交流活动是互相融合的,而非单独的、专门化的交流活动;中国在印度尼西亚举办的各项文化交流活动亦如此,"欢乐春节""中国文化年"等文化活动的交流内容涉及中华传统文化的方方面面,中国武术与民俗传统体育是作为中华传统文化的一部分内容,借此平台在印度尼西亚进行展演与交流;而海外中国文化中心与孔子学院的职能也较为广泛,体育文化交流也仅是其中之一。

由此可见,中印尼体育文化交流并非总是独立进行的,更多情况下是与政治交往、经贸合作与其他文化交流活动融合在一起,具有一定的融合性。

四、影响中印尼体育文化交流可持续发展的因素

中国与印度尼西亚之间的体育文化交流已经取得了显著的成果,尤其是近些年来,随着交流的不断拓宽与交流内容的不断丰富,中印尼两国之间的体育文化交流日益深化。虽然中印尼体育文化交流总体呈现持续进步的状态,但也仍然存在一些不足之处。通过总结和归纳中印尼体育文化交流中的缺陷与问题,分析其背后原因,有利于认清现实,有的放矢,从而进一步推动中印尼体育文化交流。

(一)体育高层交流缺乏稳固的交流机制

中国与印度尼西亚之间的体育高层交流已经取得了一定的成果,表现出愿保持和深化交流与交往的积极态度,并签署了中印尼体育合作谅解备忘录、体育合作协议与其他双边合作文件,为中印尼体育文化交流活动的实施与开展奠定了积极的政治环境与政策支持。但中印尼体育高层交流尚未形成稳固的交流机制,缺乏稳定性。

中国与印度尼西亚体育高层之间的友好访问与交流是中印尼体育文化交流与合作的政治保障。回顾近十年的中印尼体育高层交流事件可以发现,中印尼体

育高层交流并没有固定周期，缺乏高层交流合作平台，中国地方体育官员与印度尼西亚体育高层的交流与合作也多为“单打独斗”，缺乏统一的合作平台。同时，中印尼体育高层交流的类型主要包括国家领导人之间的体育交流（如国事访问）、中印尼体育高层的直接访问与邀请访问，以及因其他国际体育事务而产生的交流（如举办“青奥会”）三种类型，而这三种类型的体育文化交流活动并没有固定的开展周期，而是在国际环境、国家体育发展需要以及大型体育事务的开展等多种因素的影响下有选择性地开展，也存在较大的不确定性。

因此，中印尼体育高层之间的交流与来往缺少成熟、稳固的交流机制，这并不利于中印尼体育交流与合作的长期稳固开展。

（二）体育赛事交流体系不完善

中印尼体育赛事交流是中印尼体育文化交流的重要路径之一，近几年中印尼双方之间初步形成了以大型体育赛事和中印尼友谊赛为主要内容的赛事交流体系雏形。但由于中印尼体育赛事交流处于起步阶段，中印尼友谊赛的举办整体呈现碎片化的图景。除了国际足球友谊赛等大型友谊赛以外，中国与印度尼西亚之间的友谊赛多为单一、独立的友谊赛事，各个友谊赛之间缺少有机联系，且缺乏延续性，中印尼之间缺少稳定、可持续的友谊赛交流。

（三）中印尼体育文化交流不均衡

虽然中国与印度尼西亚之间的体育文化交流已经取得显著成果，但不难发现，中印尼双方在体育文化交流的内容及互动关系上存在明显的不均衡问题。首先，中印尼体育文化交流内容不均衡。中国与印度尼西亚在体育赛事中的交流内容主要为现代体育运动项目，尤其是以足球项目交流最为频繁，非奥运项目交流以及传统体育赛事交流则相对较少。不仅如此，在中印尼文化交流活动中，交流内容主要为中国传统体育文化，且中国武术与舞龙、舞狮等项目的交流占据了绝大部分，而其他的民族传统体育文化却鲜有耳闻。其次，中印尼体育文化交流的互动关系不均衡。正如前所述，在中印尼体育文化交流中，中国占据了明显的文化优势，而印度尼西亚则处于一定的文化弱势。如在中印尼体育贸易往来中，中国的出口总额占据了贸易总额的99%以上，体育博览会交流也多为中国体育相关企业赴印度尼西亚参会交流。

(四)中印尼民间体育文化交流不足

当前,中国对外文化交流的主体大致可分官方和民间两类,二者相互补充。从体育文化交流活动的数量和涉及的领域来看,中印尼体育文化交流的主体主要集中在国家和一些官方机构层面,绝大多数体育文化交流活动的牵头对象是中印尼两国的文化部、国家体育总局、驻印度尼西亚大使馆以及中国外设的文化机构,而像印度尼西亚武术协会、中印尼友好协会等社会组织与团体在中印尼体育文化交流中多局限于参与或协办,真正由民间力量主办或发起的交流活动数量非常少。

从中印尼体育文化交流的路径来看,双方体育高层对话交流、大型国际体育赛事、国际体育博览会、中印尼之间直接的体育友谊赛以及海外文化机构等路径都是由国家直接管控的,民间基本没有发起和主办的能力与机会,而小型的体育博览会和体育赛事影响力不高,知名度较低,难以上升至国际层面,不易吸引印度尼西亚的参与,因此中印尼文化交流活动则成为当下民间力量发挥的主要路径。但由于中印尼文化交流的“外交”属性,中国与印度尼西亚之间举办的大规模文化交流活动,如“欢乐春节”“中国文化年”等,也是由驻印度尼西亚大使馆、海外中国文化中心等政府外设机构组织开展。此外,从交流活动开展的内容来看,主要为两国体育文化团体的访问与交流,其中相当一部分也是国内政府邀请或派遣特定的体育文化团体外出交流访问。因此,在中印尼体育文化交流中,留给民间力量发挥的空间与余地并不大,与官方交流相比,存在明显的不足,但可喜的是,随着中印尼体育文化交流的不断深入,民间体育文化交流有日益上升的趋势。

(五)中印尼体育文化交流有限且利用不充分

中国与印度尼西亚之间的体育文化交流主要包括体育高层交流与访问、与体育相关的经贸活动、体育赛事交流、中印尼文化活动交流和海外文化机构交流等五大路径,但在其他交流上却没有明显的作为与成效。如体育明星交流和学术组织交流等路径在中印尼体育文化交流中处于缺位状态,未发挥其应有的功能,需要进一步拓宽。

虽然上述各条路径在中印尼体育文化交流中各司其职,为中印尼体育文化交流做出了显著的贡献,但客观来说,各条路径并未得到充分的利用。如中印尼体育高层交流,未能充分发挥体育高层交流的引导作用;在中印尼体育经贸活动交流中,对经贸平台的利用不充分。在体育赛事交流中,过于重视交流形式,而忽略了交流的深度与效果；未能借助中印尼文化活动去展示除了武术、舞龙舞狮以外更多的中国传统体育文化；孔子学院开设体育课程较为单一，且在印度尼西亚覆盖不全等问题都是当前对各交流利用不充分的直接表现。因此，需要进一步挖掘各路径的交流潜力，丰富各路径交流的内容与形式，从而推动中印尼体育文化交流日益深入。

五、中印尼体育文化交流可持续发展的优化策略

（一）健全体育高层交流机制

两国领导人或高层官员之间稳定的交流与协商，能够稳步推动两国友好关系，以及两国在各领域的交流与合作，因此要在中印尼各国体育高层之间建立长期、稳固的交流机制，从而为中印尼体育文化交流奠定更为稳定的政治基础，推动中印尼体育文化交流的进一步发展。

中印尼双方可以在“中印尼合作论坛”的框架下不断健全中印尼体育高层交流机制：首先，贯彻落实中国与印度尼西亚之间签署的体育合作协议、体育合作谅解备忘录等政府间双边合作文件，同时积极推进与尚未达成体育合作协议的印度尼西亚体育机构的协商工作，为中印尼体育文化交流提供有效的政策保障。其次，周期性举办中印尼体育高层交流会晤、会议与论坛等高级别的文化磋商，参与对象为中国与印度尼西亚的体育高层官员，就中印尼两国的体育文化交流与合作事务进行周期性的集中交流与合作，建立稳定、高效又便捷的交流合作机制；再次，中国体育高层官员可以定期出访印度尼西亚，视察近期的中印尼体育文化交流工作，或邀请印度尼西亚体育高层官员来访，并就未来的体育文化交流事务做进一步的探讨，出访与邀请来访的周期要根据中印尼体育文化交流事务的多少与频率等相关因素而定，保证中印尼体育文化交流稳步前进；最后，要建立中国地方体育高层与印度尼西亚体育高层的交流与合作机制，根据中国区域性的发展需要与印度尼西亚进行有针对性的体育文化交流与合作。

（二）完善体育赛事交流体系

体育赛事是体育文化交流中不可或缺的重要载体，是文化交流的重要路径之一。中国与印度尼西亚之间举办和参与了各种各样的体育赛事交流活动，推动了中印尼体育文化交流的进步，但中印尼双方的体育赛事交流是碎片化的。因此，

需要完善中印尼体育赛事交流体系，以推动中印尼体育文化交流继续发展。

中印尼体育赛事交流需要扎根于中印尼体育赛事交流的现实基础，完善以大型体育赛事和中印尼友谊赛为主要内容的体育赛事交流体系。首先，中国应积极申办大型体育赛事，支持印度尼西亚申办大型体育赛事，并以此为平台，组织开展以中印尼体育高层与体育运动队为主体的体育交流活动，举办形式多样的文化交流活动，形成在国际大赛中互相交流与分享的比赛传统。其次，完善体育赛事的组织与举办，扩大办赛规模，丰富赛事交流项目，融入多样化的体育文化交流活动，重点加强体育赛事品牌建设，提高体育赛事影响力，吸引或邀请印度尼西亚的体育运动队或体育爱好者积极参与体育赛事。最后，加强中国与印度尼西亚友谊赛的组织与举办，扩大中印尼友谊赛的交流对象，同时以中印尼优势体育项目和传统体育文化为核心，不断拓展交流项目，丰富文化交流活动，实现中印尼友谊赛常态化。

（三）促进中印尼体育文化交流的均衡发展

中印尼体育文化交流的不均衡问题是制约双方进一步深入交流的重要因素之一，而化解中印尼体育文化在交流内容与互动关系上的不平衡问题，成为扩大中印尼体育文化交流的重要举措。在交流内容上，中国应在现有交流内容的基础上，以中国武术、舞龙舞狮等传统体育文化与乒乓球、体操等优势竞技体育项目为突破口，在扩大中国体育文化影响力的同时，以点带面，带动其他中国传统体育文化在印度尼西亚的交流与传播，拓展中印尼竞技体育交流项目，从而不断扩大中印尼体育文化交流的内容，使印度尼西亚深切地感受到中华体育文化的博大精深。此外，还要发展更多高趣味性和休闲化的非奥运会体育项目，以此增进中印尼友谊。在互动关系上，虽然中国体育文化占据绝对的文化优势，但也要放低姿态，保持谦卑的交流态度，在保证对中国优秀体育文化稳定交流的同时，加强对印度尼西亚优势体育项目的交流与学习，借此可以取长补短，推动中国体育弱项快速进步。

（四）扶持民间体育力量，强化民间体育文化交流

在中印尼体育文化交流中，民间体育文化交流与官方体育文化交流互为补充，二者并重才能取得良好的整体效果。中印尼民间体育文化交流相较于官方交流而言，存在明显的不足，是中印尼体育文化交流的短板，因此补上短板，加强民间体育文化交流是提高整体交流效益的必然选择。

若要加强中印尼民间体育文化交流，当务之急是要扶持民间体育力量。民间体育力量是中印尼民间体育文化交流的主体，是中印尼体育文化交流活动的组织者与参与者，只有民间体育力量强大并充分调动起来，才能促进中印尼民间体育文化交流的蓬勃发展。这就要求中国政府要大力扶持中印尼友好协会、中印尼武术协会、孔子学院等民间组织，培育新的民间体育团体，并提供政策指导与资金支持，下放权力，充分调动民间体育力量独立组织与开展中印尼体育文化交流活动的能力与积极性。另外，民间体育力量要主动履行自身的文化交流职能，充分发挥自身在中印尼体育文化交流中的便利性与优越性，中印尼民间体育团体要积极组织中印尼体育文化交流活动，加强中国体育文化在印度尼西亚的交流与传播，孔子学院要广泛开展以中国武术为主要内容的体育课程，不断丰富课程内容，组织开展各种文化展演与交流活动。中印尼民间体育团体与协会之间也要保持有机互动，加强彼此之间的交流与协作，共同发力，以保证民间体育文化交流的规模与质量。

（五）继续拓宽交流，充分发挥各路径的交流功能

中印尼体育文化交流的多少及利用度对交流活动的开展具有重要影响，更为宽阔的交流能够为中印尼体育文化交流带来更好的交流效果。当前，中印尼体育文化交流虽然已经有了一些可选择的路径，但仍然有一些途径未被发掘，现有的路径也未得到充分利用。因此，需要继续拓宽中印尼体育文化交流，更为充分地发挥各条路径应有的功能。

体育明星交流与学术交流是中印尼体育文化交流可以继续拓展的两条路径。体育明星作为中国体育运动员的佼佼者，是中国的“体育名片”，是中国体育文化的“形象代言人”，体育明星可以凭借自身的知名度与国际影响力，担任中印尼体育文化交流大使，参与中印尼体育文化交流活动。体育学术交流是通过学术组织、学术会议和讲座等方式就体育科技文化进行交流的重要渠道，中印尼体育学术交流的拓展，有利于中印尼体育科技文化的交流与创新，能够弥补中国与印度尼西亚在体育科技文化交流中的不足，推动中印尼体育文化的全面交流。因此，可以从以上两条路径入手开辟新的交流。

印度尼西亚歌曲在中国的传播与影响

——以《美丽的梭罗河》《星星索》《划舢板》等为例

侯乃嘉*

【摘要】 印度尼西亚地处东南亚,是多民族的岛屿国家。受地貌、历史、民族、宗教文化等多重影响,印尼的音乐种类繁多、风格各异。印尼音乐是当地人民生活的真实写照,因此在人们生活中占据着重要地位,与此同时,其不同形态的音乐在其他国家的传播与影响亦极其深远。本文以流传至中国的几首印尼歌曲作为切入点,对歌曲背景、音乐种类、在中国的传播以及流变情况等进行详细分析,更采用了印尼歌曲与中国音乐作品相似性的比较研究,从而引发对印尼音乐在中国传播效果及程度的思考。

【关键词】 印度尼西亚;歌曲;中国

印尼是由上万个岛屿组成的千岛之国,疆域辽阔,横跨亚洲及大洋洲。在上万个岛屿上,居住着数百个民族,语言也有数百种,使得印尼的音乐文化丰富、绚烂,其歌曲①风格更是多样化。总结起来,印尼歌曲具有独有的特征,题材主要以表达爱情以及描绘当地的地理、人文环境为主。其旋律优美、惬意,极具抒情性,节奏徐缓且自由,常会使人不由自主地进入到南洋的惬意风光之中。

印尼的历史较为厚重,在 2 世纪左右,就与印度、中国、中东等一些国家和地

* 侯乃嘉,德州学院东盟研究中心兼职研究员,泰国西那瓦大学人文学院博士研究生在读,主要研究方向为民族声乐演唱。

① 之所以通篇称之为印尼"歌曲"而非印尼"民歌",主要是考虑到有一些流传于中国的印尼音乐具有一定的创造性,这一点与民歌的特点并不十分符合。

区有着文化、经济、贸易上的往来，后来由于不同宗教信仰的进入、近代成为荷兰的殖民地，以及本国对于西方外来音乐文化的包容度较高，印尼音乐的形态更加多变。① 谈及与中国的联系，亦是相互影响、相互促进。中国在各个领域向印尼输出，同时也收获了来自印尼的礼赠。印尼歌曲从港、澳、台地区一经传入，很快便风靡全中国，深受国人喜爱。《美丽的梭罗河》(*Bengawan Solo*)、《划舢板》(*Dayung Sampan*)、《星星索》(*Sing Sing So*)、《哎呦，妈妈》(*Ayo Mama*)、《宝贝》(*Butet*)等就是很好的例子，有的歌曲已经进入中国学生的音乐课本，成为中国青少年了解印尼这个国家最直接的途径；有的歌曲流传至大街小巷，成为无数人传唱的经典。

一、印尼歌曲在中国的传播

印尼与中国自始至终都有着密切的交流，印尼音乐更是通过各种途径传入中国。我们熟悉的印尼音乐种类就有以打击乐为主的合奏音乐甘美兰(Gamelan)、男声集体演唱的克恰克(Kecak)、具有乐队形制的克隆钟(Kronjong)等。印尼音乐表演形式丰富、器乐品种繁多、演唱风格多样，充分体现出千岛之国特有的椰岛风格。

印尼诸多音乐形式中，无论是从传唱度还是从传播途径的角度，都是愈发便捷。这些歌曲分别有着自己所属的音乐种类与音乐风格。我们熟知的《美丽的梭罗河》属于克隆钟音乐，《星星索》《宝贝》是北苏门答腊民歌，《哎呦，妈妈》《划船曲》是马鲁古民歌，《椰岛之歌》则是一首创作歌曲。

印尼歌曲进入中国内地(大陆)最常见也最便捷的渠道是经由港台地区。在当时中国的大环境下，港台歌手接触到外来音乐的途径更多且更加便利，因此有很多港台歌曲翻唱国外音乐、重新改编成中文版，签约唱片公司在中国进行出版发行。通过此种途径，这些歌曲迅速传唱至内地，有的歌曲甚至直接火遍全中国。另外也有通过公干的途径将印尼歌曲引入中国，如随中国代表团出访印尼进行学习与交流，将印尼歌曲带回来。此外还有其他零零散散的传播渠道，在此不逐一赘述。

谈及印尼歌曲的传入，首先离不开传播者。有几位中国演唱者在印尼歌曲传入中国上有着极大的贡献，如邓丽君、陈蓉蓉等。

① 参见俞人豪，陈自明.东方音乐文化[M].北京：人民音乐出版社，1995：71-114.

邓丽君，台湾女歌手，其在音乐艺术领域的贡献我们大都了解，无论在国内还是国外，都占有一席之地。东南亚地区的歌迷对邓丽君那份无比炽热的爱更是令人震撼。后来邓丽君为了答谢印尼歌迷的爱戴，签约了印尼的公司，录制了28首印尼语歌曲，其中多数歌曲是由其演唱的中国歌曲翻译、改编成印尼语歌曲，还有一部分则是由她演唱的印尼本地歌曲。这张印尼专辑除了在印尼广为传唱，部分歌曲被带回中国，有的甚至成为万人传唱的现象级作品，如由印尼歌曲《划舢板》改编而成的《甜蜜蜜》。

陈蓉蓉，出生于印尼的中国女中音歌唱家。回国后在天津音乐学院开始系统学习声乐，1980年前后随文艺团体开展全国巡演，巡演之后在太平洋影音公司录制了一张印尼歌曲专辑，包括《哎呦，妈妈》《划船歌》《椰岛之歌》《星星索》《宝贝》《莎丽楠蒂》等。

二、《美丽的梭罗河》与克隆钟

(一)《美丽的梭罗河》介绍

《美丽的梭罗河》是一首克隆钟歌曲，由印度尼西亚业余作曲家格桑·马尔托哈尔托诺创作于1940年。这首歌曲无论是曲调还是歌词都具有较宏大的气势，体现了岛屿人民对大自然与日常生活的热爱，同时歌曲中传达出来的河流的活力也得到了展现。

1957年，马来西亚歌手潘秀琼在香港用国语对《美丽的梭罗河》进行演唱之后，它便在中国广泛流传开来，中国的音乐家纷纷开始了对这首作品的演绎。基于中国歌唱家、创作者的演绎，该作品成为印尼风貌在中国最直观的代表作品，是中国人望向印尼的一扇窗。

(二)克隆钟音乐

克隆钟音乐是风靡印尼的流行音乐，也是20世纪唯一在印尼国情、宗教等的影响下仍然经久不衰的音乐类型，甚至对整个东南亚都产生了深远的影响。[①] 克隆钟的音乐构成形式是演唱+乐队，二者缺一不可。乐队中的乐器有小提琴、长笛、吉他、尤克里里、班卓琴、大提琴、贝斯等，每种乐器按照自己的乐器属性在乐

① 王欣.印尼传统音乐概述[J].戏剧之家，2020(36):78-80.

队中发挥着独特的作用，以便在即兴演奏中呈现出最完美的状态。演唱部分亦非常重要，歌曲的传唱度上很大程度上要依托于唱词和唱腔。班顿诗和韵文形式的歌词极大地促成了克隆钟音乐旋律中专属的印尼风格。对唱法和风格的处理，克隆钟音乐中有润腔，类似于中国的戏曲、曲艺音乐中的拖腔、甩腔等；此外，演唱中有很多装饰音，包括回音、波音、滑音等。[1] 值得强调的是，演唱者的延后演唱也是克隆钟音乐中最独特的处理方式。

谱例 1　《美丽的梭罗河》

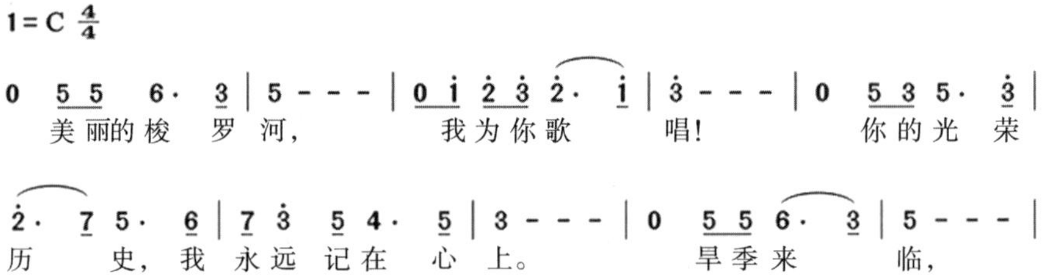

在谱例 1 中，第 1、3、5 小节都是乐句的起始处，乐队从第一拍便开始正常演奏，而演唱者则从第二拍或者第一拍的后半拍才开始进入下一句的演唱，开始新句的演唱时，有时是从上一句句尾直接进入，有时会留出半拍到一拍的空拍，这就要看演唱者的个人意愿。演唱者的延后处理方法使得其与伴奏的旋律并不完全统一，而是造成时而交错、时而融合的声音效果，使歌曲听起来更有层次。

三、《星星索》与中国船歌的比较研究

（一）《星星索》介绍

《星星索》是一首印尼苏门答腊中部地区巴塔克（Batak）人的船歌。这首歌曲是无伴奏合唱曲，以固定的节奏、音型“星星索”作为伴唱，“星星索”一词在当地语言中属于象声词，类似于我国戏曲、曲艺音乐中的衬词“哎呦吼嗨”，描述的是划船时船桨前后摆动所发出的声音。乐曲徐缓、悠扬，唱法柔和、松弛，表达的是对情人的思念之情，略有一些悲伤。

[1] 参见武蕊.印度尼西亚克隆钟（Kroncong）音乐[D].北京：中央音乐学院硕士学位论文，2012：22-24.

邓丽君在20世纪80年代首先翻唱了《星星索》的中文版，名为《船歌》，并于1986年收录在其个人专辑《酒醉的探戈》中。后来，齐豫、罗大佑、费玉清、朱哲琴、杨钰莹等中国歌手也相继翻唱了该曲。

（二）《星星索》与中国船歌的比较研究

《星星索》作为一首印尼船歌，与中国的船歌一样，都是反映人民的水上生活，二者差异性十分明显。前文提到《星星索》曲风悠扬、唱法柔和，有一种随波荡漾的惬意之感，与该国湖面风平浪静、旖旎秀丽的地理环境有关。而中国的船歌较为慷慨激昂、热烈奔放，比如川渝地区的《川江号子》。川渝地区地处长江过弯处，江水十分湍急，船工们的力量只有凝聚在一起才能胜过地势上的险境，因此《川江号子》的旋律起伏波动大、节奏性强。

谱例2 《星星索》

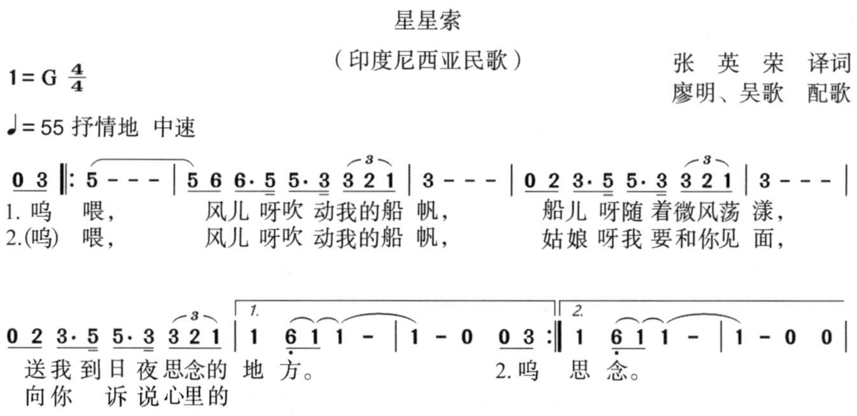

旋律开始处有一段拉长拍子的吟唱，类似于一种呼唤，此种情况在乐句的结束处也有，表达的是一种向远方延伸的诉说。音调虽然整体偏高，但旋律大都是级进，无跳进，节奏上特点十分鲜明。除了上述讲到的拉长的四拍之外，前八后十六这种带符点节奏型、三连音是该曲的最大特点。无论是带符点的节奏型还是三连音，都会造成较强的流动感，类似于行船时随波晃动的感觉。

谱例 3　《川江号子》

《川江号子》有很多段，主要是根据船工行船至不同的地理环境而产生风格上的改变。《川江号子》的演唱特点是一领众和，领唱者旋律高亢嘹亮、极具凝聚力；附和者重复着简单的音节，旋律性不强、节奏规范。一段旋律后，十分突然地跳到另一段不一样的旋律中，不仅旋律波动大，风格的差异性也十分显著，这与船工工作过程中的地势环境等的变化相辅相成。

四、印尼流传至中国的其他歌曲

除上文分析的两首印尼歌曲外，还有很多印尼歌曲仍然在中国传唱。它们与《美丽的梭罗河》《星星索》一样，代表着各自创作及流传地区的音乐特点，又具有自身独特的魅力，是其在中国受喜爱的根源所在。

（一）《划舢板》

提及《划舢板》，中国大众可能不太熟悉，但如果说起它另外的名字《甜蜜蜜》，绝大多数的中国人都耳熟能详。这首作品是 20 世纪 50 年代印尼音乐家奥斯曼·艾哈迈德（Osman Ahmad）为电影《阿罗哈》（*Aloha*）写的一首苏门答腊民谣。这首苏门答腊民谣于1950年前后被改编成多首华语歌曲，其中包括黄源伊演唱的《划船歌》和巫美玲演唱的《可怜阿伯大》等。20世纪70年代中期，邓丽君签约印度尼西亚映象唱片(Indra Records)公司，为答谢印尼等地歌迷的厚爱，录制了28首印尼语歌曲。这些歌曲大多是以邓丽君的代表作品重新填写印尼语歌词，另外几首则是她演唱的印尼本地歌曲。这其中便包含了她1977年录制的这首印尼民谣《划舢板》。由于该曲的传唱度较高，因此后来被唱片公司改编成了中文版，便是这首后来在中国家喻户晓的《甜蜜蜜》，作词人庄奴。

《甜蜜蜜》作为较早一批进入中国内地的流行音乐，对内地的音乐市场的影响非同凡响，电台、卡带里面全都播放着这首歌曲。正因如此，尽管很少人去了解《甜蜜蜜》的作品来源，但就事实而论，原曲《划舢板》在中国的传播是非常成功的。

(二)《哎呦，妈妈》

《哎呦，妈妈》是印尼马鲁古民歌，马鲁古是印尼东部的一个省，由多个岛屿组成。该歌曲讲的是孩子为了不再让妈妈生气而哄妈妈开心时说的俏皮话，孩子通过列举自然万物的生存方式向母亲解释自己并没有在爱情中做逾矩的事情，只不过是拉拉手而已，这再正常不过了。

该歌曲传入中国后，由陈蓉蓉、林竹君、王洁实、乌兰图雅等演唱者翻唱成中文歌曲。因其唱腔活泼、内容轻松愉快，故深受大众喜爱。

(三)《宝贝》

《宝贝》是印尼独立战争时期诞生的歌曲，是苏门答腊马达族的摇篮曲，歌颂的主要是亲情和爱情。其背景是当时国家战火连绵，母亲安慰着襁褓中的女儿，给女儿唱起了这首摇篮曲。两种截然不同的环境，更凸显当时印尼人民的无助，母亲在安慰孩子的同时更记挂远方的丈夫是否平安，但又十分支持民族革命的决心。

歌曲传入中国是在1961年，中国文化艺术团随陈毅副总理带领的国家代表团访问印尼，歌唱家刘淑芳女士随代表团前去学习与交流，印尼华侨吴国胜先生受命为刘淑芳挑选的第一首要学习演唱的印尼歌曲就是《宝贝》。经吴国胜的翻译与修改，这首歌便从印尼带回了中国。后来很多著名歌唱家如陈蓉蓉、朱逢博、苏凤娟等也都演唱过这首歌曲。

（四）《印尼遗迹》

《印尼遗迹》（*Indonesia Pusaka*）又名《故乡》，由印尼著名音乐家伊斯梅尔·马殊基（Ismail Marzuki）创作。歌曲描写的是对祖国大好河山的无限热爱，旋律热情、愉悦，十分舒展。曲中连续的 ♯4、♮4、1、7、♭7 半音的使用，无疑是这首作品最有特点的地方，这也与印尼音乐的音阶排列密不可分。♯4、♮4、1、7、♭7 的接连使用，增强了旋律中的游离感，使原本规整的旋律色彩更加丰富。

《故乡》在传入中国时改名《心恋》，歌曲内容跟印尼原版更是大相径庭。这首歌最早诞生于 1961 年，由陈蝶衣作词，歌唱家崔萍女士演唱。歌曲以轻松幽默的语气表达一个人对另一个人的暗恋之情，把暗恋状态下的那种小心与彷徨表达得淋漓尽致。但歌曲最早开始在内地风靡，还要得益于香港巨星徐小凤的演唱。在此之后，费玉清、刘文正、李玲玉、祖海、周慧等也纷纷对该作品进行了演绎。

谱例 4　《心恋》

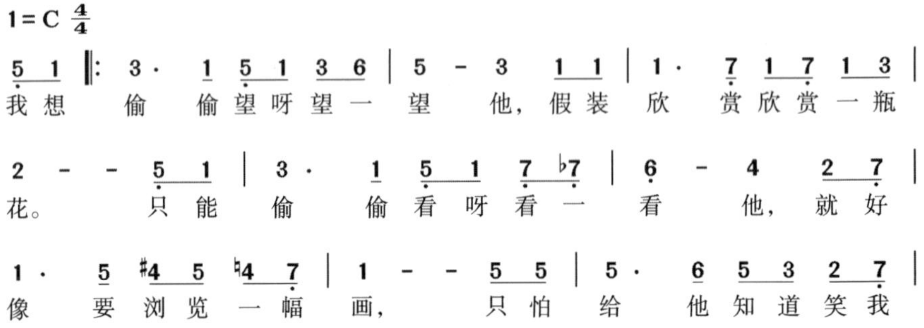

五、结语

当然，上述列举的是中国大众耳熟能详的印尼歌曲，仍有很多歌曲受中国人喜爱。当今社会是个多元化的社会，我们获得知识的途径有很多，能够很容易筛选出自己喜爱的音乐。印尼歌曲在中国十分流行，我们熟知的印尼歌手也有很多，其中以印尼国宝级女歌手万尼·瓦比奥拉（Vanny Vabiola）最为著名，她以独特的嗓音将很多歌曲唱响了全世界，为印尼歌曲的传播做出了贡献。

印尼歌曲在中国得以很好地传播，有些歌曲甚至达到人人耳熟能详的程度，与两国的历史、人文环境及社会背景都是分不开的。单从音乐角度来看，印尼歌曲旋律舒缓、流动性强，节奏具有律动性，唱词多通俗易懂、表达真挚情感(除被改编成截然不同的中国流行歌曲外)，唱腔富于感染力，唱法具有民族特色同时又兼容并蓄，因此在传入中国后有很多首作品被中国大众所熟知，甚至有的歌曲已经达到现象级的程度，这便是印尼歌曲的魅力。

印度尼西亚传统音乐甘美兰的意蕴特征

刘蕴浩*

【摘要】 甘美兰(Gamelan)作为印度尼西亚传统器乐合奏的音乐表现形式,历史悠久,曲调丰富,内容多样。本文从“音乐学”角度出发,对印度尼西亚甘美兰的“文献研究的可视化分析”“历史文化发展”“音乐的构成特征”等方面进行探究。通过对甘美兰音乐形态的梳理,从而对甘美兰音乐历史文化发展和音乐构成特征两个脉络进行探究,力图解析甘美兰音乐意蕴特征的理论性认知,进而使其更具学术性观照。

【关键词】 印度尼西亚;传统音乐;甘美兰;意蕴特征

印度尼西亚的音乐形式多种多样。在长期的发展历程中,印尼同中国、印度等国家之间的政治、经济、音乐、文化等许多领域有着非常紧密的联系。在成为荷兰殖民地后,印尼的音乐与荷兰的音乐产生了很大的融合。此外,印尼是一个多民族、多文化的国度,在不同的文化语境和历史背景下,印尼的音乐文化才会演变成今天的局面。

提起印尼音乐,人们会很快想到 2023 年央视春晚“十国”①国际化节目《一带繁花一路歌》的第一位印尼演唱者罗莎演唱的《美丽的梭罗河》。这首歌曲活泼、温柔、欢快,展现了印尼人民热爱自然、热爱生活的态度。除此之外,《哎哟,妈妈》《星星索》等歌曲也同样充满了热带民族风情。然而,这只是印尼音乐的一部分,

---

* 刘蕴浩,德州学院东盟研究中心兼职研究员,泰国西那瓦大学人文学院博士研究生在读,主要研究方向为音乐表演与文化传播、音乐教育等。

① “十国”是指中国、印度尼西亚、希腊、塞尔维亚、埃及、巴基斯坦、新西兰、坦桑尼亚、阿根廷、哈萨克斯坦十个“一带一路”沿线国家。

而最具代表性的、最能体现印尼传统音乐文化特征的音乐种类是甘美兰音乐，它是由中爪哇岛发展起来并流行于全爪哇岛和巴厘岛的一种音乐。

一、关于印尼甘美兰文献研究的可视化分析

关于印尼甘美兰（同译“佳美兰”或“加美兰”）的研究文献，查询中国学术期刊网、中国硕博网等进行文献检索，共查找到153篇关于印尼甘美兰的研究文献，其中核心期刊发表33篇，硕博士论文有32篇。本文利用中国知网中的“知识元检索”对其进行可视化分析，对印尼甘美兰的年度文献数量趋势、相关文献关注度、主要主题分布等研究现状进行分析描述。

（一）印尼甘美兰年度文献数量趋势分析

通过对印尼甘美兰的相关文献进行研究，可知目前学界对印尼甘美兰相关的研究成果颇丰，根据笔者对相关文献的研读，结合具体的图示，可知从20世纪90年代开始，对印尼甘美兰的学术研究呈现曲折上升的趋势，且在2018年和2021年达到顶峰（见图1）。

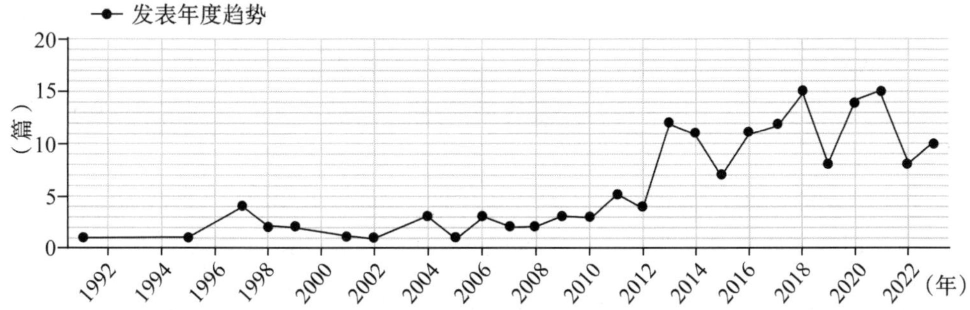

图1　印尼甘美兰相关发文趋势量化图

从图中不难看出，在20世纪90年代，对印尼甘美兰的问题就有研究。在中国知网查询最早的是1961年12月李元庆在《人民音乐》发表的《轻歌曼舞诉友情——记印度尼西亚艺术团一九六一年在北京的演出》一文，引起学界对印度尼西亚音乐方面研究的共鸣，从此之后文献数量不断增长，在2013年达到第一个高峰期，这一年的研究文献数量达到12篇。在后期的研究中，2018年和2021年达到顶峰，各为15篇，呈折线式增长。随着研究人数的增多，对印尼甘美兰的研究

进入发展期，发文量逐渐稳定在较高的水平。

(二)印尼甘美兰文献关注度研究

在对印尼甘美兰进行研究的学者中，以奚泰来、张雷、范子泉等人影响力较大。

2004 年 1 月，奚泰来在《合肥学院学报(自然科学版)》发表的《竹摇神韵　鼓瑟天籁——浅谈印尼的传统音乐甘美兰》一文中，从“甘美兰音乐的起源”“甘美兰音乐的魅力与特点”“甘美兰音乐的流派与发展”三方面对印尼传统音乐甘美兰进行研究，进一步叙述甘美兰其突出的特点是以打击乐器为主、管弦乐为辅的器乐合奏形式，其音乐朴实、自然，富有本土气息并具有情感性。[①] 其音乐流派具有丰富的文化内涵，分为东爪哇甘美兰、西爪哇甘美兰和巴厘甘美兰等类别，极具不同特色。1998 年 5 月，张雷、陈自明在《中国音乐教育》发表的《独树一帜的印度尼西亚音乐：记甘美兰音乐》中，叙述了“甘美兰的概念、历史发展、乐器分类”等内容，并对甘美兰音乐的音阶类型进行了研究，提出了“每种音阶有三种‘帕台特’”，“不同的‘帕台特’表现不同的特定内容，并同时间有联系”，这类似于印度“拉格”的时间学说。[②] 作者在文中还对甘美兰的曲式结构、节奏节拍等内容进行了阐述，并进一步对印尼甘美兰音乐的特点进行了研究和探索。2013 年 2 月，范子泉在《民族音乐》发表《浅析印度尼西亚传统民族音乐：甘美兰》一文，文中概述了“印度尼西亚文化概况”“甘美兰的起源及发展”“甘美兰的种类及特点”“20 世纪的甘美兰”，并总结印尼甘美兰各个方面的特点及发展，肯定了印尼甘美兰在世界范围内的传播和应用。[③]

以上研究成果下载量和被引量都是较多的，可以看出对其研究的关注度较高，为我们探究印尼甘美兰音乐的意蕴特征提供了一定的理论基础。

(三)印尼甘美兰主要主题分布研究

从研究的主题来看，发现学界成果最为丰硕的是对甘美兰、印度尼西亚、甘美兰音乐等方面的理论研究，有 70 余篇；其次是对德彪西及其钢琴作品、钢琴音乐等方面的研究，占比虽较小，但其重要性不可忽视。在这些研究中，印尼甘美兰音

---

① 参见奚泰来.竹摇神韵 鼓瑟天籁：浅谈印尼的传统音乐甘美兰[J].合肥学院学报(自然科学版)，2004(01)：26-28.

② 参见张雷，陈自明.独树一帜的印度尼西亚音乐：记甘美兰音乐[J].中国音乐教育，1998(03)：26-28.

③ 参见范子泉.浅析印度尼西亚传统民族音乐：甘美兰[J].民族音乐，2013(01)：58-59.

乐及其传统民族音乐、音乐教学等最受关注。除此之外,受甘美兰影响较大的钢琴作曲家德彪西及其作品也同样是学者们研究的热点(见图 2)。

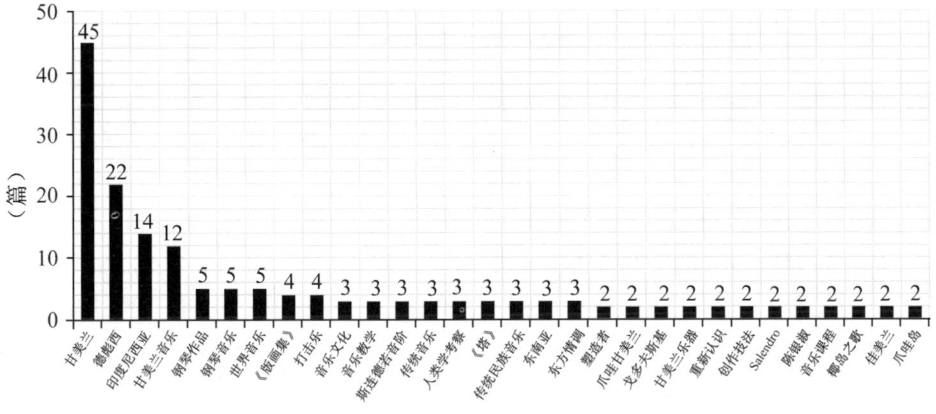

图 2　印尼甘美兰相关主题分布图

因此,笔者通过研读以上文献,对印尼甘美兰的历史文化发展、印尼甘美兰音乐的构成与特征以及在新时代背景下的印尼甘美兰的总结与展望等方面进行研究和叙述,旨在对印尼传统音乐甘美兰的意蕴特征做进一步的探索和研究。

二、印尼甘美兰的历史文化发展

(一)印尼甘美兰概述

甘美兰是印尼语“Gamelan”的音译,又译为“加美兰”“佳美兰”等。原义是“用手操作、敲击”(演奏之意)。所用乐器大多数是青铜制乐器。对于甘美兰的意思还有另一种说法,认为它是来自“Gamel——器具(乐器之意)”,这个词指一套乐器的组成。上述为甘美兰作出了两个不同的诠释:第一个是甘美兰的本义,指的是甘美兰音乐演奏时的动作;第二个是甘美兰词语的来源,指的是甘美兰演奏时的打击乐器。

(二)印尼甘美兰的历史源流

甘美兰是印尼历史悠久、颇受欢迎、流传广泛的一种民族音乐,是一种以打击类乐器为主的合奏音乐。其乐器音色各异,音调婉转悠扬,并由多种乐器协奏共同演奏。

早在8世纪，一些佛教寺庙的壁画中就出现了甘美兰部分乐器图像，显示出它原始的形态样貌。直到15、16世纪时期，其大型乐器才成型并趋于完备，分为室内外两种乐器组成形式。在后来的后马达兰王朝时期，室内外音乐逐步融合，组建了一个规格较大的乐队。伴随着音乐形式的逐步增多，甘美兰成为印尼民族音乐的标志，目前一组甘美兰乐器最少也是15件，最多可达23件；一整套甘美兰乐器有时可多达72件，包括锣、琴、管弦乐器、鼓等。另外，甘美兰乐队通常由24名成员演奏，最多时可达60余名。甘美兰演奏者既可独立表演印尼传统民族曲目，也可承担戏剧、舞蹈和宗教仪式的演出伴奏等任务。

印尼宫廷统治者拥有甘美兰最好的乐器及配置，并组建了规格庞大的甘美兰乐队；而在民间，印尼人则以简单的铁、木、竹等为原料来制造各种乐器，从而形成了种类繁多、形式各异、编制不同的甘美兰。无论在宫廷还是民间，甘美兰都深受印尼人的喜爱和欢迎。

（三）印尼甘美兰乐队的发展及特征

甘美兰乐队形成于16世纪左右，其音乐以“半音”或“无半音”五声音阶为主，是印尼民间最受欢迎的一种民族乐队形式。甘美兰具有很强的民俗底蕴。据20世纪20年代统计，仅在爪哇岛就有2万个甘美兰乐队，甚至在乡村的小学校也有人教授甘美兰的弹奏技巧。①

在对印尼甘美兰乐队的文案研究中，一支完整甘美兰乐队大约由20种乐器组成，并且每个乐器都有自己的特点，比如排锣、吊锣、铜排琴、木琴、竹琴、桶鼓、框架鼓、钹等，金竹木革，吹拉弹打，性质各异，种类齐全。在甘美兰乐队中，除了必需的演奏乐器外，还会有其他的辅助性演奏乐器，比如各种铃、竹、木式、金属的拍子板等。在甘美兰的音乐中，常常会有一个女子或男子齐唱声部，并以不同的乐器伴奏融合在一起，形成一种和谐的音乐。

三、印尼甘美兰音乐的构成特征

（一）印尼甘美兰的区域分类及特点

甘美兰音乐不仅在印尼受到喜爱，而且在国际上也非常受欢迎。甘美兰音乐

---

① 徐海准，陈永主编.外国民族音乐[M].武汉：华中师范大学出版社，2012：27.

因印尼的地域而异，不同的地区有着不同的版本，其中中爪哇和东爪哇地区的甘美兰叫作“爪哇甘美兰”；巴厘岛地区的甘美兰叫作“巴厘岛甘美兰”（Degung）；西爪哇巽他（Sunda）地区的甘美兰叫作“巽他甘美兰”[①]。这三种类型都有其各自的特点。

“爪哇甘美兰”音色较为轻柔和缓，旋律较为平和，每一阶段的发展都有其自身的特色。中爪哇甘美兰乐队，其编制规模庞大，并盛行以“卡恰皮”为主的乐器演奏形式，这是其他地区所不具备的特点，其体裁形式以皮影戏为主。然而东爪哇甘美兰以民间艺术为主，其中最著名的就是唢呐甘美兰。这类甘美兰乐队规模较小，原为用作赛牛活动时的伴奏，后被用于歌舞表演之中。[②] “巴厘岛甘美兰”听起来较为粗犷，其特点以变化迅速著称，它的音乐类型较广，例如刚克伯牙甘美兰。巴厘甘美兰的最大特点就是乐师可以同时弹奏两组不同的音符，两组音符之间的音准频率也有所不同，从而产生一定的共鸣效应，让声音微微颤动，产生一种飘忽不定的效果，让人有一种沉思的感觉。此外，巴厘甘美兰的体裁形式也与爪哇甘美兰相似，以皮影戏为主。“巽他甘美兰”的音色明亮，同时与巽他竹笛共同演奏。这类传统乐器源于印度佛教文化传入印尼，从此开始出现。当下，可以说甘美兰音乐是印尼一种独具特色的传统音乐艺术。在其乐队方面，西爪哇巽他甘美兰乐队比较简单朴素，但其笛子和声乐音色较为突出，强调其旋律性。因此，在西爪哇地区甘美兰音乐演唱家和演奏家们特别受欢迎。西爪哇巽他甘美兰的体裁形式与其他两种甘美兰有所不同，其体裁形式为木偶戏，被命名为“哇扬皮影戏”（Wayang Kulit）。在音乐织体结构方面，西爪哇巽他甘美兰采用以旋律为主导，即以一种或多种乐器的演奏构成复杂、精细的多层次结构，从而形成丰富多彩且和谐共融的音乐形态。

（二）印尼甘美兰的曲调特征

印尼甘美兰作为东南亚地区具有特色的传统音乐，其在发展过程中受到来自中国、印度、阿拉伯和欧洲音乐很深的影响，具有鲜明的文化底蕴和音乐风格。

甘美兰音乐的曲调风格颇具艺术气息。其一，它的节奏趋于平和，主要采用2拍或4拍，但在演奏时它的“强、弱”规律并不像西方音乐那么鲜明，各个拍子之

① 参见仁迪（Randy Geovani Putra）.甘美兰在广西艺术学院的教学及推广研究[D].桂林：广西师范大学硕士学位论文，2018.

② 参见路昊辰子.印度尼西亚音乐：独具魅力的东南亚音乐[J].艺术品鉴，2021(09)：181-182.

间“强、弱”差别很小，给听众平稳、沉着的感受。总体上来说，这些被细分出来的节奏重新组成多层次结构，也能够形成复节奏的特征。其二，甘美兰音乐以单音音乐为主要特征，在曲调风格、音乐织体等方面与东亚地区音乐相似，即注重横向旋律的演奏特征。其三，尽管它的音乐形态以单音音乐为主体，但在某些音乐风格中，由于需要各种乐器演奏时纵横交错，从而也会形成一种多声部的复调音乐，它的音响效果体现出“中庸、平和且色彩丰富”相结合的音乐特征。

（三）印尼甘美兰的音律结构

印尼的甘美兰乐曲有别于“十二平均律”，其音律倾向平均，主要以“七平均律”“五平均律”为主。“七平均律”是将一个八度划分为 7 个大致相同距离音程的音律结构，“五平均律”是将一个八度划分为 5 个大致相同距离音程的音律结构。[①]虽然“七平均律”在印度尼西亚及东南亚国家都有运用，但“五平均律”的使用则主要在印度尼西亚。

印尼甘美兰采用“五平均律”构成的五声音阶叫“平均五声音阶”，它是印尼所独有的一种音阶形式。其五声音阶包括“有半音”和“无半音”两种类型。甘美兰音乐中有一种旋律规范，这种旋律规范就如同印度的“拉格”以及阿拉伯音乐文化中的“达斯特加赫”，被称作“帕台特”。调式音阶通过特定的音程结构表现出来，而这种音程结构又与对应的帕台特有着本质的关系。每一个“帕台特”都有各自的标准，如调式的中心音、特定音域、旋律类型等。因此，每个“帕台特”所表现出的情绪与主题的内涵也各不相同。[②] 由于在不同时期甘美兰乐师对音高观念、调式音阶的选取以及对乐曲的加工等方面表现出来的差异，同一名称下的“帕台特”，其音程结构的调式等方面可能存在一定的差异。甘美兰音阶的音高概念是印尼乐师们世代相传的一种声响观念，它深深地扎根于本民族音乐，从而物化于甘美兰乐器之中。

（四）印尼甘美兰的审美体现

以听觉为特征的音乐艺术，较之其他艺术形式，其精神特征更突出的表现为审美情感的强烈性和直观感受的综合性。[③] 印尼甘美兰历史悠久，在它的发展历

---

① 参见齐江.外国民族音乐[M].上海：上海交通大学出版社，2012：69.

② 参见饶文心.甘美兰音阶的物质基础及其变异因素[J].武汉音乐学院学报，2004(01)：36-42.

③ 参见张爱民.论音乐的审美特征.[J].甘肃社会科学，1999(01)：45-47.

程中，既吸取了印度教、佛教、伊斯兰教等宗教的精髓，又与欧洲各国的传统乐曲相融合，从而构成了别具风格的甘美兰音乐。甘美兰具有强大的艺术特色，有着特有的音乐韵味。在早些时期，就有很多西方音乐家对其神秘的音乐着迷，比如法国印象乐派的代表德彪西（Achille-Claude Debussy），他就以甘美兰音乐为创作灵感，谱写出了印象派的钢琴乐曲《塔》、管弦乐《大海》等作品。

在印尼音乐文化中，甘美兰也是具有神灵的，在演奏时所有的演奏人员都会脱下自己的鞋子，表现出一副肃穆的姿态，以向上帝表达最真诚的敬意。与此同时，甘美兰表演时各种乐器所摆放的位置也有着特殊的要求，假如随意摆设或者挪动位置，就会被认为是对神明的亵渎，每一组甘美兰乐器都有各自的名称，代表与神明共存。① 此外，甘美兰音乐中还会有音乐的重复，多层次的重合正好也符合当地宗教的"轮回"观念。甘美兰乐曲之所以具有一定魅力，正是因为具有多声部的音响效果，多声部的旋律线条以及错落有序的节奏节拍交织结合在一起。

四、结语

通过以上对印尼传统音乐甘美兰的探析，可以得到以下几点认识：其一，甘美兰作为印尼一种传统且特殊的音乐形式，并非仅限于王室贵族，而是延伸到与民间乐人、学校学生等相关的形态领域之中，在其影响下形成的甘美兰乐队，对印尼的音乐文化发展、传播起到了极大的促进作用；其二，以爪哇岛和巴厘岛为代表的甘美兰音乐，因地域、历史文化、风土人情的差异，形成了不同的音乐形态和风格特征；其三，在甘美兰音乐演出活动中，演出人员保持尊敬、肃穆的姿态，印尼人民认为甘美兰是具有神灵的，依托独特的演奏风格和审美方式，甘美兰成为印尼人民重要活动中不可或缺的表演形式。

综上所述，甘美兰音乐是乐器与演奏乐师之间融合碰撞的产物，它承载了印尼人民的精神品质和艺术追求，并开启了印尼甘美兰的传播发展方式。通过对印尼甘美兰音乐的考究，我们可以清晰地梳理甘美兰的历史发展脉络，在此希望能在一定环境下去亲身学习和感受甘美兰音乐，从而体会印尼音乐文化的非凡魅力。

---

① 参见晋瑞琦.跨文化视角中的印尼音乐甘美兰探析[J].艺术评鉴，2022(22)：181-184.

“一带一路”背景下中印尼音乐文化交流与传播

任志业*

【摘要】 中国音乐文化在印度尼西亚的传播历史悠久，尽管中印尼两国关系在历史上有过几次低潮，但“一带一路”倡议的提出为中国与印度尼西亚间音乐文化交流与发展提供了契机，也是中国音乐文化向印度尼西亚推广的一个历史性机会。

【关键词】 “一带一路”；中印尼音乐文化；交流与传播

一、“一带一路”倡议的提出与发展

“一带一路”源于古代的“丝绸之路”，按照交通工具的不同，古代“丝绸之路”可以划分为“陆上丝绸之路”和“海上丝绸之路”。“陆上丝绸之路”起源于西汉，汉武帝刘彻派张骞前往西域，由长安（现在的西安）出发，经甘肃和新疆，到达中亚和西亚，是一条与地中海诸国相连的陆路大通道；东汉时，都城迁到洛阳，这条陆地大路的起点就变成了洛阳。“陆上丝绸之路”的主要作用是运输丝绸、瓷器等。德国地质地理学家李希霍芬 1877 年在其著作《中国——亲身旅行的成果和以之为根据的研究》一书中提出，“从公元前 114 年至公元 127 年间，中国与中亚、中国与印度间以丝绸贸易为媒介的这条西域交通道路命名为‘丝绸之路’”，该名称很快被学界及大众所接受与采用。“海上丝绸之路”始于秦汉，发展于三国至隋朝，兴

* 任志业，德州学院东盟研究中心兼职研究员，泰国西那瓦大学人文学院博士研究生在读，主要研究方向为音乐史学。

盛于唐宋，转变于明清，以南海为中心，是中国古代与外国交通贸易和文化交流的海上通道，也是现如今已知最古老的海上航线，又被称作“南海丝绸之路”。“丝绸之路”在近两千年的历史上不仅是思想和商品交流的重要渠道，还代表了不同时期的历史和文化。

习近平主席于2013年9月在哈萨克斯坦纳扎尔巴耶夫大学作题为《弘扬人民友谊　共创美好未来》的演讲，提出共同建设“丝绸之路经济带”；同年10月，在印度尼西亚国会发表题为《携手建设中国—东盟命运共同体》的演讲，提出共同建设“21世纪海上丝绸之路”，自此“一带一路”倡议步入建设阶段。“一带一路”严格恪守《联合国宪章》的宗旨和原则，坚持改革开放、和谐包容、市场运作、互利共赢的共建原则及核心理念。习近平主席在2018年中非合作论坛北京峰会开幕式上的主旨讲话提出：“面对时代命题，中国愿同国际合作伙伴共建‘一带一路’。我们要通过这个国际合作新平台，增添共同发展新动力，把‘一带一路’建设成为和平之路、繁荣之路、开放之路、绿色之路、创新之路、文明之路。”“和平之路”——构建以合作共赢为核心的新型国际关系，打造对话不对抗、结伴不结盟的伙伴关系。各国应该尊重彼此主权、尊严、领土完整，尊重彼此发展道路和社会制度，尊重彼此核心利益和重大关切。“繁荣之路”——聚焦发展这个根本性问题，释放各国发展潜力，实现经济大融合、发展大联动、成果大共享。“开放之路”——打造开放型合作平台，维护和发展开放型世界经济，共同创造有利于开放发展的环境，推动构建公正、合理、透明的国际经贸投资规则体系，促进生产要素有序流动、资源高效配置、市场深度融合。我们欢迎各国结合自身国情，积极发展开放型经济，参与全球治理和公共产品供给，携手构建广泛的利益共同体。“绿色之路”——我们要践行绿色发展的新理念，倡导绿色、低碳、循环、可持续的生产生活方式，加强生态环保合作，建设生态文明，共同实现2030年可持续发展目标。“创新之路”——坚持创新驱动发展，加强在数字经济、人工智能、纳米技术、量子计算机等前沿领域合作，推动大数据、云计算、智慧城市建设，连接成21世纪的数字丝绸之路。我们要促进科技同产业、科技同金融深度融合，优化创新环境，集聚创新资源。我们要为互联网时代的各国青年打造创业空间、创业工场，成就未来一代的青春梦想。“文明之路”——以文明交流超越文明隔阂、文明互鉴超越文明冲突、文明共存超越文明优越，推动各国相互理解、相互尊重、相互信任。①

① 中国一带一路网.“一带一路”建设目标[EB/OL].(2018-09-03)[2023-03-08]. https://www.yidaiyilu.gov.cn/ztindex.htm.

综上所述，伴随“一带一路”倡议的提出，中国同印度尼西亚等东盟国家在经济、文化、政治领域的交流越来越密切，本文以中印尼音乐文化交流与传播的角度作为切入点，基于“一带一路”的建设目标，探究“一带一路”背景下的中印尼音乐文化交流的发展与成果，旨在为中印尼间的文化交流提供建设性意见。

二、中国音乐在印度尼西亚的交流与传播——以岭南音乐文化为例

在经济全球化的今天，“文化输出和文化传播比重增大是当今全球传播的一大特色。”在这一背景下，中国与世界各国的文化交流活动越来越频繁。[①] 中国艺术作为中华文化的重要载体，理应首先“走出去”。2014 年 10 月，习近平总书记在文艺工作座谈会上的讲话中明确指出：“京剧、民乐、书法、国画等都是我国的文化瑰宝，都是外国人了解中国的重要途径。文艺工作者要讲好中国故事、传播好中国声音、阐发中国精神、展现中国风貌，让外国民众通过欣赏中国作家艺术家的作品来深化对中国的认识、增进对中国的了解。”可见，在海外大力传播中国艺术是提升中国文化软实力的重要途径。中国音乐文化作为中国艺术文化的重要组成部分，对于文化间交流有着举足轻重的作用。因此，探究中国音乐在印度尼西亚的交流与传播的成果，对研究“一带一路”背景下中印尼音乐文化交流与传播具有重要的现实意义。

中国传统的音乐文化在音乐史学上按照音乐形态分为古代乐舞时期、歌舞伎乐时期和剧曲时期。而岭南音乐文化在传统乐舞体系中地域特色较为显著，在其发展过程中凸显出自身特有的学术研究价值，引起各国学术界的关注。岭南指中国南方五岭之南的区域，具体包括现在的海南、两广全境以及湖南、江西等地的部分地区。受岭南地区地理位置及地形地貌等因素的影响，岭南地区文化也比较有特点，与此同时，其音乐属性也呈现出多样化的特点。岭南音乐文化以潮汕音乐、客家音乐、广东粤地音乐以及岭南少数民族音乐为主，其传入印度尼西亚的途径具有多样性。在岭南音乐文化发展历程中，广东音乐是以水乡小曲、民间曲调、粤剧音乐等为基础发展而来，同时具备岭南地域特色最为浓郁的音乐文化。故而，广东音乐文化是岭南音乐文化的一大代表。由于地理位置的因素，广东音乐风格受西方影响较大，主要表现在乐器、作曲等方面。发展至今，广东音乐已成为岭南

① 参见王丹丹.中国艺术在印度尼西亚的传播研究[J].民族艺术研究，2018，31(06)：68-74.

音乐的代名词。

岭南音乐文化在印度尼西亚的交流与传播过程漫长。古代，岭南音乐传播途径主要是通过移民方式（如印尼华侨），伴随广东人移民印度尼西亚，岭南音乐开始传入印尼，并对印尼皮影戏产生了较大影响。近现代，岭南音乐传播主体除移民之外，还增加了文艺团体（如雅加达新艺社、华侨音乐社、青光剧社等），该文艺团体多为爱好艺术的华侨青年。21 世纪以来，中印尼邦交逐步“回暖”，伴随“一带一路”倡议的提出与发展，中国与印度尼西亚之间的音乐文化交流也日益频繁。例如，2012 年 7 月，中国挑选了多名公派华文教师远赴印尼支教，刘丽洲作为广东省优秀音乐教师被派往印尼泗水新中三语学校支教。刘老师克服诸多困难，一人承担着五个年级以及两个音乐兴趣班的教学工作，并负责京剧兴趣班的辅导。在此期间，刘老师编写了华文音乐教材，特别注重岭南音乐的本土化与国际化特色，将岭南音乐文化传播到了印尼地区。2013 年 6 月，广东省文化厅厅长方健宏率领广东省民族乐团一行 50 人访问印尼，在雅加达剧场举行了一场大型音乐会，表演了潮州大鼓、客家汉乐《迎仙客》、唢呐独奏《打枣》等，也演唱了多首名曲，如《哎呦，妈妈》《美丽的梭罗河》等。这一音乐会盛况空前，具有浓郁的岭南特色。由此可见，岭南音乐文化在印度尼西亚的传播历程长远，为“一带一路”背景下中国音乐文化在印度尼西亚传播交流开辟了道路，也丰富了两国之间的文化交流，对两国友好邦交有重大贡献。

三、印度尼西亚音乐在中国的交流与传播——以佳美兰音乐文化为例

印度尼西亚的音乐和舞蹈以佳美兰（即锣鼓乐）和其伴舞为代表。不过这种艺术形式并不单单出现在印度尼西亚。据推测，南亚青铜打击乐器发源于东山文化（DongSon Culture）的青铜鼓。这种鼓直到公元 1000 年初的几个世纪里仍被采用。由于用于佳美兰合奏的金属打击乐器在缅甸、马来西亚、菲律宾以及周围地区都被发现过，因此可以认为整个南亚地区是一个“锣钟文化带”。也就是说，整个地区存在建立在由已定音的各种尺寸的铜锣组合形成的音节基础上的结构复杂、精细的传统音乐。其共同之处不仅明显表现在乐界方面，还表现在音乐的构成尤其是周期性原理方面。周期性原理指的是由爪哇和巽他的即兴创作乐器或巴厘岛的快速结合结构精细构成、体现某一次数的基本单一旋律的反复。这种基本的构成原理超越了“锣钟文化带”，不仅在印度古典音乐传统中可以发现，在中

国、朝鲜和日本的古典音乐中也可以发现。根据乐器和音乐构成，印度尼西亚音乐显然存在于很大一个地区。这个由1.7万多个大小岛屿组成的国度，从一开始就成为一个多种文化的汇合点。那里共存在30多种不同的语言，由此可以推测肯定有多种不同的地区性音乐和舞蹈。

佳美兰究竟是一种怎样的乐器组合体？佳美兰从语言学角度讲是指用手打击或操纵。[①] 佳美兰中的主要乐器是青铜打击乐器：有凸饰的吊锣和水平旋转担当合奏核心的定音铜鼓。另外，打击乐器还有一个双面鼓、一架木琴，弦乐器有带弓竖琴、拨弦琴和巽他拨弦琴。管乐器有竹制长笛。男子和女子同台演唱非常普遍。在乐器组成的多样性方面，佳美兰类似于西方传统的管弦乐队，也类似于亚洲的宫廷合奏。佳美兰乐器分为弦律乐器和节奏乐器，弦律乐器有长笛、木琴和铜制或铁制打击乐器等，还有发音清晰、修饰旋律的声部；节奏乐器有锣，鼓在这些乐器中控制节奏和速度，这些乐器相互配合产生了一种立体的声音效果。中心旋律由一部分乐器加强，另一部分乐器分解为更加精细的即兴演奏。

印度尼西亚佳美兰音乐在中国的交流与传播主要以学术会议及高校教学为主，如2011年11月7日至10日，中国—印度尼西亚国际学术讨论会在北京举行。[②] 这场讲座是包含“中国—芬兰”“中国—新西兰”“中国—非洲”“中国—印度”“中国—日本”在内的，于2005年举行的“国际音乐周专题讲座”之后再一次举行的一场重大的艺术盛会，将理论研究和艺术创作有机地融合在一起。本次研讨会由福建师范大学音乐学院、泉州师范大学音乐舞蹈学院、泉州南音学院共同举办，与会人员有来自中国、美国、印尼、泰国、缅甸等国家的70多位专业人士及表演工作者。这一次的国际民间音乐教育论坛探讨了中国民间音乐教育和国际音乐教育之间的关系，并提出了一些新的观点。2012年9月，宁波大学成功引入印尼爪哇佳美兰乐器(kyahi，黄钟)，成为中国首所长期开设佳美兰演奏课程的综合类高校。除此之外，宁波大学还是国内首所全职引入印尼外籍教师进行佳美兰乐器专业教学的高校，成立了中国首支印尼佳美兰学生乐队。此外，以印尼佳美兰音乐为基础打造具有国际影响力的专业特色，对国内高校多元音乐文化的教学和研究起到了推动作用。自印尼佳美兰音乐文化引入至今，通过举办国内国际学术会议、对外出访、高校之间的交流、社会实践等方式和途径，实质性推动了印尼佳美

① 参见何方方.印尼佳美兰音乐文化在中国的传播研究：以宁波大学为例[D].长春：吉林艺术学院硕士学位论文，2021.

② 参见王薇薇，王瑞年.东南亚锣群文化之美：2012“世界音乐周”暨中国·印度尼西亚音乐国际研讨会综述[J].艺海，2013(04)：190-191.

兰音乐在中国特别是高校的传播和发展。[①] 这也表明印尼佳美兰音乐文化在中国交流与传播的学术性与专业性极强。

三、结语

中国音乐文化在印度尼西亚的传播历史悠久，尽管中印尼两国在历史上曾有过几次低潮，但“一带一路”倡议的提出为中国与印度尼西亚间音乐文化交流与发展提供了契机，也是中国音乐文化向印度尼西亚推广的一个历史性机会。当前，中国音乐文化作品在印度尼西亚的传播还处于初始阶段，面对这些问题，应当采取主动战略，以提高其传播效果，将是未来一段时间的努力方向。自“一带一路”倡议提出以来，中印尼无论在经济方面还是在文化方面的交流都产生了新成果，近年来，中国—东盟研究中心的建立更是为中国与印度尼西亚的文化交流提供了更为直接的平台。

① 参见何方方.印尼佳美兰音乐文化在中国的传播研究：以宁波大学为例[D].长春：吉林艺术学院硕士学位论文，2021.

可持续发展篇

中印尼海洋命运共同体：理论价值及构建路径

田莹莹*

【摘要】 党的十八大以来，中国积极参与全球海洋事务，不断维护与周边海洋国家的关系。中印尼两国的海洋交流十分密切，构建中印尼海洋命运共同体具有重要的理论价值，能助力两国海洋强国建设、推动人类命运共同体建设、促进全球海洋治理效能发挥。建议从海洋政治、海洋经济、海洋文化、海洋安全等领域共同促进中印尼海洋命运共同体的构建，进而深化中国“一带一路”倡议与印度尼西亚“全球海洋支点”构想的对接，为全球海洋治理提供范例。

【关键词】 海洋命运共同体；全球海洋治理；中印尼

【基金项目】 德州学院人文社科特色研究专项重点课题“山东服务中印尼命运共同体建设研究”(2022tszx001)；山东省外事研究与发展智库课题“中国与东盟国家海上执法合作优化研究”(2022W11)；德州学院科学研究基金项目“海洋督察制度的运行及优化研究”(2022xjrc432)。

世界处于百年未有之大变局，全球海洋治理在国际社会上的作用尤为重要，而海洋命运共同体理念作为深度参与全球海洋治理的行动指南，也逐步得到了国际社会的认可与支持。“海洋命运共同体”要发挥更大的价值就不能仅仅停留在理念层面，而要向行动转变且持续发展。中国积极践行海洋命运共同体理念，与诸多国家共同推动海洋命运共同体构建，中国与印度尼西亚的海洋合作就是成功

* 田莹莹，德州学院东盟研究中心兼职研究员，德州学院法学院讲师，主要研究方向为全球海洋治理、生态环境保护、法律制度研究。

的范例。中国海岸线漫长，海洋事务诸多，印度尼西亚濒临印度洋和太平洋，是世界上最大的群岛国家，两个国家都是全球海洋治理的重要参与者，推动中印尼海洋命运共同体构建，能促进两国间深层次海洋合作，对于海洋强国建设及人类命运共同体构建有积极意义，还能进一步促进全球海洋治理，维护全球海洋治理优势及效能的发挥，为全球海洋的可持续发展贡献力量。

一、文献回顾与问题提出

海洋命运共同体理念是2019年4月23日中国人民解放军海军成立70周年之际，习近平总书记在青岛会见多国海军活动的外方代表团时提出的，同时海洋命运共同体理念也是在全球海洋治理赤字和全球海洋可持续发展面临危机的背景下提出的，它超越了一国利益的视野，是对全人类海洋共同利益的关切。① 该理念提出后得到了专家学者的广泛研究，海洋命运共同体理念继承和发展了中国古代“和谐共生”的哲学理念，体现了“和而不同”的优秀品质，包括海洋政治、海洋经济、海洋文化、海洋生态和海洋安全五个维度的思想意涵，并有相应的制度体系作为支撑。② 当然，海洋命运共同体理念同样也是呼应国际社会治理海洋的共同诉求，代表全球海洋治理的中国方案，具有强大的生命力。③ 而构建海洋命运共同体不仅彰显中国的大国担当，也有利于中国在各国利益角逐中取得海洋话语权，形成中国特色海洋文明叙事体系，为中国海洋外交提供新的方案。④ 基于此，中国积极发展和践行海洋命运共同体理念，不断推动与周边国家海洋命运共同体的构建。在此过程中，中国也逐步得到了国际社会的认可和支持，但海洋命运共同体构建却在海洋命运共同体理念的对外传播中尚存在着传达水平不高、辐射范围不广等问题⑤，需要进一步深挖与不同国家间的海洋利益共同点，拓展与提升海洋命运共同体理念的传播方式与水平，助力全球海洋治理。

---

① 参见王琪，曹文健.海洋命运共同体：研究进展与拓展认识[J].江苏海洋大学学报（人文社会科学版），2023，21(01)：20-30.

② 参见王茹俊，王丹.海洋命运共同体理念：生成逻辑、思想意涵与理论品格[J].大连海事大学学报（社会科学版），2022，21(01)：11-19.

③ 参见傅梦孜，王力.海洋命运共同体：理念、实践与未来[J].当代中国与世界，2022，6(02)：37-47+126-127.

④ 参见李达.海洋命运共同体：思想渊源、法律基础以及中国实践[J].社会科学动态，2022，68(08)：45-49.

⑤ 参见杨威.新时代推进海洋命运共同体理念对外传播的内在逻辑与实践路径[J].湖湘论坛，2022，35(06)：12-19.

随着人类命运共同体理念的提出，中国—东盟关系已成为亚太区域合作中最为成功和最具活力的典范，成为推动构建人类命运共同体的生动例证，其中“千岛之国”印度尼西亚与中国的海洋合作有着深厚的历史渊源和广泛的现实基础，也为构建海洋命运共同体奠定了坚实的基础。2014 年，印尼总统提出“全球海洋支点”构想，战略意涵是以建设海洋强国为核心目标，利用印尼的独特地缘战略地位，发展海洋经济，维护海洋安全，开展海洋外交，重塑地区海洋秩序，全面提升印尼的中等强国影响力。[①] 中国积极推动“一带一路”倡议同印尼“全球海洋支点”构想的对接[②]，此后专家学者就中印尼的研究逐步增多，在南海问题、渔业合作、务实外交、防务合作、海洋政策、海洋文化、海洋经济、海洋安全等领域都展开了研究，这对于深入探讨中国与印度尼西亚的关系尤其是开展海洋领域的合作起到重要的作用，也对研究中印尼海洋命运共同体的构建有重要的意义。但经过对相关文献的系统梳理，关于中印尼海洋命运共同体构建的研究还存在空白之处，可以看出，推动中印尼海洋命运共同体构建还停留在国家政策层面，需进一步推动学术研究，使中印尼海洋命运共同体的建设既有现实意义又有理论价值。

综上所述，不论是海洋命运共同体理念还是中印尼海洋合作都已得到了国家领导人及专家学者的支持与深入研究，但如何将海洋命运共同体理念传播得更广，以得到更多国家的认可，以及如何在海洋命运共同体理念的指导下构建中印尼海洋命运共同体，这些都是值得研究的话题。本文着重研究中印尼海洋命运共同体的理论价值及构建路径，用理论助推实践，以实践丰富理论，最终实现海洋强国建设，促进全球海洋治理。

二、中印尼海洋命运共同体的理论价值

海洋命运共同体价值理念符合全球海洋治理的时代要求，该理念超出了单个国家海洋利益的狭隘观念，有着丰富的时代内涵，是惠及全海洋甚至全人类的。中国和印度尼西亚都是海洋大国，海洋间的合作与发展也是两国关注的重点，构建中印尼海洋命运共同体具有重要的理论价值，能助力海洋强国建设，进一步推动人类命运共同体的建设，进而共同促进全球海洋治理效能的发挥。

---

① 参见刘雨辰.试论印尼佐科政府的“全球海洋支点”构想[J].世界经济与政治论坛，2016(04)：55-76.

② 参见金英姬.中国与印尼发展战略的对接与经济合作[J].太平洋学报，2016，24(11)：31-42.

(一)以海洋合作为关键点,助力两国海洋强国建设

中印尼两国都与海洋有着密切的关系,十分注重海洋的发展,两国在海洋合作与贸易往来中也建立了深厚的友谊。2005年,两国建立了战略伙伴关系,海洋发展与合作日益密切。2012年党的十八大提出,要提高海洋资源开发能力,发展海洋经济,保护海洋生态环境,坚决维护国家海洋权益,建设海洋强国。2013年习近平主席访问印尼时提出建设“21世纪海上丝绸之路”的倡议,两国从战略伙伴关系提升为全面战略伙伴关系。① 2014年,新上任不久的印尼总统佐科·维多多提出“全球海上支点”构想,以复兴海洋文化、保护和经营海洋资源、发展海上交通基础设施、进行海上外交、提升海上防御能力五大支点基本内容,印尼国家的“海洋强国”战略也进一步明确。② 此后,推动中国的“一带一路”倡议与印尼的“全球海洋支点”构想对接,以海洋合作为关键点,构建海洋命运共同体,对于两国海洋强国建设有着积极的推动作用。建设海洋强国,必须进一步关心海洋、认识海洋、经略海洋,而海洋命运共同体是一种新的理念,对海洋的健康发展及各国间海洋的和平安宁起着指导作用。海洋的和平安宁也关乎世界各国安危和利益,需要共同维护,与各国携手构建海洋命运共同体、促进合作共赢又是建设海洋强国的必由之路。③ 因此,促进中国与印尼国家海洋间的深度合作,并以海洋合作为基础推动海洋命运共同体的构建,是两国的重要任务,而海洋命运共同体的构建又能进一步促进两国构建海洋发展体系,最终助力双方海洋强国建设。

(二)以海洋发展为切入点,推动人类命运共同体建设

中国提出人类命运共同体理念,是以全人类和全球的利益为出发点,倡导与各国互利共赢、和谐发展。海洋自身是生命共同体,人与海洋是命运共同体,海洋是人类命运共同体的天然纽带。④ 中国倡导的海洋命运共同体理念,是人类命运

---

① 参见张洁.“一带一路”与“全球海洋支点”:中国与印尼的战略对接及其挑战[J].当代世界,2015(08):37-41.

② 参见吴崇伯,张媛.“一带一路”对接“全球海洋支点”:新时代中国与印度尼西亚合作进展及前景透视[J].厦门大学学报(哲学社会科学版),2019(05):98-108.

③ 参见邓志慧,钟焯.世界海洋日,感受习近平建设海洋强国的“蓝色信念”[EB/OL].(2020-06-07)[2023-03-12].http://politics.people.com.cn/n1/2020/0607/c1001-31738010.html.

④ 参见王义桅.理解海洋命运共同体的三个维度[J].当代亚太,2022,243(03):4-25+149-150.

共同体理念在海洋领域的延续和发展，体现的是荣辱与共、包容互补的价值观念。① 故在海洋命运共同体理念下以海洋发展为切入点，能进一步推动人类命运共同体的建设。中国与东盟关系发展进入快车道，跑出加速度，双方正朝着共建和平、安宁、繁荣、美丽、友好“五大家园”的目标稳步前进。中国始终走和平发展道路，奉行互利共赢的开放战略，秉持亲诚惠容的周边外交方针。中国愿与东盟一道，推动中国东盟友好合作行稳致远。② 印尼作为东盟的重要成员，中国与印尼无论是海洋贸易往来、海洋文化交流还是海上执法合作都是海洋发展的重要组成部分，也与军事、经济、安全等各个领域有着密切关系。中印尼两国如果能在海洋命运共同体理念的指引下，在海洋发展的基础上，实现军事、经济、安全等各个领域的合作突破，将为国际合作发出积极信号。③ 因此，需要两国共同努力，以海洋发展为切入点，在构建海洋命运共同体的同时，进一步推动人类命运共同体的建设。

（三）以海洋秩序为根本点，促进全球海洋治理效能发挥

随着全球海洋问题的频发，全球海洋治理引起了各国的重视，参与全球海洋治理的国家因自身角色、定位及发挥作用的不同，在目标的设立及规则的制定上享有不同的话语权，这就导致在全球海洋治理中形成不同程度的治理机制难题，最终导致全球海洋治理体系面临碎片化困境。需要在联合国的倡导下，通过全球海洋治理的相关平台，本着平等协商的原则，明确全球海洋治理的目标并制定相应的规则，构建海洋新秩序。而海洋秩序的完善需要双边或多边国家的共同努力，也是开展全球海洋治理的根本和基础。海洋命运共同体理念是对中国海洋治理观的高度凝练，是对全球海洋治理理念的总结和升华，传播的是和平与合作的发展理念，具有丰富的理论价值。它的践行有利于缓解全球海洋治理体系面临的碎片化困境，从而进一步维护国际海洋秩序的稳定。如南海问题上，《南海各方行为宣言》是中国与东盟国家在南海问题上签署的首份政治文件，确立了各方处理南海问题的基本原则和共同规范。在中国和东盟国家共同努力下，《南海各方行

① 参见吴士存.论海洋命运共同体理念的时代意蕴与中国使命[J].亚太安全与海洋研究，2021(04)：20-31+2.

② 参见邓锡军.推动中国东盟友好合作行稳致远（大使随笔）[EB/OL].(2022-08-04)[2023-03-12].http://yn.people.com.cn/n2/2022/0804/c372459-40066526.html.

③ 参见李智.中印尼为国与国之间命运共同体构建提供范例[EB/OL].(2022-08-01)[2023-03-12].http://www.china.com.cn/opinion/theory/2022-08/01/content_78350534.shtmll.

为宣言》全面有效落实,“南海行为准则”磋商积极推进。[1] 2022年是中国东盟签署《南海各方行为宣言》20周年,中国与印尼也积极进行海洋问题沟通与协调,构建属于两国的海洋发展新秩序,化解矛盾,促进海洋综合治理。中国与印尼作为全球海洋治理的重要参与力量,两国为海洋发展与合作构建的海洋秩序,不仅对本国的海洋治理与发展有积极意义,还能在全球海洋治理中起到较好的示范作用,调动各类海洋治理主体的积极性,凝聚全球海洋治理合力,推动海洋可持续发展[2],进而化解当前全球海洋治理碎片化等问题,促进全球海洋治理效能的发挥。

三、中印尼海洋命运共同体的构建路径

人类命运共同体理念内涵丰富,符合全人类的共同利益。近些年,中印尼两国的交流日益密切,双方全面落实两国元首重要共识,持续深化政治、经济、人文、海上合作“四轮驱动”双边关系新格局,推动构建人类命运共同体,而海洋命运共同体是其在海洋领域的具体呈现,由此中印尼海洋命运共同体的建构也主要从海洋政治、海洋经济、海洋文化及海洋安全四大领域展开,实现双方在海洋领域合作的纵深发展。

(一)海洋政治:创建沟通机制,提升海洋政治互信

中国和印度尼西亚是友好邻邦,在国际格局中也是有影响力的发展中国家,两国的政治互信有利于该地区的和平、稳定与发展,也为与其他国家的团结合作打下基础。在和平稳定的基础上,既能发展两国外交关系,更能推动中印尼海洋命运共同体的建构。那么,如何增进两国的政治互信,尤其是在海洋领域,这就需要将两国的关系上升到更高层面,创新沟通机制。

一方面,加强高层领导的对话与磋商。随着中国的发展,对周边地区的关注和地区影响力的提升,单极化区域国际体系正在发生变化。近年来,中印尼高层交往密切,佐科总统三年时间里五次访问中国,与习主席六次会晤,两国元首就全面对接发展战略和推进务实合作达成重要共识,在促进中国“21世纪海上丝绸之

---

① 参见邓锡军.推动中国东盟友好合作行稳致远(大使随笔)[EB/OL].(2022-08-04)[2023-03-12]. http://yn.people.com.cn/n2/2022/0804/c372459-40066526.html.

② 参见魏建勋.“海洋命运共同体”:全球海洋治理的价值向度[J].南海学刊,2022,8(05):59-70.

路”对接印尼“全球海洋支点”构想的同时深化和拓展各领域务实合作。① 在未来的两国关系中，除了两国元首外，还应推动其他高层领导的对话与访问，在沟通与对话中，为海洋的和平发展奠定基调，从而促进海洋经济、文化、安全等领域的发展，为海洋命运共同体构建破除阻碍。

另一方面，增加海洋政策和制度性安排。中印尼海洋命运共同体的构建也离不开海洋政策及相关制度性安排，在地缘政治的影响下，海洋利益是每个海洋国家高度重视的，尤其是南海问题的存在，两国无论是深化合作还是解决争端，都需要加强对话磋商，制定合适的海洋政策并做出制度性安排。

（二）海洋经济：组建合作平台，推进海洋经济发展

中国提出“一带一路”倡议，以亚投行为基础，加大海上基础设施建设，促进“21 世纪海上丝绸之路”的建设，落实好《“一带一路”建设海上合作设想》，加强与周边国家海洋经济的合作，为构建海洋命运共同体打下坚实的经济基础。② 中国与东盟互为最大贸易伙伴，双方经贸合作屡创新高，《中国—东盟战略伙伴关系 2030 年愿景》中也提出中国与东盟将构建“蓝色伙伴关系”，加强海洋经济、环境、科技、安全等领域的交流与合作。印尼是东盟最大经济体，中印尼两国海洋命运共同体的构建，同样要从海洋经济发展入手，组建相应的合作平台。

第一，组建“一带一路”合作平台，继续发挥巨大效力。中国是印尼最大贸易伙伴，贸易增幅居东盟国家首位，中印尼“两国双园”等共建“一带一路”项目也取得积极进展。③ 在“一带一路”合作平台下，中印尼加深合作，可以为中国与东盟合作提供示范，在地区起到较强的带动作用，为推进《区域全面经济伙伴关系协定》提供助力。④

第二，组建渔业合作平台，推动两国海洋经济向更高层次、更高质量发展。印度尼西亚位于印度洋与太平洋交汇处，在合作平台上深化投资合作，加强渔业加

① 参见吴崇伯，张媛.“一带一路”对接“全球海洋支点”：新时代中国与印度尼西亚合作进展及前景透视[J].厦门大学学报（哲学社会科学版），2019(05)：98-108.

② 参见傅梦孜，陈旸.对新时期中国参与全球海洋治理的思考[J].太平洋学报，2018(11)：46-55.

③ 参见叶广冬.元首外交|中印尼命运共同体乘上“高速列车”[EB/OL].(2022-11-14)[2023-03-13]. http://news.anhuinews.com/xwgn/202211/t20221114_6508547.html.

④ 国际锐评评论员.中国同印尼从“志同道合”到“命运与共”[EB/OL].(2022-07-29)[2023-03-13]. http://www.cciserv.com/content/2022-07/29/content_10390949.html.

工合作，为双方提供更多的政策支持和便利条件。①

第三，组建多边贸易平台，深化战略对接。在多边贸易平台下，能充分运用良好的平台优势，让海洋经济效益得到释放，实现互利共赢，造福两国百姓。海洋经济的合作与发展正是对“海上丝绸之路”的践行，而共建“一带一路”也是中印尼海洋命运共同体构建的基础。

（三）海洋文化：搭建特色渠道，强化海洋文化传播

作为亚洲的文明古国，中印尼两国人文资源丰富，特别是海洋文化，在两国合作与交流中有着深厚的历史基础，推动中印尼海洋合作，构建蓝色伙伴关系，符合中印尼海洋命运共同体构建的现实需求，也符合两国人民的根本利益。由此可以看出，推动中印尼海洋命运共同体构建，海洋文化也发挥着巨大作用。那么，如何从海洋文化方面促进两国海洋命运共同体的构建，这就要开辟特色渠道，强化海洋文化传播，增强海洋文化认同。

首先，开展海洋人文对话交流。海洋人文对话交流不仅是海洋文化的交流，还能有效推动海洋理念的交流互鉴，推动国家间海洋人文交流创新。开展中印尼两国海洋人文对话交流，是以海洋人文对话交流为突破点，促进两国海洋文化传播，进一步推动双方海洋各领域的发展合作，为构建海洋命运共同体打下基础。

其次，提升海洋文化战略地位。海洋文化作为海洋软实力，虽不及海洋政治、海洋经济的战略地位，但由于国家间海洋利益、认知差异的存在，海洋文化的调试作用又显得格外重要。中国与印尼拥有共同的“海洋强国”建设愿景，双方海洋经济、海洋安全等领域的合作，更需要海洋文化发挥催化剂、润滑剂作用。故而推动中印尼海洋命运共同体构建，必须把海洋文化置于两国合作的先导和引领位置，需要将海洋文化融入两国的战略合作进程中，提升海洋文化的战略地位，推动对海洋命运共同体理念的认同，这样才能为两国海洋命运共同体的构建奠定坚实的社会基础。②

最后，启动高级别人文交流机制。海洋文化战略地位的提升，有助于海洋文化的认同，而在海洋人文对话交流的基础上，启动高级别的人文交流机制，更是对

---

① 中华人民共和国商务部.李克强：深化“一带一路”倡议同印尼“全球海洋支点”构想对接[EB/OL].(2018-05-09)[2023-03-13]. http://www.81.cn/2018ydyl/2018-05/09/content_8026659.html.

② 参见杨宏云.中国与印尼海洋文化交流和合作对策研究：以“21世纪海上丝绸之路”建设为背景[J].合肥工业大学学报(社会科学版)，2018，32(05)：48-55.

海洋文化的重视。2015年，两国共同启动副总理级人文交流机制，这是中国与发展中国家和新兴经济体之间首个副总理级人文交流机制，也是“一带一路”倡议提出后中国与沿线国家建立的首个人文交流机制。[①] 今后还要运用中国与印尼海洋文化互动合作的深厚渊源，挖掘两国共同的海洋文化内涵，加深文化互动，扩大文化传播，实现文明互鉴、民心相通、价值共惠，最终促进中印尼海洋命运共同体构建。

(四)海洋安全：构建国际秩序，共筑海洋安全体系

海洋是人们赖以生存和发展的空间，有着丰富的物质财富和精神财富，其经济价值、生态系统价值和军事战略价值都十分重要，海洋开发利用与海洋权益争夺成为各国关注的热点。中国和印度尼西亚都是海洋国家，在海洋问题上有合作也有冲突，印尼“全球海洋支点”构想与中国“一带一路”倡议有较多契合之处，中印尼在海洋问题上仍有较大合作空间[②]，这就需要两国在海洋命运共同体理念下继续加强沟通合作，构建国际海洋新秩序，共筑海洋安全体系。

一是积极组织海洋安全会议，开展规则磋商探讨。构建中印尼海洋命运共同体，中国必须以实际行动积极推动新的国际海洋秩序及海洋治理体系的构建，积极组织中印尼关于各种海洋安全的会议，在海洋问题上一如既往地主张以联合国为中心，促进两国成员积极参与、平等协商、共同合作，提倡多边主义和多元化策略，打破霸权主义和单边主义，平衡两国各方面的利益，以达到和谐共赢的目的。在海洋安全规则和机制的构建上，中国主张公开透明，进一步防止海洋治理机制封闭化和规则碎片化，共同推动海洋安全体系的完善。但地缘政治激化已经影响到当前的国际形势和一些多边平台的讨论、一些议程的推进。[③] 在海洋安全合作这个敏感的议题上，两国要适时调整战略思维，加强关于海洋边界争议的法理依据的非正式讨论[④]，在此过程中，开展规则磋商探讨，对于构建新的国际海洋秩序有重要意义。

---

① 参见孙晓萌，傅聪聪.“四轮驱动”构筑中印尼人文交流合作新格局[EB/OL].(2022-05-16)[2023-03-15]. https://www.sohu.com/a/547614053_243614.

② 参见骆永昆.“全球海洋支点”战略背景下印尼在南海的利益探析：兼议中印尼合作的机遇与挑战[J].亚太安全与海洋研究，2019(03):82-93+4.

③ 参见刘乐.[大国外交]印尼总统明日访华，中印尼如何打造更加紧密的命运共同体？——专访中国驻印尼大使陆慷[EB/OL].(2022-07-24)[2023-03-15].https://china.cnr.cn/qqhygbw/20220724/t20220724_525929140.shtml.

④ 参见薛松.印度尼西亚海洋安全思维与合作逻辑[J].国际安全研究，2021,39(03):78-101+158-159.

二是主动参与海洋安全行动，打击海上违法犯罪。虽然海洋安全合作是一个敏感的议题，但印尼面临的海洋安全威胁依旧严峻，中印尼可以在打击海盗方面加强合作，共同应对海上恐怖主义带来的安全挑战，保障“一带一路”海上能源要道的战略安全。① 中印尼两国要以此为契机，构建共同的海洋安全体系，使海洋成为人类安危与共的和平之海、共同繁荣的发展之海。② 总之，中国同印尼的海洋安全合作要建立在遵守国际规则的基础之上，进行南海行为准则磋商，这不仅符合两国人民的利益，对两国海洋命运共同体的构建甚至世界和平与发展也具有重要意义。

随着海洋的重要性及其战略地位的愈加凸显，世界范围内掀起了新一轮的“蓝色圈地运动”，全球海洋治理也正面临百年未有之大变局，世界各国参与全球海洋治理的程度也日益加深。中国与印度尼西亚作为全球海洋治理的重要参与者，需要不断塑造新理念、开展新合作、推进新机制。党的十八大以来，中国不断提出“一带一路”“海洋命运共同体”等新倡议、新理念，印度尼西亚也提出“全球海洋支点”构想，两国在海洋发展与合作中的观点基本一致，因此中印尼海洋命运共同体构建不仅符合两国人民的共同利益，助力海洋强国建设，进一步推动人类命运共同体建设，还能促进全球海洋治理效能的发挥，在全球海洋治理上贡献智慧和方案。当然，两国在海洋利益方面也存在矛盾和冲突，需要在海洋命运共同体理念的指引下，从海洋政治、海洋经济、海洋文化及海洋安全等领域入手，相互尊重、守望相助、化解冲突、深化合作，携手打造“海洋发展伙伴”，共同促进海洋命运共同体的构建，实现海洋强国的建设目标。

① 参见肖丁，王鹏程．印度尼西亚“全球海洋支点”与中印尼海洋战略对接[J]．中阿科技论坛（中英文），2023(04)：6-10．

② 参见储建国．海洋强国和海洋命运共同体的辩证关系：基于大历史观的视角[J]．国家治理，2022(20)：38．

中国与印度尼西亚油气合作现状、挑战与前景

纪杰*

【摘要】 印度尼西亚蕴藏着丰富的油气资源,中国与印度尼西亚开展油气合作既可以加强与印度尼西亚的政治、经济关系,又可以支撑中国能源多元化。中国油气公司进入印度尼西亚以后,在印尼油气领域取得了较大的成功。印度尼西亚在油气领域的对外合作日益国际化,呈现出较强的灵活性、成熟性,两国之间的油气资源开发具有良好前景。中国与印度尼西亚两国之间的油气资源开发合作模式,对中国与东盟其他国家在该领域的合作具有借鉴意义。

【关键词】 印度尼西亚;油气合作;油气投资环境;合作前景

印度尼西亚是东南亚国家联盟(ASEAN)最大的经济体,根据国际货币基金组织数据,2021 年其国内生产总值(GDP)达到 1.15 万亿美元,尽管全球经济普遍低迷,其经济仍然保持着较高的增长速度。印尼已经成为东盟的重要领导者之一,对东盟的影响力举足轻重。作为中国在东盟国家中的第二大贸易伙伴,同时也是中国石油企业最早进行油气资源开发的国家之一,中国与印尼两国的油气勘探开发合作,既符合中国与印尼两国石油工业发展与民生质量提升的需求,又能为两国的国家基础建设和能源合作提供支持。近年来中国对印尼不同领域的投资力度不断加大,同时中国与印尼两国在油气合作领域的成果也得到进一步的扩大。“21 世纪海上丝绸之路”建设推动着中国与印尼两国在油气产业的上游领域

* 纪杰,德州学院生态与资源环境学院讲师,德州学院东盟研究中心兼职研究员,主要研究方向为油气地质、油气能源领域。

和下游领域开展了积极有效的合作。在“21世纪海上丝绸之路”建设框架下，多层次的油气勘探业务、开发业务、油气工程业务、炼化业务的合作开展，不仅能够为两国各类企业和机构创造大量的机会，也极大地紧密了两国的经济联系和两国人民之间的情感，促进了两国关系全天候发展。尽管目前中国与印尼在油气领域的合作，仍然会受到诸如地缘政治、认知差异、国家管理制度差异等多种因素的影响，但是两国在油气能源领域创新发展、协调合作发展的趋势日益凸显，合作的空间依然广阔，中国可以立足于印尼，进一步加快推进与东盟国家的油气合作区建设。

一、中国与印度尼西亚油气合作的现状

中国目前已是世界主要石油消费国之一。随着油气能源消费的不断增加和石油加工能力的不断提升，中国在全球原油市场发挥着越来越关键的作用。中国海关的数据显示，2016年至2020年，中国原油进口量分别为3.96亿吨、4.17亿吨、4.70亿吨、5.67亿吨和5.85亿吨，年均增幅为10.25%，中国对原油的需求逐年加强；而2022年，中国原油的自产量仅为2.05亿吨，国内油气产量显然难以满足需求，而且缺口巨大；广泛、积极开展对外油气合作，将是中国未来必须坚定推进的一项重要国策。近年来，中国与印度尼西亚之间经贸往来活跃，油气能源领域的合作是两国之间的关键合作领域之一。

（一）印度尼西亚油气工业现状

印度尼西亚的第一口油井于1872年在西爪哇省的马贾地区开钻成功，印尼的油气工业从此进入一个新的发展阶段。北苏门答腊省(North Sumatra)的油气资源1885年被荷兰东印度公司的勘探队伍发现，这一发现让东南亚地区能源市场的目光都聚焦在了印度尼西亚，印度尼西亚已成为油气勘探和开发的重要市场之一。随着外国石油公司的进入和大量勘探工作的投入，印度尼西亚的油气产业呈现出蓬勃发展的态势，在爪哇岛(Jawa)、加里曼丹岛(Kalimantan)、西里伯斯(Celebes)等地区，相继勘探发现了多处油气田。[①] 1921年，印尼当时最大的油田在东加里曼丹省塔兰加卡尔地区被发现，被荷兰的东印度石油公司控制开发。西方石油公司攫取了印尼的大部分石油利润，直至印度尼西亚独立后，这一情势才

① 参见吴崇伯.举足轻重的东南亚大国：认识印度尼西亚[M].济南：山东大学出版社，2010：47-95.

逐渐改变,油气资源的控制权逐渐被印尼政府掌控。印尼于1962年9月加入石油输出国组织(Organization of the Petroleum Exporting Countries,简称OPEC),并成为当时该组织中唯一的亚太地区国家。作为OPEC组织的成员国,石油和天然气产业是其国民经济的重要组成部分,为其支柱产业之一,约占印尼政府年财政收入的24%,油气出口收入占国家年出口总收入的15%。随着经济的不断发展,印尼国内对油气能源的需求也不断增加,但是生产却受到OPEC组织定量配额管理的限制,为了摆脱这一政策束缚,印尼于2008年1月1日正式退出OPEC。印尼曾于2015年6月正式向OPEC提交了重新加入该组织的申请,但经过几个月的审议,最终未能成功加入OPEC。

印度尼西亚所处区域是一个活跃的板块构造区域,其地质构造非常复杂,拥有60多个较大规模的沉积盆地,较著名的有苏拉威西盆地、加里曼丹盆地、爪哇海盆地和东爪哇盆地等,各盆地的地质状况不同,含油气状况也不同。国内的主要产油区分别是苏门答腊(Sumatra)油田区、炽布(Cepu)油气田区、万丹(Wandankary)油气田区和占碑-棉兰(Jambi-Meran)油气田区,其中苏门答腊油田区是印度尼西亚最大的石油生产区,石油储量占印度尼西亚总储量的70%以上;天然气产区主要为南加里曼丹油气区和班达海油气区,这些区域的天然气储量巨大,对国际能源公司具有很强的吸引力。2019年已探明的石油总储量24.8亿桶中,约70%位于陆上,其余30%位于海上。

目前印尼的油气勘探开发区块有以下几个方面的特点:西部地区的南苏门答腊、林邦岛和加里曼丹是印尼最早开采油气资源的地区,这些地区的油气田分布较为集中,占据了印尼大部分的原油产量;中部地区的东加里曼丹和雅加达邻近省份,油气资源也相对较多,主要分布在桑加塔(Sangatta)油田和阿伦(Arun)天然气田等地;东部地区构造极其复杂、地貌险峻、山势陡峭,油气开发工作开展得相对较晚,但该地区的油气资源潜力较大,也得到了较多的关注。近年来印尼也在大力开发深海油气资源,增加国家的石油和天然气资源储量。同时,由于新技术的应用,一些新的储量也在老油区被发现,根据印度尼西亚石油和天然气总公司(Pertamina)的估计,昂托(Onto)油田可能拥有高达4.8亿桶的未探明石油储量。因此,可以推断印度尼西亚仍有很大的石油开发潜力和增长空间。但从总体上看,印尼石油与天然气的勘探开发基本上依靠国外石油公司,以壳牌为代表的西方石油公司在其石油市场中占据较大份额。

(二)中国与印尼油气合作情况

1.中国与印尼油气的合作规模

中石油(CNPC)和中海油(CNOOC)较早地进入了印尼的石油天然气领域。自20世纪80年代中期以来,中石油就开始在印尼进行勘探开发和石油贸易。目前,中石油在印尼的油气领域有多个项目,如南苏门答腊油田和科迪(Kodi)油田等。中海油1993年开始进入印尼油气市场,早期阶段主要进行了一些石油勘探开发项目,例如开发印尼巴刹·巴查查兰(Pasar Padjajaran)东海域区块。2002年至2017年间,中石油在印尼投资累计超过52亿美元,生产油气约7000万吨当量,给印尼政府上缴税费超30亿美元。但相对于其他国家石油公司而言,中国石油公司在印尼的作业规模并不大。在过去的二十多年里,中国石油企业在印尼市场的业务规模不断扩大,已经从最初的石油勘探发展到现在的多元化业务,业务的范围已经从上游油气勘探开发拓展到下游工程建设和天然气销售等能源服务领域,并且仍在不断拓展新的领域和新的项目。例如,中海油与印尼国家电力公司签署了液化气(LNG)供气合同,这项合同的签署也体现了中海油在液化天然气领域的技术优势和市场优势,同时也为中印尼两国的经贸合作增添了新的内容。中国石化(SINOPEC)2019年获批在加里曼丹省建设石油仓储设施,该项目将增加印尼对中国的石油出口量,并为中国提供石油库存基地,有助于进一步巩固两国的经济联系。2019年以来,中国石油企业在印尼陆上和海上建设领域也取得不俗的业绩,先后中标多个重要项目,包括印尼国家电网公司的高压电缆建设项目和东加里曼丹省海上输油管道建设项目。

目前在印尼从事石油勘探和开发的油气公司比较多,根据印尼石油天然气总局官方数据(截至2021年年底),有近182家印尼国内及国外相关公司在印尼进行相关经营,有超过80家公司拥有在印尼开发区块的产品分成合同,38家油气公司正在进行油气生产。雪佛龙(Chevron)、埃克森美孚(Exxon Mobil)、英国石油(BP)、中石油(CNPC)、中海油(CNOOC)、力宝集团(Lippo Group)、康菲石油公司(ConocoPhillips)、壳牌(Shell)、尼克森石油公司(NEXEN)、道达尔(TOTAL)等世界主要石油公司在印尼都有合作区块。印尼希望能大规模地利用中国的资金和技术,但是与西方主要的石油公司相比,中国在印尼油气领域的投资规模仍然较小,这一局面正在逐渐改变,因为只有进一步加强与印尼在石油天然气领域的合作,才能确保不会失去这个重要的能源市场。

2.目前中国与印尼油气合作主要方式

一是两国能源企业以签署销售协议的形式进行贸易合作，如中海油与印度尼西亚国家电力公司签署了天然气销售协议，自 2006 年开始向其供应天然气。根据该协议，中海油每日向印尼国家电力公司输送天然气，这些天然气通过海底管线输送到西爪哇芝勒贡电厂。该项目是东南苏门答腊产品分成合同区第一个商业性供气项目，有效地开发和利用了印度尼西亚的天然气资源，并有助于印尼降低碳排放量，对环境保护做出贡献。

二是以投资形式共同开发利用油气资源。例如，2002 年，中石油以 2.16 亿美元购买了美国戴文能源(Devon Energy)公司在印度尼西亚的油气资产，其中包括 1.06 亿桶油当量已探明储量和 5700 万桶油当量可能储量的权益；2022 年，取得印尼占碑省贾邦(Jabung)区块 20 年的运营合同，有效期为 2023 年至 2043 年；此外，中石油与印度尼西亚石油和天然气总公司按照“中方提供技术和资金，印尼方提供开采区和公关”的模式进行合作，印度尼西亚石油和天然气总公司将拿出印尼 8 个区块和中石油合作。据推测，2023 年中石油在印尼产量预计超过 550 万吨原油。

三是中国企业以收购印尼油田股份的方式加强与印尼的合作。例如，中海油在过去几十年中采取了一系列收购举措，以增强其在全球石油天然气市场的竞争力。1994 年，中海油出资 1600 万美元收购印度尼西亚马六甲油田约 33%的股份，并在第二年再次收购该油田近 7%的股份。这些收购使中海油收获了丰厚的份额储量，每年从该油田中获得近 40 万吨份额石油。之后中海油出资约 5.9 亿美元收购了西班牙瑞普索公司在印尼 5 个区块的权益，同时参与了澳大利亚和印度尼西亚的三个石油天然气田——瓦拉-瓦拉油气田、贾鲁纳油气田、基福尔油气田——的开发。另外，中海油完成了对印尼东固天然气项目储量股权的收购，以及对英国天然气集团(BG)在印尼巴布亚省穆图里区块的生产分成合同 20.77%股权的收购。所有这些收购使中海油在印尼石油天然气市场的影响力不断增强。

二、中国与印度尼西亚油气合作的挑战

印尼是一个拥有丰富油气资源的国家，曾经拥有巨大的石油产能，占据了全球原油产量的 4%。曾经作为东南亚唯一的石油输出国成员的国家，印尼在亚洲地区扮演重要的石油生产国角色。同时，印尼政府曾经依靠石油产业获取了大量财政收入。这些因素助推了印尼石油产业的发展，也吸引了来自全球的石油巨

头。自20世纪70年代起，如雪佛龙、皇家壳牌、英国石油、道达尔等国际大型跨国公司相继进入印尼市场。这些公司在印尼勘探、生产和采购石油方面都具有专业的技术和经验，长期以来占据了印尼石油产业的主导地位。但是自20世纪90年代起，印尼石油产量逐年递减，国内用油需求却不断增长，再加上印尼国内的投资环境不佳，油井生产设备日益老化，单井能耗升高，单井产油量下降，老油田油气资源呈现匮乏态势；而接力区块投入不足，新油田开发滞后，且规模较小，稳住产量成为印尼油气企业面临的难题。此外，国际油价不断波动，对公司运营提出了更高要求。[①] 中国—印尼两国的油气双边合作也存在大型项目进展缓慢、合作缺乏稳定性等诸多问题。[②] 同时，中国石油开采的印尼老油田也面临产量递减严重、区块效益下降、开采难度不断提升等难题。

三、中国—印度尼西亚油气合作的前景

当前，全球石油市场面临开采量远超发现量、地域分布不均等的挑战，世界对主要石油生产区的依赖日益加深。在此种情况下，中国和印尼开展油气资源开发合作不仅符合中国的能源安全战略，也符合东盟国家经济发展的需求。然而，在南海局势不稳定的情况下，中国和东盟国家在共同开发南海资源的法律机制方面仍存在空白。尽管如此，中国能源企业与南海周边国家通过国际投资的方式在南海海域开展了一系列海上油气资源勘探与开发的合作项目，其中中国和印尼的合作是其中的成功案例，在近三十年的合作中双方取得了可观的成果。

在印尼，油气对外合作开采的合同模式主要有生产分成合同(PSC)、采购协议(PPA)、技术合作协议(TCC)、国营企业合同、服务合同(SC)、建设合同(CMC)等。总体来说，主要的合同模式仍然是生产分成合同，这种合同模式被认为较为公平、透明，也比较易于执行。但在产品分成合同的分成模式下，不少石油公司追求投资回报率，以投资的加速回收为唯一目标[③]。这种做法导致了对油藏的破坏性开采，并对油藏的可持续性问题置之不理。长此以往，将导致油藏的枯竭速度加快、采出程度降低等问题。但是这一情况的存在，也为后续提高采收率留下了操作空间。中国在二次采油和三次采油方面已达到世界先进水平，中国石油企业

---

① 参见吴崇伯.印度尼西亚油气产业的发展与改革[J].东南亚研究，2010(06)：17-23.

② 参见孟庆亮.我国油气田服务公司在印尼投资的风险分析及对策[J].西安石油大学学报(社会科学版)，2018(06)：43-49.

③ 参见王多云，张秀英.中国油气资源国际合作：现实与路径[M].北京：社会科学文献出版社，2011：7-30.

可以通过丰富经验和先进技术提高老油田的油气采收率,更好地应对印尼老油田的开发市场。

(一)印尼政府政策调整更有利于油气合作未来发展

印尼拥有较为健全的能源领域特许经营法律制度、配套交易合同文本,以上都是印尼吸引外资投资其能源产业的必要条件。因此,近年来印尼一直是中国能源类企业“走出去”的热点投资地。印尼已对 2017 年的一项法律进行了修订,这将使油气投资者在印度尼西亚选择勘探合同选项时获得更大的灵活性。允许承包商在不同的分摊合同中进行选择,包括成本回收合同和产量分成合同,以推动投资。2017 年,印尼对油气生产协议采用了产量分成合同,即承包商承担勘探和生产成本,以换取保留更大比例的油气储量。这与以前采用的成本回收合同有所不同,即政府偿还承包商承担的勘探和生产成本,以换取公司石油和天然气收益的更高份额。印尼政府已经正式允许投资者根据自身具体情况灵活选择油气合作合同的形式。这一变化是为了提供法律确定性,并增加对上游油气业务活动的支持,促进对新油井的勘探和钻探的投资。根据修订后的法律,即将到期的合同不再必须从成本回收合同转换为产量分成合同[①]。如果指定了印度尼西亚国家石油公司或其附属公司,则由石油部决定合作合同。

(二)中国政策支持油气企业开展对外的油气合作

中国国家能源局在《2017 年能源工作指导意见》中明确“中国将推进中亚—俄罗斯、中东、非洲、美洲和亚太五大油气合作区开发建设,加大与重点国家油气合作开发力度。”2018 年 5 月,中国—印尼双方签署了《中华人民共和国和印度尼西亚共和国政府联合声明》,声明强调双方将进一步加强油气、煤炭、电力、新能源和可再生能源合作。中国—印尼能源论坛的良好开展也为中国—印尼两国在能源领域的合作提供了一个良好开放的平台,推动了双方更深层次、更宽领域的合作。印度尼西亚近年将迎来油气资源调整窗口期,我国石油企业可以利用好这个窗口期,加快推进亚太油气合作区建设。近年来,中国的石油企业紧跟印尼市场动态,把握其市场脉搏,以高标准、严要求保障项目和产品质量,有效提高了中国能源企业在印尼市场的竞争能力,不断在印尼能源市场结硕果,在两国油气合作的新征

① See Simon, B., Edward, S. T. State Control over Natural Resources in Indonesia: Implications of the Oil and National Gas Law Case of 2012[J]. Journal of Energy & Natural Resource Law, 2013, 31(02):107-120.

程上迈出了更加稳健的步伐。

(三)中国雄厚的技术支撑广阔的应用前景

印尼是“海上丝绸之路”油气合作的桥头堡，在沿线资源国中，其油气储量、油气产量与待发现资源量均居首位。目前印尼的油气资源已进入新一轮整合期。曾归属于国际石油巨头如雪佛龙、埃克森美孚、英国石油公司等老的勘探开发区块将要到期，印尼政府将同时推出一批新的勘探开发区块。此外，为吸引国际投资，印尼政府还调整了产品利润分成政策。对于中国的能源企业来说，这无疑是一次重要的机遇。中国能源企业实力雄厚、技术先进，比如中国已经非常成熟的三次采油技术，对于印尼老油田后期提效开发具有十分重要的意义；印尼的不少油气田多含二氧化碳，中石油的二氧化碳驱油技术可以充分利用这一条件，降低运营成本，可以预见该项技术在印尼有较好的市场前景；印度尼西亚政府及印尼国家石油公司高度关注，并积极探索提高采收率技术在印尼油田的试验推广。目前中石油已对贾邦区块进行二氧化碳驱和化学驱的项目可行性研究。如果试验顺利，该技术将在中石油所开发的区块大规模应用。此外，在石油炼化、液化天然气等领域，印尼也欢迎中国企业投资。

四、结语

印度尼西亚处在中国进口油气资源的海上通道，地理位置十分重要。双方在油气资源领域互补性强，合作不仅有助于印尼获得所需的能源产业发展资金、技术和人才，也能帮助中国填补国内能源资源短缺，实现能源进口多元化战略。随着国际油价的上涨，服务和回购合同将成为未来油气合作的趋势。在油气资源开发合作中，要根据双方实际情况选择多元化方式，实现效益和可操作性的统一。但是从投资风险来看，印尼国内时局也具有相对不稳定性，这对中国能源企业对印尼海外布局构成一定的风险，需要进行一定的风险预防。中国与印尼两国政府也应该正视目前合作中存在的不足与制约因素，为两国油气合作的良好前景奠定坚实基础。

“一带一路”视域下中国与印度尼西亚生态修复合作机制研究

李肖　吕志轩*

【摘要】 在“一带一路”倡议实施过程中，保护生态环境、实现区域可持续发展备受关注。本文以“一带一路”的绿色发展为出发点，重点探讨了印度尼西亚存在的生态环境问题及其影响因素，梳理了开展生态环境修复的中国式经验，并提出了中国—印度尼西亚生态修复合作机制的建议，可为印度尼西亚的绿色与可持续发展和有关政策制定提供有效科学支撑，对中国与印度尼西亚在“一带一路”倡议框架下的生态修复合作交流具有重要推动作用。

【关键词】 生态问题；生态修复；合作机制；“一带一路”

作为发展中国家，资源无限、环境无价、经济利益优先的观念根深蒂固地烙印于人们思维中，也深深渗透在社会经济活动的体制、政策和发展模式之中。然而，随着人口数量急剧增长、工业化高度发展、资源不合理利用，自然生态系统受到前所未有的冲击与破坏，生态环境问题日益凸显，表现为水土流失、气候变化、生物多样性锐减等一系列生态退化的问题。开展生态修复、保护生态环境、保证生态资源永续利用的必要性越来越突出，逐渐成为科学界研究的热点和前沿问题。①

---

* 李肖，德州学院东盟研究中心兼职研究员，德州学院生态与资源环境学院讲师，主要研究方向为生态修复与生态系统服务功能。

吕志轩，农林经济管理专业博士后，主要研究方向为食品安全问题、产业组织与管理。

① 参见蔡潇.城市水域生态服务功能价值评价：以南昌市河湖水域为例[D].南昌：南昌大学硕士学位论文，2011.牛香.森林生态效益分布式测算及其定量化补偿研究[D].北京：北京林业大学博士学位论文，2012.

由此,中国基于国内生态环境发展态势建立了具有中国特色的生态修复理论体系与机制,是当前中国新时代生态文明建设的重大改革之一,有力地推动了中国生态环境保护、生态文明的发展。习近平主席于2013年10月访问印度尼西亚期间首次提出共同建设"21世纪海上丝绸之路",强调"一带一路"不仅是经济合作,而且是完善全球发展模式和全球治理、推进经济全球化健康发展的重要途径,这为新形势下中国和印度尼西亚加强科技合作指出了明确的发展方向,即不仅要为经济合作提供技术支持,更要为改善民生、促进健康发展提供基础性支撑。[①] 其中,积极开展生态修复合作机制研究应对气候变化和环境退化是两国加强合作交流、传播中国经验的重要内容。

一、印度尼西亚生态环境的主要问题

(一)土地退化

土地退化是指在长时间的社会进程中,土地由于受人类和自然的单一或共同的扰动破坏影响,其内部原有的结构、性状、质量发生改变,导致土地本身所具有的正常出产效能局部减弱或总体耗尽的过程。2000年至2018年印度尼西亚土地退化态势分布数据显示,亚齐特别自治区、东加里曼丹、极乐鸟半岛和邦巴赖半岛发生了较为明显的改善,但是大部分区域土地正在或者已经发生退化,其中北苏门答腊、西苏门答腊、中加里曼丹、南加里曼丹及西爪哇岛发生了极为明显的土地退化。[②]

(二)水环境污染

印度尼西亚水资源丰富,陆地水系丰富,共有800余条河流水系。但是,印度尼西亚的降水量分布极不均衡,雨季时极易遭受水灾,旱季时又时常发生干旱。在印度尼西亚全国90多条主要江河的流域中,大约有2/3的流域面临着严重的水资源短缺问题。[③] 同时,印度尼西亚的水体污染情况非常严重,过去十年间,其地

---

① 参见钟帅,邱华盛,沈镭,等.关于中国和印度尼西亚在资源环境领域开展重点合作的建议[J].中国科学院院刊,2019,34(01):94-103.

② 参见高志海,李增元,孙斌,等.500 m全球土地退化态势分布数据集(2000—2018)[J/DB/OL].(2019-06-02)[2023-03-09]全球变化数据仓储电子杂志(中英文).https://doi.org/10.3974/geodb.2019.06.01.V1.

③ 参见张洁清,彭宾,李盼文.东盟国家环境管理制度及案例分析[M].北京:中国环境出版社,2017.

表水体水质呈总体下降态势，城市污水、生活垃圾、固体废物、工业废水直接排放问题尤为严重。研究表明，印度尼西亚河流平均水质情况中超过1/2的指标超标，特别是生物需氧量（BOD）、化学需氧量（COD）等严重超标；同时，超过1/2的河流水质达不到二类水体标准。

（三）大气环境污染

印度尼西亚大气环境污染严重，其大气环境质量受到了两方面的挑战：一方面是城市交通尾气排放，另一方面是森林火灾（包括自然和人为）。印度尼西亚大气监测数据显示，二氧化硫（SO_2）、氮氧化物（NO_x）、一氧化碳（CO）、碳氢化合物（C_xH_y）及铅含量均超过国际标准。由于地域不同，印度尼西亚不同城市的空气污染源也存在着较大差异（见表1），以雅加达为主的大城市空气污染尤为严重，其中交通尾气排放贡献了80%。就印度尼西亚总体而言，碳氢化合物（C_xH_y）、一氧化碳（CO）以及氮氧化物（NO_x）的主要污染源是交通；二氧化硫（SO_2）的主要污染源是工业；可吸入颗粒物的主要污染源是交通排放。

表1　印度尼西亚部分城市主要空气污染源

城市	潜在空气污染来源
巴厘	炼油厂
班达楠榜	炼油厂、发电厂
万隆	机动车、垃圾焚烧、工业
马辰	橡胶制造业、三合板制造业
巴淡岛	化工行业
雅加达	机动车、垃圾焚烧、工业
占碑	森林火灾
孟加锡	炼钢厂、发电厂
棉兰	机动车、垃圾焚烧、工业
巴东	水泥制造业、橡胶制造业
巨港	炼油厂、化肥、橡胶手套、森林火灾
北干巴鲁	森林火灾
坤甸	森林火灾
三马林达	煤矿、三合板、森林火灾
三宝垄港	机动车、垃圾焚烧、工业
泗水	机动车、垃圾焚烧、工业

(四)生态系统恶化

根据《世界风险报告》(2021)的评估结果,在其评估的181个对象中,印度尼西亚排第38位,为高灾害风险国家,灾害风险暴露程度较高。① 印度尼西亚的生态系统庞大、生物多样性丰富,是世界生物多样性研究热点地区,也是世界17个生物多样性大国之一。由于印度尼西亚地处热带气候区,环境湿热,不受冬天气候影响,分布广袤的热带雨林是动植物赖以生存的栖息地,独特的珍稀物种丰富多样。据统计,印度尼西亚有90多个生态系统、35个林藻类物种、525种爬行动物。然而根据《世界自然保护联盟红色名录》调查,印度尼西亚已知受到威胁的物种达到1246种,其中包括185种哺乳动物、131种鸟类、32种爬行动物、32种两栖动物、150种鱼类、284种无脊椎动物、426种植物及6种软体动物。② 随着现代化进程的发展,在自然或者人为干扰作用下生态环境发生改变,导致印度尼西亚的生物多样性锐减,尤其以气候变化为导向的环境变异导致降水分布极不均匀,形成了显著的洪涝或者干旱,特别是高温所带来的森林火灾隐患风险极高。人口增长带来的环境压力促使印度尼西亚的生物多样性面临生境丧失、栖息地逐渐减少的巨大压力。生态系统环境的恶化使得印度尼西亚环境灾害发生的频次不断增加,进而降低了生态环境对自然或者人为灾害的抵御能力。③

二、印度尼西亚生态环境影响因素分析

(一)气候变化

以气温升高和降水特性变化为特征的气候变化引起了全世界的关注。当前,全球气候变化已经从未来的挑战变成眼前的危机。在全球气候变化影响下,印度尼西亚生态环境发生了极大变化,全球气温升高对印度尼西亚最直接的威胁就是海平面上升、陆地面积缩减。据估计,海平面上升1米将导致印度尼西亚13800平

---

① 参见韦红,赖昶.印度尼西亚佐科政府气候政策与中、印尼气候合作[J].区域与全球发展,2022,6(05):95-118+158.

② 参见宋秀琚,王鹏程.印度尼西亚的环境灾害及其在全球环境治理中的参与[J].东南亚纵横,2018(03):3-10.

③ 参见王琦安,施建成.全球生态环境遥感监测2018年度报告:"一带一路"生态环境状况及态势[R].北京:测绘出版社,2018.

方千米土地被淹，280 万人成为灾民；海平面上升 3 米将导致 35090 平方千米土地被淹，510 万人成为灾民。由于受厄尔尼诺现象的影响，2015 年印度尼西亚 35 个省中有 20 个省遭遇严重干旱。近年来，干旱、森林大火等多方面因素，加之不稳定的降水模式，导致印度尼西亚的粮食生产徘徊不前、粮食短缺问题加剧。特别是随着人类活动对自然环境的影响越来越大，热浪、洪水和热带气旋等极端天气事件日益增多，印度尼西亚生态环境问题趋于严重。

（二）土地利用变化

不合理的土地利用/覆盖变化是印度尼西亚生态环境问题的主要原因。作为陆地生态系统的主体，森林具有较高的生物量和生产力以及丰富的生物多样性。然而，长期以来人类对自然资源特别是森林资源的过度开垦，导致印度尼西亚森林覆盖率一直在下降。数据显示，2005 年印尼土地面积为 18116 万公顷，森林面积为 9783 公顷，耕地面积为 2300 万公顷，分别占国土面积的 54%、12.7%；2010 年土地面积为 18116 万公顷，森林面积为 9443 公顷，耕地面积 2360 万公顷，分别占国土面积的 52.13%、13.03%；2015 年土地面积为 18116 万公顷，森林面积为 9101 万公顷，耕地面积 2350 万公顷，分别占国土面积的 50.24%、12.97%。从 2010—2015 年森林面积变化来看，年变化量下降 68.4 万公顷/年，年变化率下降 0.7%；2010 年森林立木蓄积量为 10338.5 百万立方米带皮材积，2015 年森林立木蓄积量为 10227 百万立方米带皮材积，从 2010—2015 年森林立木蓄积量变化来看，年变化量下降 22.3 万公顷/年，年变化率下降 2.1%。① 森林植被覆盖率和立木蓄积量的降低，影响了印度尼西亚的生态系统结构，不仅降低了森林植被涵养水源、保育土壤的功能，更降低了生态系统的生物多样性，导致植被逆向演替，影响了生态系统生产力，水土流失日趋严重。

（三）人类社会活动及现代化工业发展

印度尼西亚生物多样性丰富多样，森林覆盖率达到 50% 以上，然而刀耕火种的原始生产方式依然广泛使用，极易形成森林火灾，进而导致大片植被被破坏乃至消失，森林火灾中大量的温室气体排放对生态环境造成了极其严重的污染与破

① 国家统计局.2006/2007 年国际统计年鉴[Z].北京：中国统计出版社，2007.国家统计局.2012 年国际统计年鉴[Z].北京：中国统计出版社，2012.国家统计局.2017 年国际统计年鉴[Z].北京：中国统计出版社，2017.

坏。印度尼西亚属于中低收入的发展中国家,正处于由农业化社会向工业化转型的过程。在这个过程中,以劳动密集型低端加工制造业为主要发展模式的工业化进程在其国民经济中占据极为重要的地位,其实质上是以牺牲环境为代价换取经济发展,形成了大气污染、水污染等生态环境问题。同时,印度尼西亚民众严重缺乏生态环境保护意识,肆意开发泥炭地、森林、草原等资源,造成了森林资源、草原资源、沿海环境的流失与破坏,特别是对自然资源大规模的无序开采导致印度尼西亚自然资源承载的可持续发展能力下降、灾害风险上升。

三、开展生态保护修复的中国式经验与生态修复合作机制建议

改革开放以来,中国政府始终重视生态文明建设,不断深化生态保护修复战略部署,在实现经济发展的同时综合利用自然资源,推动生态保护修复制度改革创新,在破解资源枯竭、环境污染和生态破坏等问题上积累了大量的经验。基于"一带一路"发展契机和途径,中国与印度尼西亚可从生态环境保护的目标、规划、机制、措施等层面依次推进双方在生态修复合作机制上的交流。

(一)开展生态保护修复的中国经验

1.坚持山水林田湖草沙系统治理

党的十八大把生态文明建设纳入中国特色社会主义建设"五位一体"总体布局。坚持保护优先、自然恢复为主,把握自然规律,按照生态系统的整体性、系统性及其内在规律开展生态环境保护修复,对重点区域、流域进行系统治理,实施山水林田湖草沙一体化治理、保护和修复。中国大力推进实施重大生态工程建设,在21世纪初实施了一大批重点区域生态恢复工程(包括天然林保护工程、退耕还林工程、京津风沙源治理工程等),相继推出实施生态功能保护区、生态脆弱区等重要生态空间保护和生态功能恢复,现扎实推进长江大保护、黄河流域生态保护和高质量发展的战略部署,形成了一批植被生态建设、工业废水处理及资源化利用、水环境流域综合治理、固废处置及资源化利用、土壤修复、可降解材料、绿色合成技术为核心的生态修复技术。

2.建立生态保护修复的新机制

在习近平生态文明思想指引下,构建符合中国国情的生态保护修复制度体系是成功实施生态保护修复工程的重要保障。自然资源部门积极探索建立政府主

导、企业和社会参与、市场化运作、可持续的生态保护修复新机制，提出实施河长制、湖长制、林长制，实施精准治污、科学防范、依法修复的生态体系，不断提高生态环境治理能力现代化水平。国家积极实施生态保护补偿制度，建立森林生态保护补偿、草原生态保护补助奖励、湿地生态效益补偿机制的政策，出台建立长江、黄河全流域横向补偿机制，促进跨流域生态保护补偿，推动区域间务实开展生态保护修复合作。

3.构建生态系统生物多样性保护监测体系

生物多样性是实现生态系统生态功能与服务功能的核心，构建科学、全面、长时间序列的生物多样性监测体系是了解生态系统结构、加强生物多样性保护、评价生态系统修复效果的基础。当前，全球物种灭绝速度不断加快，生物多样性丧失和生态系统退化对人类生存和发展构成重大风险。面对生物多样性丧失的全球性挑战，我国科学规划实施生态系统调查、物种多样性本底调查、重要遗传资源调查等生态保护工作，建立生物多样性监管系统，构建“天空地”一体化的生态监测网，持续优化以生态保护红线、自然保护地为核心的生物多样性保护格局，逐步形成了以生态状况评价、生态态势预警为核心的生态系统监测评价预警体系，进而助力我国森林、草原、荒漠、河湖、湿地、海洋等自然生态系统的保护修复。

（二）开展生态修复合作机制建议

1.开展生态保护修复政策对话与合作

中国与印度尼西亚双方充分利用现有的中国—东盟、上海合作组织、澜沧江—湄公河等合作机制，以绿色“一带一路”建设为主题开展跨部门环境政策对话、联合研究等，以生态环境保护修复交流合作为窗口，打造沟通对话平台，推动两国生态环境政策多部门合作，积极探讨“一带一路”绿色框架下区域环境保护与可持续发展面临的挑战与机遇，推动两国生态环境可持续发展。①

2.开展环境友好型技术与环保产业合作

基于“一带一路”绿色发展路径，构建中国与印度尼西亚生态环境保护修复服务支撑体系，打造环保产业技术平台，开展中国与印度尼西亚环境友好型技术与环境产业交流合作。中国与印度尼西亚可就生态环境体系化、绿色交通数字化、低碳园区、能源转型等环境技术经验展开合作，鼓励生态环境管理的知识与经验分享，并促进两国间的环境技术转移。同时，可开展环境产业与技术需求清单联

① 参见江宏春.南中国海生态环境保护合作机制的构建[J].山东社会科学，2020(02)：68-72.

合调查研究，构建区域生态环境的政府和社会资本合作交流平台，形成“政府引导、企业承担、社会参与”的生态环保合作机制，促进政府、企业和学术界的技术交流与项目对接，探索中国与印度尼西亚生态环保产业创新合作模式。[①]

3.构建生态保护修复合作科技支撑平台

生态文明是人与自然、人与人、人与社会和谐共生的社会新形态，“一带一路”绿色发展是开展生态文明建设的具体实践，以中国式生态文明新理念、新经验和新模式构建中国与印度尼西亚生态保护修复合作科技支撑平台，加强两国科研人员生态数据收集、处理、分析和使用能力建设，形成“生态修复大数据服务平台”，共建重大生态环境修复数据共享联合实验室，形成知识与技术分享、信息共享的科技平台。开展联合实验室、科技合作、共建科研团队的“人才＋平台＋科研＋项目合作”的全方位科技体系，以切实提高印度尼西亚应对气候变化、重大生态环境问题的应急救灾能力。

四、结语

《推动共建丝绸之路经济带和21世纪海上丝绸之路的愿景与行动》中提出，在投资贸易中突出生态文明理念，加强生态环境、生物多样性和应对气候变化合作，推进“一带一路”绿色化建设。中国和印度尼西亚两国在“一带一路”生态文明理念下，以“生态优先、绿色发展”的战略定位，积极构建生态环境修复与保护合作交流机制，以中国式生态修复经验引导印度尼西亚土地退化、环境污染和生态破坏等问题的破解，可为印度尼西亚可持续发展政策的制定提供理论支撑，更好地促进两国在“一带一路”倡议框架下的全面合作与交流。

① 参见乐小芳.“一带一路”生态环境保护合作机制探究[J].中国经济特区研究，2017(01)：83-96.

中印尼海洋塑料垃圾污染现状及国际合作展望

宋宁宁*

【摘要】 海洋塑料垃圾会对海洋生态系统、国家经济发展、人类生命健康造成严重危害，如何处理海洋塑料垃圾是中国和印尼共同面临的海洋环境问题。印尼的海洋塑料垃圾治理面临制度化程度低、治理资金不足、主导协调不力的现实困境。在深度参与全球海洋治理和打造中国—东盟命运共同体的进程中，中国应与印尼深入开展海洋生态环境保护与海洋塑料垃圾治理合作，提高中印尼海洋塑料垃圾防治水平。

【关键词】 海洋塑料垃圾；印尼；中国；污染防治；国际合作

【基金项目】 德州学院人文社科特色研究专项培育课题(2022tszx016)；德州学院人文社科特色研究专项重点课题(2022tszx001)。

塑料制品由于其廉价、用途多样、替代性好(替代金属制品、管材、包装密封等)，与人们日常生活密不可分，在世界范围内的产量不断增加。欧洲塑料制造商协会(Plastics Europe)最新统计数据显示，2020 年全球塑料制品达 3.67 亿吨，中国的产量占到 32%①，应用最多的塑料种类主要有聚乙烯、聚苯乙烯、聚氯乙烯等，其中仅有 6%—20%的塑料被回收利用。目前环境中累积的塑料废品超过49 亿吨，大量的塑料因管理疏漏、随意丢弃及自然灾害等原因进入海洋，成为海洋塑料垃圾，

---

* 宋宁宁，德州学院东盟研究中心兼职研究院，德州学院生态与资源环境学院讲师，主要研究方向为环境气候变化及污染防治。

① Plastics Europe. Plastics—the Facts 2022—An Analysis of European Plastics Production, Demand and Waste Data[EB/OL]. (2022-10-06)[2023-03-11]. https://www.endseurope.com/.

并且塑料在迁移过程中不断受力破碎，形成粒径小于5毫米的微塑料。[①] 联合国报告指出，塑料占海洋垃圾的85%，每年平均新增2300万—3700万吨。[②] 2016年联合国环境大会已将海洋塑料垃圾和微塑料列为重大全球环境问题之一。海洋塑料垃圾（无论是漂浮垃圾还是海底垃圾）不仅对海洋生态景观构成污染，造成视觉上的冲击，更大的危害还在于阻塞河流充斥洋面，对水运航道及船只航行造成严重安全隐患，严重的能够造成巨大经济损失，以及长期持续影响海洋生态系统，通过食物链和物质循环等方式危及人类健康安全，涉及跨界污染、产业结构和国际治理等问题，成为困扰世界的环境热点问题之一。[③]

作为亚洲迅速崛起的新兴经济体，中国和印度尼西亚有共同的发展愿景。印尼和中国是邻近的海洋大国，中国提出"一带一路"建设倡议，印尼也提出"全球海洋支点"战略。同时，印尼是中国"21世纪海上丝绸之路"建设的重要国家。由于中国与印尼所处的复杂环境，两国在海洋环境安全尤其是海洋塑料垃圾治理方面共同面临诸多安全威胁和挑战，两国在海洋环境保护领域有着广阔的合作空间。

一、国际社会对海洋塑料垃圾问题的认识

海洋塑料垃圾形势日益严峻，然而目前并未形成有效的全球层面海洋塑料垃圾治理机制。世界主要海洋国家意识到这一问题的严峻性，陆续出台国家战略规划和相关法律法规，积极应对海洋塑料污染。例如，美国制定有《海洋垃圾研究、预防和减少法案》，日本出台了《综合海洋安全保障战略》《塑料资源循环战略》等，欧盟则推出了《塑料垃圾治理法令》《循环经济中的欧洲塑料战略》等。国际社会对海洋塑料垃圾问题的关注焦点正在发生转变，从初期的科学研究转为污染管控和全球治理的实践性探索。1972年，《防止倾倒废物及其他物质污染海洋的公约》在伦敦通过，成为迄今为止最重要的防止海上倾废的国际公约。1989年，联合国环境规划署通过了《关于控制危险废物越境转移及其处置的巴塞尔公约》，要求管理危险废物，以减少其给人类社会环境和健康造成的损害；使得危险废物和其他废物越

① See Alimi, O. S., Farner, B. J., et al. Microplastics and Nanoplastics in Aquatic Environments: Aggregation, Deposition, and Enhanced Contaminant Transport[J]. Environment Science & Technology, 2018(52):1704-1724.

② 联合国环境规划署.从污染到解决方案：对海洋垃圾和塑料污染的全球评估[EB/OL].(2021-10-21)[2023-03-10]. https://www.unep.org/zh-hans/resources/congwurandaojiejuefanganquanqiuhaiyanglajihesuliaowuranpinggu.

③ 参见王菊英，林新珍.应对塑料及微塑料污染的海洋治理体系浅析[J].太平洋学报，2018，26(04)：79-87.

境转移危害程度大幅减少。2017年第三次联合国环境大会倡议加强微纳米塑料的研究;呼吁减少塑料生产、使用;号召建立通用监测标准。2019年第四次联合国环境大会提出,到2030年前明显降低一次性塑料制品的加工使用,寻求塑料替代方法。目前海洋塑料垃圾问题已逐渐演变为一个复杂的环境、经济和政治交织的问题。①

二、中国面临的海洋塑料垃圾治理现状及挑战

(一)中国海洋塑料垃圾问题现状

中国海域面积辽阔,众多港口航运活动频繁,沿海城市人口众多。大量陆源垃圾以及航运等海上活动造成的海源垃圾,使中国海洋塑料垃圾问题日益加重。②《2021年中国海洋生态环境状况公报》中,2021年中国海洋垃圾监测(51个区域)显示,海滩垃圾的平均个数最大,为154816个/平方千米,其次是海底垃圾,平均个数为4770个/平方千米,海面漂浮垃圾平均个数最小,拖网检测的漂浮垃圾平均个数为4580个/平方千米,海上目测的漂浮垃圾平均个数为24个/平方千米。③在垃圾种类和数量方面,各种类型的垃圾中均以塑料类垃圾量最大(见图1),成分为碎片类、袋和细绳等,除此之外,海滩塑料类垃圾还包括香烟过滤嘴和泡沫。

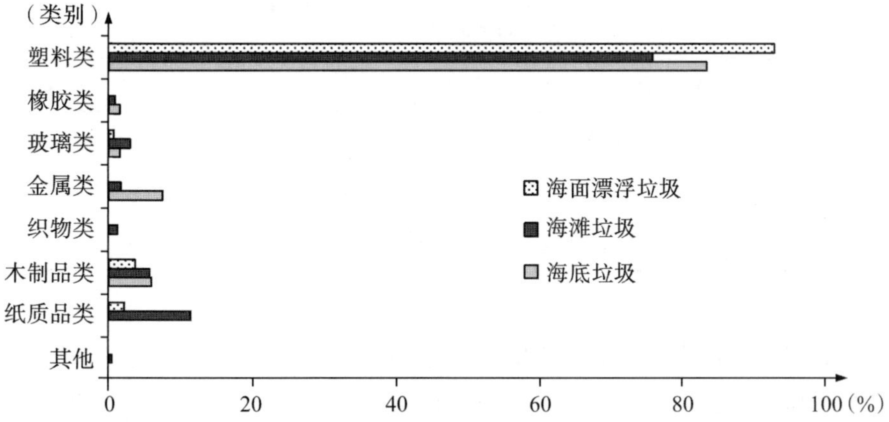

图1　2021年中国监测区域海洋垃圾主要类型

① 参见王菊英,林新珍.应对塑料及微塑料污染的海洋治理体系浅析[J].太平洋学报,2018,26(04):79-87.

② 参见高骏,黄耀文.我国海洋塑料垃圾污染的治理困境及对策探析[J].再生资源与循环经济,2022,15(06):14-17.

③ 中华人民共和国生态环境部.2021年中国海洋生态环境状况公报[EB/OL].(2022-05-25)[2023-04-25].https://www.mee.gov.cn/hjzl/sthjzk/jagb/202205/P020220527579939593049.pdf.

2021 年，开展了 6 个断面海面漂浮微塑料监测，包括渤海、黄海、东海和南海北部海域，结果表明纤维、泡沫、颗粒和碎片占漂浮微塑料的大部分，黄海监测断面的海面漂浮微塑料密度最大。

(二)中国海洋塑料垃圾治理成效

中国是世界上较早关注海洋塑料垃圾污染的国家之一，近年来通过政府主导，科研院所和企业参与等多种形式做了大量的工作，投入巨大。中国陆续颁布海洋环境治理的相关政策和条例(见表 1)，对控制产量及减少塑料垃圾入海方面起到了一定积极作用。

表 1　中国海洋垃圾和塑料垃圾污染治理相关政策、法规

颁布年份	名称
1983 年	《中华人民共和国海洋环境保护法》
1985 年	《中华人民共和国海洋倾废管理条例》
1996 年	《中华人民共和国固体废物污染环境防治法》
2010 年	《中华人民共和国防治船舶污染海洋环境管理条例》
2008 年	《关于限制生产销售塑料购物袋的通知》
2018 年	《渤海综合治理攻坚战行动计划》(环海洋〔2018〕158 号)
2020 年	《关于进一步加强塑料污染治理的意见》
2020 年	《中华人民共和国固体废物污染环境防治法》
2022 年	《废塑料污染控制技术规范》(HJ 364—2022)

习近平总书记提出海洋经济发展方针，不能破坏海洋生态环境，坚持海洋开发与保护同向同行。中国政府在海洋塑料垃圾治理中扮演多重角色，与企业、公众协同合作提高治理效率，同时还特别重视海洋国际区域合作。

(三)中国海洋塑料垃圾治理面临的挑战

1.法律体系不完善

针对海洋塑料垃圾治理，主要是以《中华人民共和国环境保护法》为依据，以及“限塑令”“禁塑令”等政策，并无专门法律，无法满足日益增长的海洋垃圾治理需求。相应的惩罚力度也较轻，条款内容界定不明确，导致执行困难。同时，对相关的国际条约规则及产业评估研究非常浅显，目前的应对措施和处理方法成效不显著。当务之急是从国家层面进行相关法律法规的政策研究，使海洋塑料垃圾治理有法可依。①

2.治理主体不明确

企业和公众对海洋塑料垃圾治理的潜力尚未充分发挥，主要存在治理主体责任不明晰的问题。企业通常只注重经济效益，缺乏社会责任感，未能将海洋环境利益与自身利益有效结合。一些企业甚至无视国家法律法规，片面生产、销售有毒有害的塑料制品，导致部分塑料垃圾流入海洋，对海洋生态环境造成了严重破坏。公众对海洋塑料垃圾治理的关注度不够，认为这是国家或社会的任务，与自身无关，缺乏参与感。一些公众想积极参与，但参与渠道有限，从而降低了积极性。

3.国际合作开展效率较低

从20世纪开始，海洋塑料垃圾治理就备受关注，国际社会陆续出台了全球及区域层面的众多公约，强调了国际社会的责任和义务，开展了一些区域合作。然而由于公约实践性较差，国家间经济状况、治理手段、公众意识等存在差异，国际合作开展效率较低。

三、印尼面临的状况及挑战

(一)印尼海洋塑料垃圾问题现状

印尼水域的塑料垃圾排放量估计达到每年165万吨，印尼每年在海上产生的塑料垃圾多达48万至129万吨②。印尼河流垃圾中有30%—40%是塑料或非有机物，且塑料垃圾的数量不稳定，雨季多于旱季。日益增加的人口和社区活动可能导致产生越来越多的塑料垃圾。由于经济原因和生活习惯，印尼的民众非常依赖一次性塑料制品，许多消费品的包装都是不同类型塑料压制成的，但回收价值不高，也成为海洋塑料垃圾的一部分。

① 参见徐东旭.我国海洋塑料垃圾治理机制研究[J].中国资源综合利用，2022，40(09)：157-159.

② See Jambeck，J. Plastic Waste Debris Inputs from Land into the Ocean [R]. United Nations Open-ended Informal Consultative Process on Oceans and the Law of the Sea. 2016.

(二)印尼海洋塑料垃圾治理状况及措施

2017年,印尼启动了“清理海洋塑料垃圾国家行动计划”,致力于减少本国海洋塑料垃圾的排放量,减量七成左右。印度尼西亚和荷兰政府合作,进行塑料垃圾拦截的项目尝试,推出了新的塑料垃圾管理系统。通过研究塑料垃圾在河流中的路径,找到塑料垃圾回收的行之有效的办法,以期为海洋塑料垃圾治理提供科技支撑能力。

印尼政府采取行动提高人们对海洋重要性的认识,呼吁民众加强海洋塑料垃圾管理,尽可能少使用塑料制品,号召公众保护巴厘岛海域,进行垃圾清理。在学校教育中注重普及海洋塑料知识。

印尼环境部在全国设立垃圾银行,作为社区综合垃圾管理系统。由于经济相对落后及技术发展缓慢,东南亚国家注重依靠国际力量推动本国的海洋塑料垃圾治理行动。印尼加强与丹麦、挪威的合作,共同应对海洋塑料垃圾。丹麦提供基金支持印尼进行“国家海洋议程”战略,向其提供技术,指导部门协作,提供创新性对策。世界银行也加入帮助印尼的行列,提供高达1亿美元贷款,指导印尼建设可持续塑料垃圾管理模式。东盟及印尼的海洋塑料垃圾治理条款见表2、表3。

表2　东盟发布的有关海洋塑料垃圾治理的相关决议

时间	相关内容
2018年	《关于共同治理海洋塑料垃圾的声明》,第13届东亚峰会
2018年	海洋塑料废物合作行动倡议,第21次东盟与中日韩领导人会议
2019年	“东盟海洋碎片行动框架”,东盟环境部长会议
2019年	《曼谷宣言》,呼吁减少海洋垃圾,在印尼建立东盟海洋垃圾知识中心,第34届东盟峰会
2019年	《二十国集团海洋塑料废弃物行动实施框架》,二十国集团能源与环境部长级会议
2019年	“蓝色海洋愿景”,2050年前无海洋塑料垃圾排放,《大阪宣言》

表 3　印尼发布的有关海洋塑料垃圾治理的法令

时间	相关内容
1999 年	印尼第 19 号《海洋污染/损害管制条例》
2008 年	印尼第 18 号《垃圾管理的政府条例》
2009 年	印尼第 32 号《环境保护及管理法》
2010 年	印尼第 21 号《海洋环境保护条例》
2012 年	印尼第 81 号《关于管理家庭垃圾与类家庭垃圾的政府条例》
2012 年	印尼第 13 号《通过垃圾银行减少、再利用和回收的操作程序》
2014 年	印尼第 32 号《海洋法》
2018 年	印尼第 83 号《海洋垃圾管理的总统条例》

(三)印尼海洋塑料垃圾治理面临的挑战

1.治理机制严重缺乏

全球层面,仅有三个多边环境协议与海洋垃圾密切相关。有关海洋塑料垃圾治理的相关约束性文书及自愿文书,都没有针对海洋塑料垃圾的治理对策,尤其是微塑料治理方面,国际性的多边环境协议目前并不存在。

2.治理资金不足

政府资金供给的有限性与海洋塑料垃圾污染的严重性之间的不平衡现象突出。印度尼西亚承诺每年花费 10 亿美元用于减少海洋塑料垃圾,但因财政拨款受制于经济发展水平,国内矛盾突出,更多的资金向国家安全问题倾斜,海洋塑料垃圾治理资金不足。虽然国际社会和组织承诺为印尼提供资金和技术支持,但受制于国家间关系的不稳定性及支持意愿的不可持续性,东南亚国家海洋塑料垃圾治理成效不显著。

3.协调能力不够

印尼倡导“东盟模式”,用以进行海洋塑料垃圾治理,呼吁国家之间尊重主权、平等协作。然而,由于东盟国家间实力差距不大,印尼明显主导协调能力不足。东盟国家之间的环境合作机制由于进入门槛低、具有强包容性等问题,执行能力较弱,不利于相互之间深层次的环境合作,导致海洋塑料垃圾问题日益突出,面临的挑战巨大。

四、关于深化中国与印尼海洋环境合作的展望

中国是塑料制品大国，同时塑料垃圾排放量巨大。在国际合作及区域治理方面，有责任和义务先解决本国的问题。因此，现阶段加强力量进行国内海洋塑料垃圾防治工作、提高成效是重要议题。与此同时，应积极推广中国经验和中国做法，采取举措引导区域海洋蓝色经济共同发展，号召多方力量进行海洋塑料垃圾治理并举，构建区域海洋塑料垃圾治理共同体。

（一）注重推广中国经验

虽然中国目前在国家层面针对海洋塑料垃圾及污染治理的相关政策和法规匮乏，基础数据支撑不足，尚未厘清海洋塑料垃圾现状，如主要来源、迁移路径等，但正在进行积极有效的探索，加强科技创新，推动研发和应用环保材料，减少塑料垃圾的产生和排放。

中国目前采取的举措有：注重塑料垃圾入海途径的研究，改进河流、海洋环境中塑料垃圾的收集、拦截和降解相关技术；进行相关政策法规的制定和补充；注重加强公众教育和意识提升，引导公众养成环保意识；密切关注邻国区域海洋生态环境策略，主张落实领导人倡议，推动中印尼“海洋减塑行动”。

（二）强化主导治理与合作

中国注重与东盟国家建立蓝色伙伴合作关系，从不同层面进行了探索。中国与印尼进行沟通对话，探索海洋塑料垃圾治理的政策和市场环节，进行海洋塑料垃圾治理技术研发和市场建立，增加合作计划，提供海洋塑料垃圾治理技术的相关开发与服务，加强企业合作，提供资金支持，注重印尼等国家相关技术人才的培养与技术平台服务，签署《中国—东盟战略伙伴关系2030年愿景》，致力主导合作共赢关系。

（三）组织构建区域海洋治理共同体

中国在区域海洋塑料垃圾治理体系中，开展与东盟国家多元化的海洋合作，注重区域海洋塑料垃圾治理体系的加强与完善，构建区域海洋治理共同体。同时，积极推动相关协定和公约的签署和实施，在国际谈判中为东盟国家争取相应权益。

印度尼西亚土地利用问题对中国企业投资的影响

高鹏*

【摘要】 随着经济全球化和一体化的加深，外资对于一个国家的发展具有至关重要的作用。印度尼西亚作为东盟的重要成员国，近年来经济增长强劲，国内政治形势稳定，与中国经贸关系日益紧密，越来越多的中国企业赴印尼开展直接投资。然而，印尼当前的土地利用状况成为影响中国企业投资流入印尼的因素之一，土地非法占有不仅导致土地所有权不明确，还可能引发土地纠纷，这些问题会使外资在印度尼西亚投资变得困难。政策层面，印度尼西亚政府需要采取措施加强对土地利用的监管与保护，建设更加透明和稳定的土地市场，从而吸引更多的外资。

【关键词】 印度尼西亚；土地利用；中国企业；投资

外资是促进国家经济发展的重要力量之一，能够为一个国家带来技术、资金、市场等。印度尼西亚作为东南亚最大的经济体之一，地理位置优越、交通便利，可为企业提供更广阔的市场和更便捷的贸易通道。同时，印度尼西亚拥有丰富的煤炭、石油、天然气、金属矿产、森林等自然资源，这些资源能够吸引大量的外国投资者，尤其是在能源、化工、采矿等相关领域。印尼还是东盟创始成员国和二十国集团成员国，是"21世纪海上丝绸之路"上的重要国家。① "一带一路"倡议的实施，促进了沿线国家交流互通和共同发展，惠及了周边国家，促进了人类命运共同体

* 高鹏，德州学院东盟研究中心兼职研究员，德州学院生态与资源环境学院讲师，主要从事土地遥感信息、土壤盐渍化等方向的相关研究工作。

① 参与于淙阳.中国·印尼聚龙农业产业合作区土地利用模式与效益研究[D].天津：天津师范大学硕士学位论文，2020.

的建设。[①] 相对于东南亚其他国家，印尼国内政局稳定，经济增长强劲，与中国的经贸关系发展势头良好，并且中印尼两国经济互补性强，企业投资合作的潜力巨大。因此，中国企业对印尼的投资规模持续增加，涉及领域广泛，包括基础设施、能源、制造业等。例如，坤洁集团在印尼建立钴镍冶炼厂，投资额达 10 亿美元；中铁十八局承建雅加达—万隆高速铁路项目，总投资达 56 亿美元；中国长江电力在印尼建设水电站，总投资达 17 亿美元；中国海外建设集团（中建海外）将在印尼投资 30 亿美元兴建一座工业城；中海油与印尼国家油气公司签署协议，在印尼建设液化天然气（LNG）接收站，总投资达 15 亿美元。可以看出，中国企业的投资项目多为大型基础设施建设项目，要以当地土地利用现状为基础进行开展，因此当地的土地利用问题对项目如期正常运转、运行以及企业的未来投资延续性有极大影响。本文将针对印尼土地利用方面存在的问题进行分析，为中国企业面向印尼投资提供参考，并提出相应措施，旨在为两国深入开展投资合作提供一定的建议与对策。

一、印尼土地利用方面存在的问题

（一）土地征用困难

对于到印尼进行直接投资的中国企业，土地征用尤其是世袭土地的征用是一项重要而复杂的工作，已成为企业在印尼投资的主要障碍。[②] 印度尼西亚的土地征用困难主要表现在以下方面。

1.政策缺陷

印度尼西亚政府的土地法律框架存在许多问题，例如缺乏精确的土地权证、土地边界和土地使用权归属不清晰等。这些缺陷导致土地征用程序的复杂性和不确定性。

2.土地纠纷

一些土地所有者对政府或公司的土地征用行为提出异议，并且在某些情况下通过司法诉讼进行抗议。种植园和矿山等大型项目通常涉及大规模的土地征用，

① 参见单勇起，张宇."一带一路"之投资印度尼西亚：土地征用工作实践与探索[J].中国矿业，2015，24(S1)：51-54.

② 参见杨兴华.印度尼西亚独立后的土地问题[J].河南大学学报（哲学社会科学版），1984(04)：87-94.

因此可能导致土地所有者和当地社群之间的冲突。

3.僵化的审批程序

土地征用过程中需要经过多个机构的批准和审批，这些程序相对缓慢和复杂。尽管政府制定了许多土地征用和开发计划，但实施速度比预期要缓慢。

4.文化传统因素

许多土著社区有自己的土地使用方式和习俗，他们对土地的使用具有长期的历史和文化意义。然而，当政府或公司试图征用这些土地时，这些文化传统因素可能会被忽视乃至忽略。

在一定程度上，这些困难阻碍了对需要征用土地的基础设施如公路、铁路、电力等的企业项目投资。土地是外企在本国内投资建设工厂或者办公区域的基础，如果遇到土地征用困难，需要寻找其他合适的地点，但是新的土地可能价格不菲，这将增加外企的建设成本和经营成本；土地征用困难会导致外企项目的进展受到阻碍，尤其是制造业这类需要大面积、长期稳定的土地的行业，这就会对外企的项目时间进度造成影响；土地征用困难还会给外企带来额外的风险和不确定性。外企在选择投资时需要考虑很多因素，如政治政策、人文环境等，土地征用困难则是一个不可预见的因素，当它发生时将扰乱外企的经营计划。土地征用困难也将给未来吸引外资的环境制造阻力。外企在决定是否投资时，会考虑到政府在土地、环保、法律等方面的政策和稳定性，如果土地征用困难、缺乏保障，则外企在将来选择投资的时候也会犹豫。

（二）土地垄断

印度尼西亚的土地垄断问题可以追溯到殖民时期。[①] 当时，印度尼西亚土地封闭，私有化严重，少数人或机构掌握了大量的土地资源。此外，印度尼西亚政府实行的一些土地政策也加剧了土地垄断问题，例如在20世纪80年代推出土地批准制度，只有少数企业能够获取这些批准，而其他人则无法取得合法的土地使用权。由于经济落后，市场竞争激烈，很多小农户难以维持生计，只能把土地出租给大型企业，从而导致了土地垄断现象。[②] 土地垄断问题对印度尼西亚的发展产生了许多影响。首先，少数人或机构掌握大量土地资源，中小农户无法获取土地，从

---

① See Setiawan E. P. & Kusumawati R. Peasant Perspectives on the Land Grabbing in Indonesia: The Case of Sembungan Village in Central Java Province [J]. Indonesian Journal of Geography, 2017, 14(01): 57-70.

② See Khususiyah N. & Badruzzaman M. A. Effects of Land Policy on Land Grabbing in Indonesia [J]. Indonesian Journal of Geography, 2019, 51(01): 26-35.

而导致土地分配不均的加剧。中小农户无法获取土地，因此严重影响了农村地区经济和社会的发展。① 其次，土地垄断妨碍了印度尼西亚的农业发展，耕地资源无法得到充分利用。再次，土地垄断还加剧了环境污染问题，一些大型企业可以不遵守相关环境法规和标准。最后，土地垄断导致社会不满情绪的产生，可能引发社会动荡或暴力事件。

从中国企业投资的角度来看，土地垄断会使企业面临更高的土地成本。土地垄断者会将土地租金定得更高，这使得企业要么支付更高的土地租金，要么购买价格更高的土地，从而降低了企业的盈利能力，减少了企业的可用资金。其次，企业规模难以扩大。由于企业需要购买更昂贵的土地或支付更高的租金，企业很难扩大规模，因为它们无法获得足够的必要资源。同时，企业限制市场进入壁垒，在存在土地垄断的情况下，很少有新的竞争者进入，这可能使得市场难以扩大。当一个行业中只有几家企业时，它们有更大的能力实施控制价格和产量，并从其他供应商或客户那里获得竞争优势。最后，土地垄断还制约企业技术与经验积累，如果一些活跃的企业在自主选择最佳行为路径、交流知识信息、合作创新等方面受到阻挠，那么市场上整体技术运用效率就会受到削弱，创新链可能因此遭受失衡或断裂。因此，土地垄断是一种负面的现象，它限制了企业投资和市场发展的机会，从而对整个经济造成依赖于所在行业的不良影响。

(三)土地使用权纷争

印度尼西亚的土地使用权纷争主要来源于以下几个方面。

1.土地批准制度

20 世纪 80 年代，印度尼西亚政府推出了土地批准制度。这一制度只授权给少数企业获得合法的土地使用权，而其他人则难以取得合法的土地使用权。这导致很多农民和小企业无法获取土地资源，使得他们的利益受到侵害，从而引发了一系列土地使用权纷争。②

2.土地管理不规范

由于缺乏有效的土地管理机制，一些大型企业可以用不正当手段获取土地资

---

① See Prastiwi C. U. & Nursyirwani N. Analysis of the Impact of Land Grabbing on Social Conflicts in Villages in East Kalimantan, Indonesia [J]. Geosfera Indonesia, 2019, 4(01): 48-58.

② See Khususiyah N. & Badruzzaman M. A. Effects of Land Policy on Land Grabbing in Indonesia [J]. Indonesian Journal of Geography, 2019, 51(01): 26-35.

源，比如贿赂、强迫拆迁等手段，从而引发与当地居民之间的土地使用权纷争。①

3.地方政府腐败问题

地方政府腐败问题非常普遍，一些地方政府官员可能会收受企业贿赂或者向企业提供帮助，使企业能够获取更多的土地资源，并排挤当地居民的土地使用权。

土地使用权是企业经营的基础，如果企业无法获得或续签土地使用权，就无法开展业务或者需要停止业务，这将直接影响企业的盈利能力和市场地位。土地使用权纠纷还可能导致企业投资计划的推迟或取消。企业在进行投资决策时需要考虑到土地使用权的稳定性，如果土地使用权存在争议，企业可能会推迟或取消投资计划，以避免风险和损失。② 此外，土地使用权纠纷也可能导致企业在政府部门的信誉受损。如果企业在土地使用权纠纷中被认为是违法或不诚信的一方，可能会影响企业在政府部门的业务关系和合作机会。因此，土地使用权纠纷对企业投资产生的影响是非常大的，政府应该积极采取措施解决土地使用权纠纷，以确保企业正常运营和发展。

（四）环境问题

印度尼西亚的环境问题主要包括森林砍伐、水污染、土地侵蚀和气候变化等方面。这些环境问题的影响不仅局限于环境，还会影响印度尼西亚的经济和社会稳定。因此，保护环境和可持续发展已成为印度尼西亚政府和社会各界的重要议题。

1.森林砍伐

印度尼西亚的森林面积占全球森林总面积的3%，但该国每年的森林砍伐量却占全球总量的15%—20%。③ 森林砍伐是为了开垦农业用地、采伐木材和建设基础设施等，这导致生态系统的破坏和生物多样性的丧失。森林砍伐也导致土地侵蚀和水资源的短缺等问题，影响了印度尼西亚的农业生产和粮食安全。

2.水污染

许多工业和农业活动导致水污染问题的出现。例如，许多棕榈油种植园使用

---

① See Resosudarmo I. A. P., Tacconi L., Sloan S., et al., Indonesia's Land Reform: Implications for Local Livelihoods and Climate Change[J].Forest Policy and Economics, 2019, 108.

② See Gaveau D. L. A., Sloan S., Molidena E., et. al. Four Decades of Forest Persistence, Clearance and Logging on Borneo [J]. PloS ONE, 2014, 9(07).

③ See Kusumadewi S. D. Environmental Impact of Palm Oil Industry in Indonesia [J]. Procedia Environmental Sciences, 2007,33(01): 258-265.

大量化肥和农药，这些化学品渗入地下水和河流中，污染水源。[1] 水污染会影响渔业和旅游业，严重影响当地居民的生计。

3.土地侵蚀

过度的农业活动和森林砍伐导致了土地侵蚀问题的出现，进而导致土壤贫瘠和水土流失，影响农作物的生长和土地的可持续利用，土地侵蚀也会导致土地缩减，进一步限制农民的土地使用权。

环境问题影响土地的利用方式与成本，从而影响投资。例如，印尼制定了保护环境和可持续发展的一系列法规，包括空气和水污染、森林砍伐和野生动物保护等领域。这些环境法规的执行将导致企业成本增加，并可能在某些情况下限制一些投资计划。此外，印尼政府认识到环境问题的严重性，正在采取措施来解决这些问题，这其中就包括阻止外国企业开采印度尼西亚的自然资源。因此，在这种政策背景下，中国企业如果在环境保护方面表现不佳，那么可能会受到官方的审查和限制。

二、对策与建议

（一）对中国企业的建议

1.深入调研，充分了解印尼国情

深入调研，进行实地考察，充分了解印尼的国情、政情，这是中国企业“走出去”成功对接印尼的基础。首先，中国企业在印尼投资时应当对目标市场和投资对象进行深入了解和研究，包括当地的政治环境、经济发展水平、行业竞争情况、市场需求等，以便判断其可行性和风险大小。同时，企业还应该考虑如何打入市场、确定市场定位、处理市场风险等问题。企业可以派遣员工前往印尼，实地考察业务和投资前景，并与当地的政府机构、企业和商会进行沟通，了解当地政策、法规和商业文化等信息。其次，在网上或者通过官方报告或媒体了解印尼目前的政治局势、政府政策、经济发展趋势等信息。最后，寻求专业机构和咨询服务，特别是当地的专业机构和咨询服务，同样可以帮助企业更深入地了解印尼的市场和商业环境。例如，企业可以寻求当地律师事务所的法律咨询服务，咨询当地会计师

① Tacconi L., Muttaqin M. Z. Reducing Emissions from Land Use Change in Indonesia: An Overview[J]. Forest Policy and Economics, 2019(108):3.

事务所的财务和税务服务，寻找当地的信息中介机构或市场研究公司评估市场需求和竞争情况等。

2.推进中国企业的本土化水平

任何企业发展都必须植根于当地的社会文化环境，陌生的社会文化环境是投资者和承包商开展海外基础设施建设面对的一个重要挑战。企业在印度尼西亚本土化的第一步是招聘当地员工，并为其提供技能培训。培养本地人才是十分重要的企业本土化措施，可以帮助企业更深入地了解当地文化和商业礼仪，更好地了解印尼市场和商业环境，有效地推动业务和投资项目的发展，提高企业在当地的影响力和认知度。企业在本土化过程中还必须了解当地文化和法规，并以此为基础调整企业文化和经营方式。中国企业可以派遣员工进行培训和交流，以了解印度尼西亚的文化和商业风俗，以及当地的法律和法规，为企业本土化做好准备。针对地域特色，企业必须为当地的消费者提供定制化营销策略，包括产品包装、广告和促销策略等，以适应当地的市场需求和文化背景，建立合适的分销和销售渠道，以便更好地服务当地的消费者和客户。此外，在本土化过程中，企业还应该建立合适的合作伙伴关系，通过当地政府机构、工商会和贸易协会等机构寻找合适的合作伙伴，以便更好地了解当地市场和文化，获取市场信息和资源。在推进本土化的同时，企业还需保持自身品牌的特点，中国企业在印度尼西亚的本土化过程中应该适当保留品牌特点和文化背景，以提高在当地的认知度。

3.增强中国企业的社会责任感

注重品牌塑造是中国与印尼经济建设合作可持续发展的关键。首先，中国企业在对外投资时，需要了解印尼的社会文化和价值观，以确保其投资和运营行为符合当地法律法规和社会道德标准，体现中国企业的社会责任。其次，中国企业需要积极推动当地社会和环境的可持续发展，例如支持当地教育事业、促进当地民生改善、推进环境保护和资源利用等方面。这可能不会为企业带来直接的利润，却可以赢得当地社会和民众的信任与支持，提升企业的良好形象。同时，中国企业应该提高海外员工的福利待遇，包括薪资、保险、培训机会等，为员工提供舒适的工作条件和生活环境。最后，中国企业要重承诺、讲信用，对于已经达成协议的项目应按时、保质、保量完成，坚持长期经营，避免留下短视印象，同时中国企业应该提高信息透明度和公开程度，将投资和运营行为向外界公开披露，增加外界对企业的认知，为企业树立良好的社会形象。总之，增强社会责任感是中国企业对外投资的必然选择，有利于企业在当地市场的长期稳定发展，也有利于中国企业海外形象的树立。

4.促进中国企业强强联合,形成“抱团出海”

在国际市场上,中国企业之间的恶性竞争、同质竞争问题比较严重,是影响中国企业发展和顺利“走出去”的重要问题。① 鼓励中国企业强强联合,形成合力,共同进军印尼市场,并有能力与其他国家展开竞争。可采取以下措施形成企业联盟,增强面对风险能力:第一,制定共同的战略目标和计划,以确保各企业在同一方向上努力;第二,加强沟通协作,构建互信机制,促进信息共享和资源共享,提高整体效率;第三,建立风险控制机制,共同承担风险,减少个别企业的损失;第四,在市场营销、品牌建设等方面进行协同,提高整个联盟的竞争力。通过以上措施,可以整合各自的资金、技术、人才等资源,形成更强大的综合实力。各企业相互协作,优势互补,能够更好地适应市场需求。联合后,各企业可以共同承担风险,降低单个企业的风险,能够更好地进行品牌推广和建设,提高整个联盟的品牌影响力和知名度,还可以实现规模效应,降低生产成本和营销成本。

(二)对印尼土地利用的建议

1.加强土地权益保护

制定更加完善的土地政策,包括土地所有权、使用权、承包权等方面的规定,明确土地资源的归属,保护农民和弱势群体的土地权益;建立健全的土地登记制度,记录土地的所有权、使用权、承包权等信息,防止土地非法占有和侵犯土地权益;推进土地审计,对土地占用情况进行全面审计,梳理出土地占用者和所有权、使用权、承包权关系,保障公正性和透明度;编制土地专业人员培养计划,提高土地法律、测绘等方面的专业人才数量和质量;建立国家土地登记系统,完善土地权证发放机制,保障土地所有权和使用权的明确和公正;扩大土著居民定居区范围,并加强对土地使用的监管和维护,以避免非法移民,并谨慎处理外来投资居民对土地的获取;按照产权私有原则,允许土地流转和出租,并建立反抵押、贷款等方面的制度保障。

2.保护社区利益

对于进行大型采矿或基础设施建设的项目,需要建立项目与土地管理委员会,并严格履行社会责任,包括回馈社区,为当地居民提供工作岗位等②;鼓励当地

---

① 参见朱中华.赴印度尼西亚投资与承包工程风险[J].中国投资(中英文),2020(ZA):62-64.

② See Rustam R., Otomo Y. Land Confiscation for Economic and Social Development: The Role of Law Enforcement in Indonesia [J]. Legal, Ethical and Regulatory, 2020, 4(23).

社区共同购买土地使用权，并合理分配土地利用方式，以确保他们的土地所有权及生计得到保障；在审批过程中，应充分考虑当地居民的意见和反馈，并设立有关机构对土地利用的影响进行评估①；根据当地的土地规划和实际情况，合理分配土地资源，加强对低收入家庭和弱势群体的土地支持，并推动土地流转市场化。

3.加大法律监管和执行力度

加大对非法占用土地的惩罚力度，打击非法占用和非法转让土地的行为，维护土地权益。设立独立司法机构和公共监听制度以确保对权利的保护；开展科技手段管理机制，如引入人工智能和区块链等技术，提升数据的透明度和真实性，防止不良土地行为及欺诈行为的产生；对违规的土地使用行为加大打击力度，严惩非法占用、破坏土地的行为，保护当地社区和居民的合法利益，通过教育方式普及土地法律知识等。

4.推进可持续土地的利用

改善土地利用方式，合理开发和管理土地资源，推动生态治理，加强对土地利用的监管，确保资源的可持续利用。加强土地复垦和生态修复工程，对被损毁的生态环境进行恢复和重建；推广绿色经济发展模式，重视生态环境、自然保护与土地综合利用的平衡，在保障生活道路便利、物资供给充足之余，推进环境友好型园林城市建设；对土地开发和人口迁移要制订清晰、可操作的计划，以缩小城乡差距和土地承载能力，保障来之不易的自然资源能够得到合理利用。

5.建立多元化土地管理机构

改善政治结构，为全国设立土地管理推广局，成立“绿色土地发展基金”，筹措资金进行科研及环境保护方面的工作；加强社会参与，在土地改革过程中注重社会参与，听取各方意见和建议，提高居民和弱势群体的参与度，确保改革顺利实施。提高民间知识分子、公共组织等的参与，鼓励他们发挥重要的监督功能，积极投入与建造相关的基础设施建设和社会公益项目。

总之，印度尼西亚土地利用问题的解决，需要政策法规和制度的完善、执法力度的加强、资源利用方式的优化、土地分配的公平和社会参与的增强等措施的共同支持，以此为基础，逐步解决土地不平等和非法占有问题，推动土地资源的合理利用和经济社会发展，进而促使中国企业在印尼的投资平稳增加。

---

① See Mccarthy J. F., Zen Z. Competing Legal Authorities, Accelerating Commodification and the Struggle for Land in Indonesia [J]. Journal of Peasant Studies, 2018, 45(07): 1391-1414.

中国黄河流域与印尼芝塔龙河生态保护治理比较研究

徐丽红[*]

【摘要】 曾经养育一代代印尼人的芝塔龙河如今因污染严重，成为世界上最脏的河流，究其原因，是沿岸居民倾倒垃圾、工业污水排放、政府治理不力等所致。经济的发展以牺牲环境为代价，成为很多重要河流被污染的共同教训。本文通过对中国黄河流域治理经验的借鉴，旨在为芝塔龙河提出有效的治理建议。

【关键词】 印度尼西亚芝塔龙河；中国黄河；污染治理

【基金项目】 山东省平安山东建设专项“黄河流域生态保护和高质量发展法治保障的山东经验研究”的阶段性研究成果(22CFZJ01)；2022年度德州学院人文社科专项“德州市对黄河流域生态保护和高质量发展联动与协同治理探究”的阶段性成果。

印度尼西亚芝塔龙河曾是沿岸居民主要的供水及灌溉来源，但代工厂追求经济效益的恶果是导致芝塔龙河成为世界上最脏的河流，严重影响了正常的生产和生活。黄河是中华民族的母亲河，是中华文明的发源地，养育了一代又一代中华儿女，承载着中华民族的情感与精神，是中华民族赖以生存和发展的摇篮，但经济的快速发展却是以牺牲母亲河的生态为代价的，目前，中国已经认识到生态治理

* 徐丽红，德州学院东盟研究中心兼职研究员，德州学院法学院副教授，主要从事经济法学、劳动与社会保障法学研究。

的重要性，正在加紧修复和治理，且已经取得了一定的行之有效的治理与发展经验，中国的黄河生态保护和高质量发展的成功经验刚好可供印尼治理芝塔龙河借鉴。

一、印尼芝塔龙河污染的现状及成因分析

（一）印尼芝塔龙河污染极为严重

芝塔龙河全长 272 千米，是印度尼西亚爪哇岛上的第三大河流，流域面积为 12000 平方千米，年均降雨量 2382 毫米，最大储水潜力为 130 亿立方米/年。其覆盖西瓜哇省的 12 个行政区流域，为西爪哇提供农业灌溉、生活供水、渔业、工业供水、排污和水力发电，是印度尼西亚重要生活供水及农业灌溉河流。芝塔龙河流域也是全印尼人口最稠密、工业最集中、经济最活跃的中心。1980 年以前的芝塔龙河清澈见底，河水不仅可以供居民日常洗衣洗碗，还可以为附近的农田提供灌溉，而且这里风景优美，成为外地游客旅游的选择。芝塔龙河养育了一代又一代的沿岸百姓，一度被印尼人称为“母亲河”。

但现在这条曾清澈而秀美的母亲河河面上漂浮着各种垃圾，甚至百米远都能闻到阵阵恶臭，比印度的恒河还要脏，成为世界上最脏的河，面临治理及发展的难题，印尼官方及政府正在寻找解决的办法。

（二）印尼芝塔龙河被严重污染的成因分析

首先，沿岸居民的环保意识十分薄弱。芝塔龙河两岸错落分布着上千个村子，最大的村子约有 5000 人，仅在一天之内，这 1500 万人就能产生十多吨的生活垃圾，但环保设施却极其不完备，周边没有设立任何垃圾回收站及处理点，也没有现代化的公共厕所。村民们对生活垃圾没有分类处理的意识，也不管是否可降解、回收，全都倾倒在芝塔龙河里，且绵延数百里，最终超出了其承受能力，使其变得污秽不堪，即便是重金属严重超标、污秽难闻，但芝塔龙河依然是居民生活用水的主要来源。

其次，工业废水的排放更甚。自 20 世纪 80 年代以来，为发展经济，芝塔龙河沿岸也开设了大批纺织厂等劳动密集型产业，印尼逐渐成为发达国家的代工厂。为节约成本，这些代工厂将其产生的没有经过任何处理的大量工业废水直接排入芝塔龙河，使得污染变得更加致命。

最后，政府长期不作为。芝塔龙河的污染如此严重，政府是知情的，虽也制定了治理污染的解决方案，且已公布实施，但考虑到地方经济利益及短期的经济发展，甚至某些权力的寻租和贪腐行为的存在，政府的治污方案只是被搁置或者形同虚设，因此芝塔龙河的严重污染直到现在还在持续，还没有找到适合的治理方案。

二、印尼芝塔龙河污染治理对中国的启示

芝塔龙河的严重污染，带给我们诸多启示。

首先，人类应该敬畏自然，尊重自然。芝塔龙河从清澈变成世界上最脏的河流，是人们长期向其过度索取所致，是破坏自然、超出其承受能力的结果。

其次，人类应坚持走可持续发展道路。之所以竭泽而渔，是只顾及眼前利益，如果能透过短暂的繁荣，看到经济发展给环境带来的危害，也许这样的事情就不会发生。当然，先发展后治理是很多发展中国家甚至发达国家也有的经历。人类不断突破生态保护的红线，以污染环境、破坏生态直接导致生物多样性日趋遭受破坏、越来越多的自然资源面临枯竭。

最后，缺乏联动与协同治理。政府和企业都是短期发展的受益者，而污染治理则要以牺牲各方利益为前提。对国家而言，应进行宏观调控，制定法律，从法律层面加大惩罚力度，并建立生态修复机制，对高污染、高耗能的项目坚决不予审批，以环境保护为判定产业发展的重要指标。政府修建了大量的污水处理厂和垃圾处理厂，可在河两岸建设多条支线管网以进行污水集中转移，同时设立垃圾集中处理点。对企业而言，一方面，可转产从事环保型产业；另一方面，企业必须获得排污许可，并定期进行审核，未经许可不得排污。

总之，印尼人民之所以容忍芝塔龙河的高污染，一是因为他们受教育程度不高，几乎没有环保意识，成为污染的源头，且自认为是受益者；二是因为沿岸居民可到代工厂打工，赚钱养家，使自身及家人生活条件得到明显改善。对政府而言，代工厂既是纳税大户，又是促进地方经济发展的主要力量，为追求短期经济效益，部分官员对企业的污染视而不见，因此，即便是政府制定了相应的治污政策，但依然执行不到位。

三、印尼芝塔龙河对中国黄河流域治理经验的借鉴及其治理路径选择

(一)中国黄河治理的经验可供其借鉴

从中国黄河与印尼的芝塔龙河同为母亲河的重要性、污染治理、区域发展等方面来看,二者存在很多共性。虽然中国黄河的污染没有发展到印尼芝塔龙河如此严重的地步,但污染是二者共同面临的事实,治理也势在必行。中国的黄河治理已经找到了行之有效的治理方式,并值得其他国家借鉴。

对黄河的治理与发展,中国政府一直以来都高度重视。1952 年,毛泽东提出“要把黄河的事情办好”的号召,主持起草的“农业十七条”和“农业四十条”,是从战略的高度重视水利建设的英明决定。习近平总书记以频密的脚步、历史的眼光,从时代的高度亲自谋划、亲自部署,推动了旨在实现中华民族永续发展的江河战略,尤其是在充分调研的基础上对黄河流域发展做出的科学诊断,蕴含着中国大江大河治理和促进区域经济、社会、文明高质量发展的智慧,因此,黄河的高质量发展需要依法、协同、综合、源头治理,坚持问题导向,协调处理好各种关系,建构专门的法律体系,坚持中央环境保护督察制度,确保黄河国家战略的落地,确保黄河岁岁安澜。

中国的黄河曾面临很多环境问题,也是长期被无度索取、严重超支的结果,因此要正视黄河泥沙多、水资源不足、植被薄弱、生态本底差、水土流失严重、环境资源承载能力弱、沿黄各省份发展不平衡不充分的突出问题。黄河流域生态环境、抗旱而下游经防洪防凌、调水控沙、生物多样性保护、“地上悬河”等多种问题交织,复杂难治。据资料记载,新中国成立前的 2000 多年中,黄河下游决口 1500 多次、重要改道 26 次,1950—2004 年,黄河滩区漫滩 44 次,平均每 1.227 年就爆发一次①,且北方的丰水期在晚秋,而农作物的生长期是从春天持续到秋天,农业灌溉几乎用不上,黄河流域生态已经出现严重的问题,因此治理黄河一直是政府非常重视的大事件。中国提出“重在保护,要在治理”的方针,坚持以水定城、以水定地、以水定人、以水定产,优化产业体系,鼓励工业、农业、生活节约集约用水,建设节水型社会;提升洪涝灾害防治能力,建立各种自然灾害应急机制。为实现生态

① 王帝,陈磊.那 100 万住在黄河滩里的人[N].中国青年报,2010-08-05.

平衡，中国设置了禁渔期，并进行污染治理，通过生态保护和高质量发展规划纲要，进行从源头到入海口的全流域的沿岸 9 省之间，在水利部、农业部、公安、法院、检察院等多部门之间，实行协同联动治理，设置黄河河务局进行统一协调，建构生态修复机制，将生态保护放在经济发展之前，并作为衡量产业引进的硬指标，以实现黄河流域的源头治理、统一治理、协同治理、综合治理。在生态治理的同时，建设特色优势现代化产业体系，构建区域城乡发展新格局，加强基础设施互联互通，保护传承黄河文化，实现整个黄河流域的高质量发展。

事实上，中国的黄河与印尼的芝塔龙河相比具有更为明显的优势。首先，就污染程度而言，中国的黄河远不及芝塔龙河严重；其次，中国的黄河治理受到政府的支持，从大禹治水到小浪底枢纽工程，从治沙到山水林田湖草沙是生命共同体的协同治理，从局部治理到全流域治理，从治标到治本，从现象治理到源头治理，从环境治理到高质量发展，从单一治理到综合治理，体现了政府对黄河生态治理的决心，甚至把黄河治理上升为区域经济发展战略高度，制定《黄河保护法》，进行依法治理。中国从国家层面上建立黄河流域生态保护和高质量发展统筹协调机制，全面指导工作，在省级政府建立协同机制，负责本行政区内的工作。中国实行河长制度，层层压实责任，开创了处理河流污染的重要措施，充分体现了政府对黄河运筹帷幄、决胜千里的战略高度和治理决心。青山绿水就是金山银山，人民的利益高于一切，真正确保人民生产和生活的安全。

如果说印尼的芝塔龙河给中国的启示更多是警示性的，证实人类与自然、生态与和谐相处的重要性，那么中国黄河的治理的确为印尼芝塔龙河的治理提供了直接的经验，因此印尼多次向中国取经，包括中国的水利部门和清华大学都派出专家为芝塔龙河的治理提供中国智慧与中国方案。因此，在对比分析中，中国在黄河治理上所取得的经验为印尼的芝塔龙河的治理提供了更多的帮助。

（二）印尼芝塔龙河污染治理的路径选择

1.加强立法保障

现代流域立法始于 20 世纪初期，标志是流域空间成为独立的法律规制对象。流域（river basin）是社会—经济—自然复合生态系统（social-economic-natural complex ecosystem），以流域为单元进行黄河立法，是实现黄河法科学有效规则的前提和基础。[①] 1914 年澳大利亚的《墨累河水协定》在法律上明确了流域单元和

① 参见李冰强；王楠：论黄河法的立法定位[J].山西大学学报（哲学社会科学版），2022，45(03)：128-136.

流域管理的理念。1933年美国的《田纳西河管理法》授权成立田纳西河流域管理局，开了由统一的流域管理机构高效管理与充分保护流域的先河。[①] 1950年，联合国国际法委员会针对国际河流立法确立了流域一体化原则。自20世纪60年代以来，现代流域立法又呈现出以地方分散立法为主转向中央统一立法、从单项立法转向综合立法的趋势，并逐渐形成普遍性流域立法和流域特别立法两种模式[②]，中国的流域立法即采用这两种模式。对黄河流域的立法保障是以流域为单元进行黄河立法，是针对整个黄河流域的基础立法，但《中华人民共和国水法》《中华人民共和国防洪法》《中华人民共和国水土保持法》《中华人民共和国草原保护法》《中华人民共和国森林法》《中华人民共和国水污染防治法》《中华人民共和国防洪法》等法律，都是针对全国普遍情况而制定的，具有普遍性和基础性，但对解决黄河保护和治理开发中的特殊问题存在一定的局限性[③]，急需一部针对性强的保护法。为此，中国出台了《中华人民共和国黄河保护法》，从而填补了法治保障特别是立法的空缺，也从此开启了黄河流域生态保护与发展并重的治理进程，加之中国致力于全境内所有流域的国家江河战略，《黄河流域生态保护和高质量发展规划纲要》《重点流域生态保护环境保护规划》等立足整个流域的专题规划，各省区还制定了适合所辖区域的落实措施等地域规划，建构起了从中央到地方的法律保障机制，为整个黄河流域的依法治理提供了强有力的法律依据。因此，印尼政府及地方行政主体也应先进行《芝塔龙河保护法》等类似的立法，先在全国统一思想和行动，立足全流域进行分层次的立法，注重发挥法治对流域治理的最强保障功能。

2.提升源头治理能力

既然芝塔龙河的污染发生在全流域，因此从源头上进行全流域治理，应树立全民的环保意识，处理好经济发展与环境保护之间的关系。基于马克思唯物辩证法，人类终其一生都在与自然做斗争，当人类善待并保护自然时，自然就会持续回报人类，反之，人类将会受到致命的惩罚，人类只有尊重并认识规律，才能改变并创造奇迹。芝塔龙河的污染正是人类向自然无度索取的结果。因此，只有树立全民环保的意识，才能真正改变芝塔龙河的面貌。发展是全球的主题，安全也是，更何况芝塔龙河的污染已经严重威胁到两岸人民的身体健康甚至生活质量。芝塔

---

① 参见周珂，史一舒.论《长江法》立法的必要性、可行性及基本原则[J].中国环境监察，2016(06)：21-24.

② 参见邱秋.域外流域立法的发展变迁及其对长江保护立法的启示[J].中国人口·资源与环境，2019(10)：11-17.

③ 参见张红武.黄河立法须体现保护和治理并重的科学理念[J].人民黄河，2021，43(10)：24-29.

龙河的污染是几十年长期持续污染的结果，其治理也需要一个长期的过程，花费自然也是巨大的，但治理也迫在眉睫。只有全民奋起保护芝塔龙河，不再向其倾倒垃圾，并且发挥民间监督功能，配合政府进行治理，才会很快见到成效。现在芝塔龙河全流域分成了 17 个工作小组，在各自辖区内承担着“河长”和负责治理的任务，其成员有陆军、印尼第三军区、西爪哇警署、西爪哇省政府和环保人士等①，这是对中国河长制度的借鉴，但军队的介入是其创新的结果，表明了政府治理污染的坚定决心。

3.加大政府综合协调治理能力

《中华人民共和国黄河保护法》是对政府要求最多的法律之一，共有 84 条有关政府责任的规定，占法律条文总数的 68.8%，而《中华人民共和国长江保护法》共有 62 条有关政府责任的规定，占法律条文总数的 65%②，这是中国两大流域保护法的最大亮点。强化政府的责任，旨在督促政府提升综合治理能力，调动各地政府履职的主动性。因此，建议印尼成立中央层面的环保部门，统一协调，下力气进行污染治理。第一步，制定方案，先阻止污染行为，对违反的个人及企业进行重罚。“在环保活动中邀请如此多的军人参加，在印尼历史上还是首次。我请求所有方面尤其是军人坚定行动。如果不严惩（污染环境者），他们会认为可以用钱买通所有人。但是他们不能用钱买通印尼的未来”③。第二步，清理污染物，政府派出军队或组织专职人员对污染进行专业清除污染物，可放入一些微生物进行净化处理，先把河水变得清澈。第三步，建设饮用水提供站、污水处理配套设施，并设置专业的垃圾分类处理站，采用先进的技术对生活垃圾进行降解、回收，污水经过净化处理，变成生活用水，用来冲洗厕所，或者作为工业用水，实现循环再利用。总之，通过水污染物总量控制、排污口监管和整治、农业面源污染防治、地下水污染防治等手段，完善污染防治措施，先控制住污染，进而进行修复，休养生息，直至恢复。

4.树立统筹治理的方针

芝塔龙河养育了一代又一代爪哇岛人，是沿岸供水、灌溉及渔业等产业发展

---

① 清洁祖国最脏的河流，印尼向中国取经（Bersihkan Sungai Terkotordi Tanah Air，RI Tiru Cara China）[EB/OL].(2018-04-06)[2023-03-19]. https://www.cnbcindonesia.com/news/20180406142051-4-9979/bersihkan-sungai-terkotor-di-tanah-air-ri-tiru-cara-china.

② 李静云.《黄河保护法》的八大亮点[N].中国环境报，2022-11-03(06).

③ 印尼海洋统筹部卢胡特部长：污染芝塔龙河者，必将无例外严惩！（Menko Luhut：Jika Masih Adayang Mencemari Citarum，Akan Ditindak Tegas Tanpa Kecuali!）[EB/OL].[2023-03-19]. https://maritim.go.id/menko-luhut-jika-masih-ada-yang-mencemari-citarum-akan-ditindak-tegas-tanpa-kecuali/.

的主要渠道，上游有蓄水库，发挥着抗旱涝的功能，因此必须树立全流域的区域经济发展理念，高瞻远瞩，统筹规划，充分调动各流域段沿岸各区域的积极性，实现生态保护和高质量发展的统一与协同。在国家层面上，可以设立芝塔龙河流域生态保护和经济发展区，高瞻远瞩、统筹规划，以实现整个流域的发展。2018 年 4 月 6 日，印度尼西亚海洋统筹部举办了名为“呼吁对芝塔龙河流域实施综合治理水战略”的研讨会，以支持“加快治理芝塔龙河流域环境污染和清洁再生行动”两场圆桌讨论会邀请了印尼国家规划局、社会工程部、万隆工学院、环境部、技术评估与应用署和印尼大学的加布里埃尔·安德里·克里斯坦托(Gabriel Andari Kristanto)博士等政策管理者和专家，并邀请中国水科院的周祖昊教授、刘家宏教授、褚俊英教授和晏点逸助理工程师等参会，共同商讨芝塔龙河的污染治理、居民自来水及饮用水供应不足等问题，尤其是确立了从上游的源头加大治理的理念，这是学习中国黄河流域治理经验的体现。[①]

① 印度尼西亚海事统筹部举办芝塔龙河综合战略研讨会(Kemenko Maritim Gelar Seminar StrategiKomprehensif Sugai Citarum)[EB/OL].[2023-03-19]. http://sorotindonesia.com/kemenko-maritim-gelar-seminar-strategi-komprehensif-sungai-citarum/.

中印尼新能源电力安全可持续合作发展的研究

孙冠岳*

【摘要】 实现“双碳”目标和推动能源转型是中印尼双方共同面临的挑战和机遇，印尼在东盟国家中具有重要的话语权，也是中国重要的战略伙伴。随着传统能源储量下降和应对环境危机，印尼急需发展新能源电力。中国在新能源电力方面起步早，拥有众多成熟的技术和丰富的市场经验。因此，中印尼在新能源电力安全可持续方面可以实现优势互补，在新能源电力方面有非常巨大的合作潜力。

【关键词】 印度尼西亚；新能源电力；能源合作；清洁能源

中国国家主席习近平在2013年提出了构建人类命运共同体和“一带一路”倡议。东盟十国是21世纪“海上丝绸之路”沿线重要国家，也是中国的邻居和重要的经贸合作伙伴。而印尼则是东盟第一大国，也是唯一的G20成员，在东盟组织内部具有重要的话语权，尤其是在经济和政治方面。印尼与中国互为战略合作伙伴，在各方面都有共同的利益，新能源电力合作更是当下发展的核心问题。

发展新能源电力是实现“双碳”目标、推动能源转型的重要手段，习近平主席在2020年9月提出“双碳”目标；国务院也在2021年10月确定了要做好实现碳达峰和碳中和的工作计划，计划中明确指出中国要实现降低非化石能源消费比重。因此，在“双碳”目标、能源结构转型的政策要求下，中国出台多种政策促进新能源电力的发展以及相关技术的进步，政府也大力发展清洁能源电力，加快替代传统能源发电，减少传统能源对环境的污染以及减少碳的排放。发展新能源电力成为

* 孙冠岳，德州学院能源与机械学院助教，主要研究方向为电气工程。

实现节能减排的重要手段。[①] 在全面深化改革的历史进程中，电力系统的全面改革必将一马当先，加快构建智能电网以及高效、安全的电力市场也是时代的要求，更重要的是减少化石能源在电力系统中的占比。解决这一问题不仅需要各项政策的落地，更需要技术层面的全面发展。构建智能、清洁的电力系统，更是时代发展的要求。

一方面，印尼是全球主要温室气体排放国之一，每年向大气中排放大量二氧化碳，按照目前的形势，印尼的二氧化碳排放量还在逐年增加。大量排放二氧化碳会使海平面上升，对于印尼的国家安全会产生严重的威胁。另一方面，印尼全国的发电类型以火电为主，这就要以石油和煤炭作为主要的燃料。随着印尼的石油和煤炭开采量持续增加，其储藏量大幅度减少。随着经济的增长以及人口的增加，印尼目前的发电量无法满足现实需要，所以印尼面临着用电荒，大多数居民和企业正面临严重的电力危机。[②] 电力已经成为制约印尼经济发展和人民幸福指数提升的瓶颈。印尼政府为了应对电力危机，打破电力对经济发展的瓶颈，制定了未来一系列能源发展规划，包括太阳能发电、水力发电和风能发电，并将绿色新能源作为今后发展的新方向，这也是规划制定的重点部分。随着规划的落地，印尼的新能源发电将成为吸引国内外投资的“蓄水池”。

印尼能源与矿产资源部表示印尼政府要加大对现有资源的开发和有效利用力度，着重建设水力发电、地热能以及太阳能发电等大型项目。按照制定的规划，可再生能源在所有能源中的占比将会提高到23%，为了实现可再生能源提高占比的计划，将为新能源产业提供优惠政策，并对其进行财政补贴，进一步刺激可再生能源产业发展。随着更多新能源项目的落地，化石能源在发电量中的占比将逐步降低。只有正确认识到当下的问题，找到自己有利的资源优势，有针对性地解决各项问题，才会使印尼新能源电力发展取得长远的发展。新能源电力的可持续性发展，必将最大限度地减少温室气体的产生。[③]

在目前全球面临的共同环境下，构建人类命运共同体的实践变得更加重要。在聚焦新能源电力共同发展方面，中印尼双方有广大的合作空间，两国应该利用

---

① 参见时文刚.新冠疫情影响下的印尼发电市场分析[J].中国电力企业管理，2021(19)：87-91.

② 中华人民共和国驻印度尼西亚共和国大使馆经济商务处.印尼在实现经济增长和减排目标之间面临两难[EB/OL].(2021-09-29)[2023-03-09]. https://www.ndrc.gov.cn/fggz/lywzjw/jwtz/202109/t20210929_1298184.html.

③ 参见翟迪，欧阳敏，袁家海.印度尼西亚煤电投资环境研究[J].华北电力大学学报(社会科学版)，2019(01)：35-43.

这个有利契机，寻找各自的优势，加强战略互信，搭建技术平台，出台并落实有利于两国新能源电力合作的政策和文件，这为中印尼双方在新能源电力合作方面提供了安全保障。①

二、印尼传统能源现状

印尼拥有丰富的传统能源，尤其是油、气、煤及非传统能源储量非常大。天然气资源和石油资源在亚洲位居前列。由于产油量大，印尼也是石油输出国组织成员国之一。煤炭的储藏量也是巨大的，煤炭出口也是印尼的支柱性产业。在能源合作方面，印尼与中国的能源合作主要是在传统能源方面，中国从印尼大量进口石油、煤炭等化石能源。

丰富的传统能源是印尼修建大量火电厂的基础，随着石油与煤炭的大量开采，火力发电装机容量不断增加。② 煤炭作为主要的燃料，截至 2020 年，印度尼西亚的煤电装机占比达到 51%，远远超过其他能源的装机容量。煤电的大量使用导致二氧化碳和其他污染气体的排放，甚至会造成酸雨现象，危害居民的健康安全和居住环境。但是在电力总装机容量中，新能源装机容量占比很低，增速很慢。其中水电装机容量占 8%，地热装机容量占 5%。所以，在未来的规划中要逐步降低煤电的占比，提高新能源装机容量的占比，争取在 2060 年使清洁能源作为发电的主流。③

目前印尼正处于工业化过程中的重要阶段，经济发展和其迅速膨胀的人口数量致使印尼对于能源的需求越来越大。国内能源需求年均增长 7%—8%，印尼能源出口与需求发生反转，以前能源出口作为支柱产业，现在慢慢转变为能源以满足国内需求为主。近年来，随着化石能源可采储量的减少，石油、天然气等产量的逐年萎缩，印尼政府不得不做好充分的准备来面对这一困境，一方面要满足国内经济发展对能源的需求，尤其是电力能源；引进先进的技术，提高对化石能源的利用率，可以减少经济损失。另一方面也要考虑保护环境，印尼正面临巨大环境问题，这就需要发展清洁能源，利用清洁能源取代化石能源，减少污染物的排放，通过新能源产业的落地增加更多的就业机会，反过来这也会促进经济高质量发展，

① 参见康晓.中印尼关系新阶段下的两国气候合作：路径选择与全球意义[J].复旦国际关系评论，2021(02)：151-171.

② 参见李晓平，焦敬平.印尼能源产业发展现状与中印尼合作展望[J].能源，2020，137(06)：67-71.

③ 第六次中印尼战略经济对话能源工作组会议成功举行[J].中国能源，2019，41(09)：4.

新能源领域将是印尼的关键性产业。①

三、印尼新能源发展现状

印度尼西亚地处热带，靠近赤道，全年太阳辐射充分，太阳光照十分丰富，但是太阳能发电量只占全年总发电量的1.7%，发电量只有64万千瓦时。针对印尼的地形，发展太阳能电力对于输电不方便的地区可以大大提高用电率，方便居民的日常生活。如果能够采用先进的太阳能技术，充分利用好地理优势，印尼利用太阳能发电是最优选择，并且可以从太阳能中得到完全的绿色能源，这为环境保护提供重要的途径。② 国际能源机构称，过去几年随着清洁能源技术的持续进步和工艺的不断改进，太阳能等可再生能源的发电成本已降至与化石燃料相近的水平，这无疑为印尼发展太阳能创造了条件。因此，印尼政府能源与矿产资源部经过长时间的探索初步提出了太阳能发展规划，争取利用新兴的光伏技术来提高太阳能转化电能的效率，使太阳能发电量占比大大提高。③

印尼除了拥有丰富的太阳能，还拥有其他丰富的可再生能源。一是印尼为热带雨林气候，降雨量非常大，这使得印尼的水资源非常丰富，经过预测可知，印尼如果采用先进的水力发电技术，水力发电总量可以达到7562.4万千瓦时，这是独一无二的资源优势。但现如今水力发电量仅占全年总发电量的7.4%，远远低于火力发电量。这也证明了印尼在水力发电方面有很大的潜力，需要给予更多的技术支持。④ 二是印尼多火山，这样的地质地貌使印尼拥有较多的地热资源，经过相关专家的预计，如果充分利用地热资源发电，总发电量可以达到2900万千瓦时。⑤ 三是印尼处于赤道附近，季风气候为其提供了丰富的风力资源，海上风力发电技术的成熟为印尼大力发展风力发电提供了强大的助力。因此，中印尼双方可以在风力发电领域展开相关的合作，目前中国风力发电总装机容量世界第一，并

① 参见张春宇，陈玉博.中印尼应强化合作基础，共同推进全球能源治理[J].中国远洋海运，2019(04)：50-51.黄梅波，陈凤兰.一带一路框架下中印尼贸易投资关系[C]//四川大学南亚研究所.2018—2019年南亚形势研讨会论文及摘要.能源界.印尼国家电力公司(PLN)计划逐步淘汰煤电，2021-06-01.孙文倚，党侃，王涛.印尼光伏资源及开发[J].国际工程与劳务，2021(09)：42-46.

② 参见张杰.印尼扩大可再生能源产业投资[J].新能源科技，2022，25(07)：40.

③ 参见施海.印尼电力市场EPC总承包的风险与防范[J].华中电力，2011，24(04)：9-13.

④ 参见谢越韬，楼书逸，张皓天.印尼可再生能源与电力发展现状及合作潜力分析[J].中外能源，2019，24(01)：22-27.

⑤ PLN：电力及可再生能源发展机遇线路图[R].雅加达：印尼国家电力公司PTPLN，2018.

且拥有众多专利技术和项目经验。[①] 四是生物质能，印尼的气候适合水稻、棕榈树和椰树的生长，由于农作物与经济作物的大量生长对于生物质能的发展提供大量的支持，可以将水稻壳和椰子壳收集起来作为生物质能的燃料，另外可以从棕榈油中提炼相应的生物油，将生物油制作成生物柴油，不仅可以为国内提供相应的燃料，还可以出口到国外。随着生物质能的大规模生产，生物燃料出现了良好的发展态势，这会大大提高相应的能源占比，还会慢慢取代化石能源的市场份额。另外，随着生物燃料的发展，相关的产业也会慢慢出现，如新能源汽车，这会减少汽油的使用，并且也会减少汽车废气的排放。印尼在发展经济与保护环境方面找到了新的发展途径，清洁能源可以助力绿色经济发展。

印尼可以利用自己地形和气候独特的优势，有重点地去发展相应的新能源，尤其可以大力发展太阳能、风力以及水力。在发展新能源的过程中可以采取多种措施保障高效发展，一方面在国际上寻求合作，尤其是相关新能源领域的领头羊，可以签订相应的合同，为印尼发展新能源提供技术支持和相关设备的售后服务；另一方面寻找国内有优势的企业，为其提供相应的政策支持，有利于其在新能源发展过程中得到政府的财政补贴，也有利于提供相应的就业岗位，加快国内经济的发展。随着新技术的投入应用和相关领域政策的落地，可以促进绿色能源的发展，最大限度地保持高质量经济发展与清洁绿色环境之间的平衡。

四、中印尼合作展望

（一）政策支持

印尼拥有“千岛之国”的称号，这是由于地理位置的特殊性，所以以前多数偏远地区得不到足够的电力保障，居民的正常生活受到影响，多数地区经济发展不起来。电力是工业的血液，没有电力的供应，经济很难得到长久持续的发展。为了使电力得到发展，满足居民和工业的需求，就要使发电量和输电技术得到安全的保障。政府需要出台相应的政策，来确保发电量的持续增长，尤其是清洁能源的发展趋势，另外也要让输电技术得到发展，才能更加有效地输送电能。除了国内新能源发展需要政策的支持，中印尼双方在新能源领域的发展更需要政策的支

---

① 参见陈红.印度尼西亚新能源发展前景浅析[J].中外能源，2022，27(10)：26-30.黄莉娜.中国与东盟能源安全合作的障碍与前景[J].北方法学，2011，5(04)：98-103.

持，用政策来保障双方的利益。

一是印尼对新能源产业的投资要放宽。明确关键性领域和非关键性领域的界定，在非关键性领域可以允许外资100%控股。二是加大对光伏产业的扶持力度。可以逐步放松对光伏开发商的监管，尤其是在收取相应的保证金方面，可以用其设备做相应的抵押，在与其居民沟通过程中提供相应的帮助，加大推进项目进展力度。三是明确政府和居民对新能源电力的购买方式，可以为优质企业办理相应的资质，允许其成立自己的售电公司，只负责自己厂家新能源电力的销售，政府可以委派相关工作人员做相应的督导。四要营造良好的营商环境和优化商业模式，这样更加有利于降低成本，如可以采取企业与政府合资共建的方式，企业提供相应的技术支持，政府利用其项目用地作为合资的本金。

(二)技术合作

电网建设和电能的高效利用方面是印尼的薄弱环节，致使电网的互联性比较低，全国也未搭建统一的电力系统，目前印尼的区域性电网主要集中于人口密集和经济发达的地区，很多偏远地区至今还不能得到电力持续供应的保障。分散的电网抗冲击能力弱，遇到相应的突发事件没有足够的余量支撑电网的供电。这需要建设全国统一的大电网，方便电力的统一调度。不仅如此，印尼国家电力公司对于已安装的太阳能装置和水力发电系统缺乏先进的能源管理系统，所以会经常出现各种故障，导致停电现象的发生。技术问题和管理系统是印尼电力发展的短板，一方面，中方在特高压输电领域有多年的发展经验，在世界上拥有众多技术专利，利用相关的项目经验可以为印尼构建统一的电网系统，并且提供技术支持和监管系统，防止相应事故的发生；另一方面，中方多年以前就对新能源电力布局，拥有成熟的光伏产业和风力发电技术，中印尼双方可以在光伏、风力发电方面进行相应的合作，中方不仅可以提供相关产品，而且也可以提供相应的技术支持和管理服务，双方还可以共同搭建实验室，以新能源电力项目为纽带，共同探索新能源电力发展的未来。